AGORA E SEMPRE

memórias

DIANE KEATON

AGORA E SEMPRE

Memórias

Tradução
Maria Beatriz de Medina

OBJETIVA

Copyright © 2011, Diane Keaton. Todos os direitos reservados
Esta tradução foi publicada mediante acordo com Random House, um selo da Random House Publishing Group, uma divisão da Random House, Inc.

Todos os direitos desta edição reservados à
EDITORA OBJETIVA LTDA.
Rua Cosme Velho, 103
Rio de Janeiro – RJ – CEP: 22241-090
Tel.: (21) 2199-7824 – Fax: (21) 2199-7825
www.objetiva.com.br

Título original
Then Again

Capa
Adaptação de Pronto Design sobre design original de Emily Harwood Blass

Imagem de capa
Dewey Nicks

Revisão
Rita Godoy
Lilia Zanetti

Preparação
Taís Monteiro

Editoração eletrônica
Abreu's System Ltda.

Citação de *Noivo neurótico, noiva nervosa*. Copyright © 1977, Metro Goldwyn Mayer. Todos os direitos reservados. Usado com permissão.

Citações do discurso de Woody Allen no Tributo a Diane Keaton no Lincoln Center © 2007, Woody Allen.

Todos os outros textos de Woody Allen copyright © 2011, Woody Allen. Usado com permissão.

Os créditos das fotografias aparecem nas páginas 227 e 228.

CIP-BRASIL. CATALOGAÇÃO-NA-FONTE
SINDICATO NACIONAL DOS EDITORES DE LIVROS, RJ

K33a
    Keaton, Diane
        Agora e sempre / Diane Keaton; tradução Maria Beatriz de Medina. – Rio de Janeiro: Objetiva, 2012.

        Tradução de: *Then again*
        270p.: il.   ISBN 978-85-390-0421-8

        1. Keaton, Diane. 2. Atrizes – Estados Unidos – Biografia.
    I. Título.

12-6167.   CDD: 927.9143028
                               CDU: 929:791

À minha cidade de mulheres:

*Stephanie Heaton, Sandra Shadic, Lindsay Dwelley.
Mais dois homens: David Ebershoff e Bill Clegg.
Eles sabem por quê.*

Sempre digo que a minha vida é esta família, e é verdade.
　　　　　Dorothy Deanne Keaton Hall

PENSAR

Mamãe adorava provérbios, citações, lemas. Havia sempre bilhetinhos pendurados na parede da cozinha. Por exemplo, a palavra PENSAR. Achei PENSAR pregado num quadro de avisos de seu estúdio fotográfico. Vi a palavra presa com fita adesiva numa caixa de lápis que ela cobriu com colagem. Encontrei até um panfleto com o título PENSAR na sua mesinha de cabeceira. Mamãe gostava de pensar. Num caderno, escreveu: "Estou lendo *Até as vaqueiras ficam tristes*, de Tom Robbins. O trecho sobre casamento combina com a luta das mulheres por realização. Escrevo isso para PENSAR sobre isso mais para a frente..." Ela continuou com uma citação de Robbins: "Para a maioria das mulheres pobres, burras e vítimas de lavagem cerebral, o casamento é o ápice. Para os homens, ele é uma questão de logística: o macho consegue comida, cama, roupa lavada, TV [...] filhos e conforto, tudo sob o mesmo teto. [...] Mas, para a mulher, casamento é rendição. Casamento é quando a moça desiste de lutar [...] e a partir daí deixa a ação realmente interessante e significativa a cargo do marido, que, em troca, prometeu 'cuidar' dela. [...] As mulheres vivem mais tempo que os homens porque, na verdade, não vivem." Mamãe gostava de PENSAR sobre a vida, principalmente sobre a experiência de ser mulher. Também adorava escrever a respeito dela.

Em meados da década de 1970, de visita em casa, eu estava no estúdio de mamãe revelando algumas fotografias que tirara em Atlantic City quando achei algo que nunca vira. Era uma espécie de caderno de rascunho. Na capa havia uma colagem feita por ela com fotografias de família e a frase "É a viagem que conta, não a chegada". Peguei-o e o folheei. Embora houvesse várias colagens de instantâneos e recortes de revista, também tinha muitas páginas escritas.

"Tive um dia produtivo na Hunter's Bookstore. Rearrumamos a seção de arte e descobrimos muitos livros interessantes escondidos. Faz duas semanas que fui contratada. Ganho 3 dólares e 35 centavos por hora. Hoje recebi 89 dólares no total."

Aquele não era um dos típicos *scrapbooks* dela, com os guardanapos de sempre da Clifton's Cafeteria, velhas fotos em preto e branco e os meus boletins nada sensacionais. Era um diário.

Um texto datado de 2 de agosto de 1976 dizia: "CUIDADO COM ESTA PÁGINA. De você, possível futuro leitor, ela exige coragem. Falo do que me passa pela cabeça. Estou zangada. Alvo: Jack. Nomes feios, aqueles com que me xingou. NÃO esquecidos, e sem dúvida esse é o problema. 'Sua filha da puta frígida.' Tudo dito, tudo sentido. Meu Deus, quem ele pensa que é?"

Para mim, bastou. Era brutal, muito brutal. Eu não queria conhecer nenhum aspecto da vida da minha mãe e do meu pai que pudesse abalar a noção que eu tinha do seu amor. Larguei o caderno, saí do estúdio e só abri outro dos seus 85 diários depois que ela morreu, dali a trinta anos. Mas é claro que, por mais que tentasse negar a presença deles, não podia evitar vê-los repousando nas estantes, ou debaixo do telefone, ou até me encarando de dentro de uma gaveta na cozinha. Certa vez, comecei a folhear na mesinha de centro o livro novo de fotografias de Georgia O'Keeffe, *One Hundred Flowers* (Cem flores), que pertencia a mamãe, e achei debaixo dele um diário intitulado "Quem disse que você não teve oportunidade?" Era como se eles conspirassem: "Pegue-nos, Diane. Pegue-nos." Nem pensar. Eu não passaria por aquela experiência de novo de jeito nenhum. Mas fiquei impressionada com a perseverança de mamãe. Como conseguia continuar escrevendo sem leitores, nem mesmo os da própria família? Ela simplesmente conseguia.

Mamãe escreveu sobre voltar a estudar com 40 anos. Escreveu sobre ser professora. Escreveu sobre cada gato de rua que resgatou. Quando sua irmã Marti teve câncer de pele e perdeu quase todo o nariz, ela também escreveu sobre isso. Escreveu sobre suas frustrações com o envelhecimento. Quando papai adoeceu, em 1990, o diário rugiu contra a injustiça do câncer que atacou o cérebro dele. O relato de seu falecimento foi a melhor reportagem de mamãe. Era como se cuidar de Jack a fizesse amá-lo de um modo que a ajudava a se tornar a pessoa que sempre quis ser.

"Hoje tentei fazer Jack comer. Mas ele não conseguiu. Depois de algum tempo, tirei os óculos. Pus a cabeça junto da dele e sussurrei que sentia saudades. Comecei a chorar. Não queria que ele visse, então virei a cabeça. E Jack, com a pouca força que restava naquele maldito corpo, pegou um guardanapo no meu bolso e devagar, bem devagar, como tudo o que fazia, me olhou com aqueles olhos azuis penetrantes e limpou as lágrimas do meu rosto. 'Vamos superar isso, Dorothy.'"

Ele não superou. No final, mamãe tomou conta dele, assim como cuidara de Randy, de Robin, de Dorrie e de mim durante toda a nossa vida. Mas ninguém estava lá para lhe apoiar quando ela escreveu, com a letra trêmula: "Junho de 1993. Hoje eu soube que estou no estágio inicial do mal de Alzheimer. Assustador." Assim começou uma batalha de 15 anos contra a perda da memória.

Ela continuou escrevendo. Quando não conseguia mais redigir parágrafos, fazia frases como "Nós machucaríamos menos um ao outro se nos tocássemos mais?" e "Honra a ti mesmo". E declarações curtas e perguntas como "Depressa" e "Que dia é hoje?". Ou coisas esquisitas como "A minha cabeça está dando meia-volta". Quando não foi mais capaz de montar frases, escreveu palavras. ALUGUEL. TELEFONEMA. FLORES. CARRO. E até a sua palavra favorita, PENSAR. Quando ficou sem palavras, escreveu números até não conseguir mais escrever.

Dorothy Deanne Keaton nasceu em Winfield, Kansas, em 1921. Seus pais, Beulah e Roy, foram para a Califórnia quando ela não tinha nem 3 anos. Eram interioranos em busca do grande sonho. Este os levou às colinas de Pasadena. Durante o ensino médio, mamãe tocou piano e cantou num trio chamado Two Dots and a Dash (Dois pontos e um travessão). Tinha 16 anos quando o pai foi embora, deixando Beulah e as três filhas se virarem sozinhas. O início da década de 1940 foi uma época difícil para as Keaton. Beulah, que nunca trabalhara, teve de procurar emprego. Dorothy abandonou o sonho de ir para a faculdade a fim de ajudar em casa até que Beulah enfim conseguiu trabalho como zeladora.

Tenho uma foto de Dorothy, com 16 anos, em pé ao lado do pai, Roy Keaton. Por que ele abandonou a filha predileta, a que mais se parecia com ele? Como pôde ter ido embora sabendo que um lugar no coração dela se partiria para sempre?

Tudo mudou quando Dorothy conheceu Jack Hall numa quadra de basquete no Los Angeles Pacific College, em Highland Park. Mamãe adorava recordar como aquele lindo rapaz de cabelo preto e olhos azuis fora se encontrar com a irmã Martha mas só tinha olhos para ela. Ria e dizia: "Foi amor à primeira vista." E deve ter sido, porque não demorou muito para os dois fugirem a fim de se casar em Las Vegas, no Stardust Hotel.

Mamãe nunca me contou os sonhos que tinha para si. No entanto, havia pistas. Ela foi presidente da Associação de Pais e Mestres e do Clube de Senhoras Arroyo Vista. Foi professora da escola dominical na nossa igreja metodista livre. Participou de todos os concursos que havia atrás de todas as caixas de cereais. Adorava programas de jogos na TV. O nosso favorito era *Queen for a Day*, "rainha por um dia", apresentado por Jack Bailey, que começava cada um dos cinco episódios semanais dizendo: "VOCÊ quer ser RAINHA... POR... UM... DIA?" O jogo era assim: Bailey entrevistava quatro mulheres; a que estivesse em pior situação, avaliada pelo medidor de aplausos da plateia, era coroada Rainha por um Dia. Ao som de *Pompa e circunstância*, o apresentador do programa enrolava a vencedora numa capa de veludo com gola de pele branca, punha-lhe uma tiara faiscante na cabeça e lhe dava quatro dúzias de rosas vermelhas da floricultura Carl's, de Hollywood. Mais de uma vez, mamãe e tia Martha escreveram sua triste história no formulário de inscrição. Mamãe quase conseguiu passar pela seleção ao escrever: "Meu marido precisa de um pulmão." Quando pediram mais detalhes, ela contou a verdade — bem, mais ou menos. Jack Hall, mergulhador entusiasmado, precisava mergulhar mais fundo para pôr mais comida no prato da família. Foi eliminada.

Certa manhã, acordei com um grupo de desconhecidos perambulando pela casa e examinando todos os cômodos. Mamãe não se dera o trabalho de nos contar que se inscrevera na fase local do concurso de Mrs. América, que pretendia encontrar a dona de casa ideal. Mais tarde, ela explicou aos filhos que era uma competição de talentos como pôr a mesa, criar arranjos de flores, fazer a cama e cozinhar, além de administrar o orçamento da família e se destacar em cuidados pessoais. Só conseguimos pensar "Uau!".

Eu tinha 9 anos, idade suficiente para estar na plateia do cinema da Figueroa Street, onde ela foi coroada Mrs. Highland Park. De repente a minha mãe, recém-coroada a melhor dona de casa de Highland Park, estava parada num palco enorme bem acima de mim, na frente de uma imensa cortina de veludo vermelho. Quando a cortina se abriu para mostrar uma televisão RCA Victor Shelby, uma lavadora e secadora de roupas Philco, um conjunto de malas Samsonite, um guarda-roupa da moda da Ivers Department Store e seis frascos azul-cobalto cheios de perfume Evening in Paris, eu não soube direito para o que estava olhando. O que via? Por que mamãe estava em pé sob os refletores, como se fosse uma estrela de cinema? Era muito empolgante, mas ao mesmo tempo bastante desagradável. Algo acontecera, um tipo de traição. Mamãe me abandonara, mas o pior, muito pior, era que no fundo eu queria estar naquele palco no lugar dela.

Seis meses depois, Dorothy Hall foi coroada novamente, dessa vez como Mrs. Los Angeles, por Art Linkletter, no Ambassador Hotel. Eu e o meu irmão Randy assistimos ao evento pela nossa nova televisão RCA Victor Shelby. Entre os deveres dela como Mrs. Los Angeles estava comparecer a supermercados, lojas de departamento e clubes femininos em todo o condado de Los Angeles. Ela não ficava muito tempo em casa e, quando estava lá, vivia ocupada fazendo várias vezes o mesmo bolo alemão de chocolate com nozes, na esperança de que isso a tornasse Mrs. Califórnia. Papai se encheu de toda aquela provação e deixou isso bem claro. Quando perdeu o cobiçado título de Mrs. Califórnia, ela pareceu aceitar o fracasso com facilidade e voltou aos deveres domésticos normais, mas tudo estava diferente, pelo menos para mim.

Às vezes me pergunto como a nossa vida poderia ter mudado se mamãe tivesse sido eleita Mrs. América. Ela teria se tornado uma personalidade da TV, como Bess Myerson, ou porta-voz dos aparelhos Philco, ou colunista da revista *McCall's*? O que teria acontecido com o meu sonho de ficar sob os holofotes se o dela se realizasse? Outra mãe lhe tirou a oportunidade, mas não me importei; fiquei contente de não ter de dividi-la com o resto do mundo.

Mamãe acreditava que seus filhos teriam um futuro brilhante. Afinal de contas, eu era engraçada, Randy escrevia poemas, Robin cantava e Dorrie era inteligente. Nos últimos anos do ensino fundamental, eu tinha suficientes notas C-menos para provar que não seria uma aluna com futuro brilhante. Assim como a do restante do país, minha inteligência foi testada em 1957. Os resultados não surpreenderam. Houve uma exceção, algo chamado Raciocínio Abstrato. Mal pude esperar para correr para casa e contar a mamãe essa história de Raciocínio Abstrato. O que era aquilo? Empolgada com qualquer conquista, ela me disse que raciocínio abstrato era a capacidade de analisar informações e resolver problemas num nível complexo, baseado no pensamento. Por mais que eu tente descobrir a resposta dos problemas pensando neles, ainda não entendi direito o que significa raciocínio abstrato.

Em 1959, a percepção cultural da nossa família mudou quando os Bastendorf foram morar na casa ao lado. Bill era ph.D. em psicologia. Papai, especificamente, não confiava em "médicos de maluco". Mas não conseguiu deixar de gostar de Bill e da sua mulher, Laurel, que abalaram a comunidade por deixar os filhos correrem nus no quintal. Na nossa rua de casas iguais cercadas de gramados bem aparados, os vizinhos não apreciaram muito a selva dos Bastendorf ou suas paredes cobertas de pôsteres de obras de Picasso, Braque e Miró. Às vezes, Laurel levava mamãe ao único café *beatnik* de Santa Ana. Lá, bebiam expressos e conversavam a respeito dos artigos do número mais recente da revista *Sunset* sobre lançadores de tendências como Charles Eames ou Cliff May — coisas assim. Só sei que mamãe engoliu aquilo tudo, principalmente quando Laurel lhe ensinou como fazer quadros com colagens de conchas. Mamãe ficou tão inspirada que criou um híbrido próprio: quadros com colagem de pedras. Logo eles estavam por toda a casa. O de que mais me lembro tinha pelo menos 1x1,5 metro e era tão pesado que algumas pedras começaram a cair. Embora muita gente visse Dorothy como dona de casa, eu a via como uma artista lutando para encontrar um meio de expressão.

Em 1961, inspirada pelo exemplo dos Bastendorf, mamãe enfiou os filhos na picape da família e dirigiu até Nova York para assistir à exposição Art of Assemblage (a arte da montagem) no Museu de Arte Moderna. Ficamos embasbacados com Joseph Cornell e o modo como ele navegava por um mundo imaginário com as suas caixas e colagens. Assim que chegamos em casa, decidi cobrir toda a parede do meu quarto com colagens. Mamãe mergulhou fundo, acrescentando fotos de revistas de que achou que eu gostaria, como James Dean em pé na Times Square. Logo ela cobria quase tudo com colagens, inclusive latas de lixo e caixas feitas de papel machê empelotado; chegou até a fazer isso no interior de todos os armários da cozinha, imaginem só. Randy levou a mania a outro nível quando se tornou um verdadeiro artista da colagem. Até hoje, empilhadas no forno, onde ele afirma que estão a salvo, há literalmente centenas de peças da sua série atual, "Stymied by a Woman's Face" (frustrado pelo rosto de uma mulher). Acho que se pode dizer que coletar e reelaborar imagens, reorganizando as já conhecidas em padrões inesperados na esperança de descobrir algo novo, tornou-se uma das crenças que compartilhávamos. A colagem, como o raciocínio abstrato, era um processo visual de analisar informações. "Certo?", como eu sempre perguntava a mamãe quando jovem. É claro que ela achava que eu tinha razão.

Aos 14 anos, comecei a arrastar comigo uma lembrança que nunca deixarei de ter. Mamãe e papai dançavam ao luar numa colina em Ensenada, no México. Um grupo de mariachis tocava. Eu observava de longe eles se beijarem com uma profundidade de sentimentos que deveria ser embaraçosa para a filha adolescente. Em vez disso, fiquei maravilhada. Aquilo até me deu algo em que acreditar. O amor deles. Ao me abrigar nos braços da história de mamãe e papai, soube que não haveria despedidas.

Na última página do meu diário de adolescente, escrevi: "A quem interessar possa: quando me casar, quero discutir com o meu marido os problemas graves. Nada de colapsos emocionais na frente das crianças. Nada de xingamentos. Não quero que o meu marido fume, mas ele pode tomar uma boa bebida de vez em quando. Quero que os meus filhos frequentem a escola dominical toda semana. Também levarão surras, porque acredito nelas. Na verdade, quero que eu e o meu marido organizemos a casa do mesmo jeito que mamãe e papai fazem hoje."

"A quem interessar possa"? Quem eu queria enganar? E por que estava tentando ser uma menina tão boazinha quando o que realmente sentia não tinha nada a ver com regras inventadas sobre um tema que me assustava tanto? Isso foi o que não escrevi, mas nunca esqueci. Certo dia, no nono ano, Dave Garland e eu estávamos trocando bilhetes na aula de álgebra da Sra. Hopkins. Dave era "uma gracinha", mas "não conseguia me suportar". Terminou a troca com sete palavras: "Um dia você será uma boa esposa." Esposa? Eu não queria ser uma esposa. Queria ser uma garota fogosa, uma garota com quem dar uns pegas. Queria ser Barbra Streisand cantando: "Nunca, nunca vou me casar; nasci para andar por aí até morrer." Nunca me casei. Também nunca "namorei firme". Embora continuasse agradando devidamente os meus pais, minha cabeça andava nas nuvens e eu me imaginava beijando caras notáveis e inatingíveis como Dave Garland. Pensei que a única maneira de realizar o meu sonho número 1 — tornar-me uma verdadeira estrela de comédias musicais da Broadway — era continuar a ser uma filha adorável. Apaixonar-me por um homem e me casar teria de ficar de fora. Assim, continuei a perseguir caras notáveis e inatingíveis.

Os nomes mudaram de Dave para Woody, depois Warren e, finalmente, Al. Será que eu poderia ter assumido um compromisso duradouro com eles? É difícil dizer. No meu subconsciente, eu devia saber que nunca daria certo, por isso eles nunca me atrapalharam na busca dos meus sonhos. Eu procurava peixes maiores, sabe? Procurava uma plateia. Qualquer plateia. Então, o que fiz? Testes para tudo o que estivesse disponível, sem ter qualquer especialidade em particular. Participei dos coros da igreja e da escola. Tentei ser animadora e líder de torcida. Fiz testes para todos os programas de talentos e todas as peças, inclusive *A megera domada*, que eu não entendi. Participei de debates em sala de aula e editei o boletim da Associação Cristã Feminina. Concorri a representante de turma do nono ano. Cheguei a implorar que mamãe me ajudasse a entrar para a Ordem Internacional das Filhas de Jó, clube secreto patrocinado por maçons em que mocinhas desfilavam de vestido comprido num clima de festa. Queria ser adorada e escolhi ficar a salvo nos braços de Jack e Dorothy; pelo menos, era o que pensava.

Agora que já passei dos 60 anos, quero entender melhor como era ser a linda esposa de Jack Hall e criar quatro filhos na ensolarada Califórnia. Quero saber por que mamãe vivia se esquecendo de como era maravilhosa. Gostaria que ela se orgulhasse por ser tão divertido para nós vê-la tocar *My Mammy* ao piano e cantar: "The sun shines east, the sun shines west, I know where the sun shines best — Mammy."* Não sei por que ela não valorizou o diálogo tão incomum que aconteceu certa vez quando ela me levou a uma sala no museu onde ficava um leão de mármore sem o lado direito do rosto e sem patas. Em outra sala, havia uma deusa grandiosa sem braços. Mamãe era só exclamações.

— Diane, não é lindo?
— Mas está tudo quebrado. Estão faltando pedaços — disse eu.
— Mas você não vê como eles são magníficos mesmo sem todos esses pedaços?

Ela me ensinava a ver. Mas nunca levava o crédito por nada. Fico me perguntando se essa falta de autoestima não seria um sintoma precoce do esquecimento. Foi mesmo o Alzheimer que lhe roubou a memória ou foi uma sensação incapacitante de insegurança?

Durante 15 anos, mamãe disse adeus: adeus ao nome dos lugares; adeus aos seus famosos ensopados de atum; adeus ao BMW que papai lhe deu no aniversário de 61 anos; adeus a me reconhecer como filha. Tudo isso foi substituído por olás: olá à ração para gatos mofando em pratos de papel no armário dos remédios, a enfermeiros; olá à cadeira de rodas que a levava para a frente da TV a fim de assistir ao seu programa favorito — *Barney* — toda manhã no canal PBS; olá ao olhar vazio. Em algum mo-

---

* Em português, "O sol brilha a leste, o sol brilha a oeste, eu sei onde ele mais bilha — Mamãe."

mento no meio dos horríveis olás e dos trágicos adeuses, adotei uma menininha. Estava com 50 anos. Depois de passar a vida evitando intimidades, de repente fiquei muito íntima. Enquanto mamãe lutava para completar as frases, observei a minha filha Dexter e, alguns anos mais tarde, o meu filho, o pequeno Duke, começarem a formar palavras como meio de captar a maravilha da sua mente em desenvolvimento.

A situação de ser uma mulher entre dois amores — um como filha, outro como mãe — me fez mudar. Foi um desafio assistir à traição de uma doença estranha e cruel enquanto aprendia a dar amor com a promessa de estabilidade. Se a minha mãe era a pessoa mais importante para mim e se, em grande medida, sou quem sou e como sou devido a quem ela era e como era, o que isso significa para o meu impacto sobre Duke e Dexter? O raciocínio abstrato não ajuda.

No início do seu último ano de vida, o pequeno círculo de amigos dedicados de Dorothy praticamente sumira. As pessoas que a amavam podiam ser contadas numa das mãos. Era difícil reconhecer a mulher que tínhamos conhecido. Mas será que sou reconhecível como a mesma pessoa que era quando *Noivo neurótico, noiva nervosa* estreou, em 1977? Lembro que me paravam na rua para dizer: "Não mude nunca. Simplesmente não mude nunca." Até mamãe disse, certa vez: "Não envelheça, Diane." Não gostei dessas palavras na época e não gosto delas agora. O esforço exaustivo de controlar o tempo alterando os efeitos da idade não traz felicidade. Eis uma bela palavra: *felicidade*. Por que a felicidade é algo a que pensei ter direito? O que é felicidade, afinal de contas? *Insensibilidade*. Foi o que Tennessee Williams disse.

A última palavra de mamãe foi *não*. Não às espetadas intermináveis. Não às invasões não pedidas. Não a "Jantar, Dorothy?", "Hora do remédio. Abra a boca", "Vamos virar a senhora, Mamacita". "NÃO!" "Pronto, não está melhor assim?" "NÃO!!" "Quer assistir à TV? Está passando *Lucy*." "Vou lhe dar um canudinho. Vou lhe dar um garfo." "NÃO." "Deixe-me esfregar os seus ombros." "Não, não, não, não, NÃO!!!!" Se pudesse, mamãe diria: "Deixem a mim e ao meu corpo em paz, pelo amor de Deus. Não me toquem. Esta vida é minha. Este final é meu." Não é que as atividades fossem realizadas sem carinho e afeição; a questão não era essa. A questão era independência. Lembro que, quando eu era menina, mamãe se enfiava em qualquer cômodo desocupado com um anseio que superava o seu amor absoluto por nós. Uma vez lá, ela tirava a máscara de mãe dedicada e esposa amorosa e se refugiava nos seus pensamentos. No final, *não* foi tudo o que restou do desejo de Dorothy de ter a sua vontade respeitada.

"Finalmente liberta das restrições da vida, mamãe se uniu a papai — assim como às irmãs, Orpha e Martha, à mãe, Beulah, e a todos os seus queridos gatos, começando com Charcoal e terminando com Cyrus. Prometo cuidar dos seus pensamentos e palavras. Prometo PENSAR. E prometo passar adiante o legado da linda, linda Dorothy Deanne Keaton Hall, de Kansas, nascida em 31 de outubro de 1921 — minha mãe."

Eu disse essas palavras no seu funeral, em novembro de 2008. Mamãe continua a ser a pessoa mais importante e mais influente da minha vida. Para quem olha de fora, tivemos vidas totalmente diferentes. Ela foi mãe e dona de casa e sonhava com o sucesso; eu sou uma atriz cuja vida, em alguns aspectos, foi além dos meus sonhos mais extraordinários. Comparar a história de duas mulheres com grandes sonhos que tiveram muitos conflitos iguais e também calharam de ser mãe e filha é, em parte, comparar o que se perde com o sucesso com aquilo que se ganha ao aceitar uma vida comum. Eu fui uma menina comum que virou uma mulher comum, com uma exceção: mamãe me deu uma força de vontade extraordinária. Não veio de graça. Mas ela também não passou pela vida a passeio.

Então, por que escrevi estas memórias? Porque mamãe perdura; porque ela tentou guardar com as suas palavras a história da nossa família; porque levei décadas para reconhecer que a sua característica mais atraente era a complexidade; porque não quero que ela desapareça, apesar de já ter desaparecido. São muitas razões, mas a melhor resposta vem de um trecho que ela escreveu com aquela capacidade aguçada de raciocínio abstrato que passou para mim. O ano foi 1980. Ela estava com 59 anos.

"Toda pessoa viva deveria ser obrigada a escrever sua autobiografia. Deveria ter de voltar e esclarecer e revelar tudo o que se acumulou na sua vida. Descobrir o jeito incomum com que os escritores põem ideias em palavras me dá o conhecimento muito gratificante de que eu também poderia fazer isso, se me concentrasse. Ajudaria a liberar a pressão que sinto por armazenar lembranças que agora me afetam. Mas cometo um erro muito grave. Digo a mim mesma que sou controlada demais pelos hábitos passados. Quero de verdade escrever sobre a minha vida, os amigos íntimos que possuo, a vida familiar que tivemos, mas me seguro. Se fosse totalmente sincera, acho que chegaria a um ponto em que começaria a ME ver sob uma luz mais compreensível. Agora fico toda apreensiva com os pensamentos recordados, mas sei que fazer isso seria para o meu bem."

Gostaria que ela tivesse feito. E, como não fez, escrevi não as minhas memórias, mas as nossas. A história da menina cujos desejos se realizaram por causa da mãe não é nova, mas é minha. O amor e a gratidão profundos que sinto agora que ela partiu me obrigaram a tentar "esclarecer" o mistério da sua jornada. Com isso, espero encontrar o significado do nosso relacionamento e entender por que os sonhos realizados são um fardo tão estranho. O que fiz foi criar um livro que combina as minhas memórias e histórias com os diários e cadernos de mamãe. Ao recordar os seus *scrapbooks* e o nosso amor mútuo pela técnica da colagem, pus as palavras dela ao lado das minhas, juntamente com cartas, recortes e outros materiais que documentam não só a nossa vida como o nosso laço. Quero manter a minha existência ao lado da dela para, como ela disse, chegar a um ponto em que comece a *me* ver — e também a *ela* — sob uma luz mais compreensível.

PRIMEIRA PARTE

1
DOROTHY

Extraordinária

A dedicação de Dorothy à escrita começou com uma carta ao alferes Jack Hall, estacionado em Boston com a Marinha. Foi pouco depois do fim da Segunda Guerra Mundial. Ela estava de repouso no hospital Queen of Angels depois de me dar à luz. Sozinha com um bebê de 3,3 quilos, mamãe deu início a uma correspondência que se transformaria em outro tipo de paixão. Naquela época, as palavras dela eram influenciadas pelos poucos filmes a que Beulah lhe permitira assistir, como *Melodia da Broadway*, de 1938. Obras fofinhas e inofensivas, com parte dos diálogos saindo da boca de Judy Garland. O "com certeza amo você mais do que tudo no mundo" de mamãe, seu uso de "catita" e "Ninguém jamais me fará mais feliz do que você" refletiam as expectativas e a visão americana da vida durante a década de 1940. Para Dorothy, mais do que tudo, isso era o amor. Era Jack. Era Diane, e era catita.

Mamãe escreveu a primeira carta "Oi, querido" quando eu tinha 8 dias. Cinquenta anos depois, conheci a minha filha Dexter e a segurei em meus braços pela primeira vez quando ela estava com 8 dias. Era um bebê alegre. Ao contrário do que eu sempre tinha acreditado, não fui um bebê alegre, nem mesmo muito bonitinho. Uma foto ruim determinou a preocupação de mamãe com a minha aparência. As fotografias já começavam a dizer aos outros como me ver. Não passei pelo teste da foto bonita do papai. Nem pelo da mamãe, aliás. Mas escondida no bangalozinho da vovó Keaton, na Monterey Road, em Highland Park, Dorothy não teve escolha: com sua visão de menina de 24 anos, ela queria acreditar que eu era extraordinária. Tinha de ser. Então ela passou esse tipo de esperança a uma menininha que foi subjugada pela força desse sentimento. Os seis meses que passamos juntas, sozinhas, selaram o acordo. Para Dorothy, tudo o que ela vivia assumia uma dimensão maior por causa da alegria, da dor, do medo e da empatia de ser mãe pela primeira vez.

13 de janeiro de 1946
   Querido Jack,
   Você deve estar quase chegando a Boston e aposto que está exausto por causa da viagem. É difícil acreditar que pode fazer tanto frio aí quando o tempo aqui está tão bom. Sinto muito ter agido da forma como agi quando você partiu. Com certeza eu não queria fazer aquilo, mas a ideia da sua partida me deixou muito nervosa. Tentei com todas as forças parar de chorar, porque sabia que não era bom para Diane.
   São 8 horas da noite e a sua filha está dormindo. Ela está ficando mais bonita a cada dia e, quando a vir, poderá decidir se quer que ela seja o seu "prato predileto".
   Isso não é justo, meu doce — vi você primeiro, então eu deveria ser a primeira opção do seu harém, não acha? Hoje, Chiquita e Lois vieram nos visitar. Concordaram que ela é catita, embora tenha um mau hábito: quando alguém olha para ela, ela devolve o olhar ficando vesga.
   Bom, meu doce, acho que vou acordar a "Carinha de Anjo". Sem dúvida ganhamos um prêmio, sem brincadeira. Toda vez que olho para ela, penso que mal posso esperar que você esteja aqui e que possamos ficar juntos.
   Boa noite, meu amor.
   Dorothy

18 de janeiro de 1946

Oi, querido,

Gostaria de não ser tão chorona. Não me entendo. Antes de nos casarmos, você não conseguia me fazer chorar por nada. Eu achava que não sabia chorar, mas agora é só pensar em você, em como você é catita e em como sinto a sua falta que, antes de perceber, estou berrando igualzinho à Diane. Com certeza te amo mais do que você poderia imaginar, meu doce. Mesmo que eu não diga com frequência quando nos vemos, estou sempre pensando nisso.

Diane & eu tiramos fotos — só as pequenas e baratas. Estou com medo de que as dela não saiam boas — ela é tão miúda... — e naturalmente as minhas não serão boas, mas isso é de se esperar. Tomara que você possa ao menos ver um pouquinho como ela é. O fotógrafo disse que ela é muito boazinha para um bebê da sua idade e do seu tamanho. Não é gorda como a mãe dela costumava ser. Aliás, ainda estou gorducha = droga. Ela pesa mais de 4 quilos e, como digo em todas as cartas, fica mais bonitinha a cada dia. Acho que é uma boa ideia sua mandar notas de 2 dólares para ela. Estou guardando para ela. Estão se acumulando. Talvez daqui a pouco possamos abrir uma poupança. Boa noite, meu doce.

Amor,
Dorothy

21 de fevereiro de 1946

Oi, querido,

Estou muito desapontada. Aquelas fotografias são exatamente como eu esperava: horríveis. Diane saiu meio esquisita. Não vou mandá-las porque você vai achar que eu estava tentando enganá-lo dizendo que ela é bonitinha.

Você falou na sua carta hoje que gostaria de que pudéssemos reviver os bons tempos. Claro que eu olho para trás e sonho com eles, tão catitas que eram. Não queremos mudar nunca, não é? Embora tenhamos uma família e mais responsabilidades, acho que não há razão para agirmos como velhos e não nos divertirmos como antigamente. Certo?!

Boa noite, querido Jack.
Sua Dorothy

31 de março de 1946
Querido Jack,

Neste momento estou tão furiosa com você que eu lhe daria uma bronca de verdade se você estivesse aqui. Não sei o que lhe deu na cabeça para achar que eu poderia ter mudado e "começado a gostar de outro". Você não é a única pessoa que acredita no casamento — ele significa tanto para mim quanto para você, e se pensa que eu ando por aí procurando alguém que possa me agradar mais, é porque não me conhece. Acha que não levo nosso casamento a sério? Você devia saber quanto te amo, então por que diabos eu tentaria encontrar outro? Você disse que queria que eu fosse feliz, mas pode acreditar: você não conseguiria me deixar mais infeliz nem se quisesse. Se tivesse só um pouquinho de confiança em mim, se me desse mais crédito, você não pensaria essas coisas. Não teria de ficar me lembrando de que prometemos ser sinceros um com o outro se a situação mudar. Isso também se aplica a você. Gostaria que eu não parasse de dizer que acho que não vamos durar e que você vai logo encontrar outra mulher? Ora, com certeza não gosto disso nem um pouquinho, então por favor não me escreva assim de novo.

Provavelmente eu não deveria mandar esta carta, só que quanto mais penso no assunto mais zangada fico! Mas não importa que eu fique zangada, meu doce, amo você o mais que posso e, se pudesse ver o mundo inteiro, não conseguiria olhar para mais ninguém, só para você, porque nenhuma outra pessoa jamais conseguiria me fazer mais feliz do que você sempre fez e sempre fará. Agora me sinto melhor — não estou mais irritada, mas ficarei irritada de verdade se você voltar a escrever daquele jeito, não se esqueça disso.

Amor,
Dorothy
P.S.: Decidi lhe mandar as nossas fotografias, no fim das contas.

25 de abril de 1946
Oi, querido,
Então você não gostou das fotos, hein? Por favor, não ache que a sua filha é assim, porque lhe asseguro que não é. E, mesmo que não fosse bonitinha, seria querida só pela sua personalidade. Ela já a tem — e bem definida. Acho que vou esperar um pouco antes de mandar fotografarem-na de novo.
É claro que você sabe que temos uma filha muito notável e inteligente. Estava lendo no livro de bebês o que um bebê de 4 meses deveria fazer e de fato ela já fazia tudo o que ele mencionava quando tinha 2 meses. Ela tenta ao máximo se sentar, e os bebês só fazem isso quando têm 5 ou 6 meses. Ela realmente puxou você em tudo — aparência, inteligência e personalidade. Não se preocupe, com certeza ela será uma beldade.
Bom, querido, só mais 38 dias até a data maravilhosa em que voltarei a vê-lo. Diane disse: "Iupi!" Bom, pelo menos sorriu...
Até logo, meu doce.
Amor,
Dorothy

Olhar para Oeste

A minha primeira lembrança são as sombras criando desenhos na parede. Dentro do berço, vejo a silhueta de uma mulher de cabelo comprido se mover pelas grades. Mesmo quando me pegava no colo, a minha mãe era um mistério. Era quase como se eu soubesse que o mundo, e a vida dentro dele, seria desconhecido, mas carregado com um romantismo cativante, permanente e questionador. Como se eu passasse o resto da vida tentando entender minha mãe. Essa lembrança é real? Não sei.

Certas coisas se destacaram: a nevasca em Los Angeles quando eu tinha 3 anos e o galpão onde moramos até os meus 5 anos. Ele tinha um formato maravilhoso. Desde então, adoro arcos. Certa noite, o sr. Eigner, nosso vizinho, me pegou cantando "Over the Rainbow" na recém-pavimentada entrada de automóveis de papai. Achei que estivesse encrencada, mas não: ele me disse que eu era uma "mocinha talentosíssima". Papai trabalhava no Departamento de Água e Energia, no centro de Los Angeles. Com 5 anos, eu ia visitá-lo no escritório. Havia alguma coisa em olhar para o oeste no trenzinho Angels Flight que me fascinava. Prédios altos como o da prefeitura assomavam acima do morro. Eu adorava a Clifton's Cafeteria e a loja de departamentos Broadway. Tudo era condensado, concreto, anguloso, fervilhante de atividade. O centro da cidade era perfeito. Eu achava que o paraíso devia se parecer com Los Angeles. Mas nada se comparava à alegria de puxar o braço de mamãe e lhe dizer: "Olhe! Olhe, mamãe!" Ambas adorávamos ver as coisas.

Era difícil saber do que mamãe mais gostava: ver as coisas ou escrever. Os seus *scrapbooks*, pelo menos quando eu era pequena, eram arruinados por intermináveis explicações debaixo das fotografias. Quando fiquei mais velha, evitava ao máximo os indesejados envelopes com as suas "Cartas a Diane". Quem ligava para cartas? Eu só queria fotos. Depois do incidente no estúdio fotográfico com o diário de mamãe, para mim já bastava. Mas, quando tomei a decisão de escrever estas memórias, aos 63 anos, comecei a ler os diários dela sem ordem específica. No meio desse processo, fiquei surpresa ao me deparar com o que devia ser a tentativa dela de escrever suas próprias memórias. No alto da capa, *1980* estava gravado em ouro. Isso significava que ela havia começado a escrevê-las aos 59 anos. Cada registro estava datado. Às vezes mamãe começava um trecho e parava, deixando dezenas de páginas vazias. Ou então escrevia um parágrafo sobre um acontecimento, retomava-o alguns anos depois e após meses recomeçava uma terceira abordagem. No decorrer de cinco anos, ela pulou de lá para cá pelos fatos da infância, em uma livre associação. Na maior parte, o tom de Dorothy era complacente, doce e, às vezes, melancólico. Mas às vezes não. Ela deve ter feito um inventário da vida desencavando lembranças daqueles dias da década de 1930 em que ficou espremida entre as duras regras impostas pela igreja metodista livre e o encanto da vida além das restrições de Beulah. Detesto pensar assim, mas acho que a vida deu em Dorothy alguns golpes dos quais ela não se recuperou.

Sentimentos de família

Meu pai, Roy Keaton, me apelidou de Perkins quando eu era bem pequena: tinha 3 ou 4 anos. Me chamava assim quando tinha "sentimentos de família". Sempre que se sentia isolado, me chamava de Dorothy. Papai deixou bem claro, nas três gestações de mamãe, que queria um menino. Enquanto nós, meninas, crescíamos, ficou óbvio que era eu que ele gostaria que fosse o menino dos seus sonhos. Eu me interessava por coisas de garoto, era uma menina quieta que não criava problemas para ninguém. Não sei por que papai me preferia às minhas irmãs. Às vezes, me confidenciava pensamentos que não revelava nem a mamãe. Eu escutava em silêncio. Ao terminar, ele perguntava: "Não está certo, Perkins, hein? Hein?" Ele sabia que eu sempre concordaria. Acho que sabia que eu sempre concordava com mamãe, também.

Nós nos mudávamos muito. Quando eu tinha 4 anos, moramos num velho chalé de dois andares na Walnut St., em Pasadena. A casa dava direto na calçada. Mas tínhamos um quintal enorme que ia até os trilhos da ferrovia, por onde passava o novo trem Super Chief de Santa Fe. Não havia cerca, muro ou qualquer outra coisa que separasse o quintal dos trilhos. Eu via a cara dos passageiros que olhavam o interior da cozinha. Hoje isso não seria aceitável, mas naquela época ninguém ligava. Grumpy, o pastor-alemão do papai, dormia nos trilhos, mas sempre saía bem a tempo de o trem passar.

Sempre tivemos gatos. Eu ainda era pequena quando nos mudamos para uma casa de aluguel mais barato no alto de um morro, em Highland Park. Ficava em meio acre de terra, com um canteirinho de grama. Não tínhamos vizinhos. Pouquíssimas pessoas se davam o trabalho de subir a escadaria que começava no asfalto. Era um ambiente perfeito para gatos. Mamãe me deixou ter todos os que quis. Treze. Papai não dava a mínima. Raramente ficava em casa mesmo. O dinheiro era escasso. Não sei como aquelas criaturinhas peludas eram alimentadas todo dia, junto com nós cinco. Numa semana, encontrei

Pretty Boy, Cakes, Yeller e *Alex*. Uma gata específica, no entanto, domina a minha lembrança. O nome dela era Baby. Era uma criatura de um cinzento fosco, patas magras, olhos que ocupavam quase toda a cabeça e um rabo quebrado que pendia torto. O mais estranho era que ela não fazia som algum: não miava, nem sibilava, nem ronronava. Baby era um fracasso genético para todos, menos para mim. Eu a adorava. Certo dia, ela deu à luz uma ninhada de quatro gatinhos. Mas, para minha grande tristeza, nunca mais foi a mesma e morreu pouco tempo depois. Orpha não deu muita importância. Já tinha namorados escondida de mamãe e vivia escapulindo no meio da noite. Marti era apenas uma garotinha e não prestava atenção neles, mas para mim os gatos eram as melhores coisas do mundo inteiro. Mamãe sempre dizia que ser a irmã do meio me deixou mais sensível. Não sei se isso é verdade, mas fiquei triste de não poder dividir com ninguém quanto eles eram especiais. Nunca lhes contei o meu sonho de ter uma grande fazenda de gatos para onde eu pudesse levar todos os gatos órfãos que visse, doentes ou não.

Primogênita

Ser a primogênita tem as suas vantagens. Tinha mamãe e papai só para mim. Então Randy chegou, dois anos depois de mim. Randy era sensível — sensível demais. Como presidente e fundadora do Clube do Castor, obriguei meu irmão, o tesoureiro, a ir comigo à escadaria perto do riacho para procurar dinheiro. A nossa missão número um era comprar gorros de pele de guaxinim, como o de Davy Crockett. Custavam 1,98 dólar cada. Estávamos lado a lado quando Randy descobriu uma autêntica moeda de 50 centavos. Uau! Como eu era presidente do Clube do Castor, tinha atribuído a mim mesma a tarefa de lidar com todas as finanças, então peguei a moeda e a mantive em minha mão por um instante até que Randy começasse a gritar. Olhei para cima e vi um míssil prateado deslizando pelo céu em câmera lenta. Grande coisa. Só que Randy ficou tão apavorado que não consegui impedi-lo de correr para casa chorando e se enfiar debaixo do beliche. Nem mamãe conseguiu persuadi-lo de que era apenas um avião. Depois disso, ele ficou muito desconfiado em relação ao mundo lá fora, principalmente a objetos voadores. Em sua adolescência, era quase impossível arrancá-lo do quarto no fim do corredor. Robin se convenceu de que ele estava desaparecendo, e estava mesmo: sumindo dentro de Frank Zappa, cujas letras para músicas como "Zombie Woof" se tornaram o seu mantra.

Mamãe e papai se preocuparam com ele desde sempre. Aproveitei a preocupação deles forçando-me a ser tudo o que Randy não era. Grande erro. O que eu não entendia era que a sensibilidade dele lhe permitia perceber o mundo com intensidade e discernimento.

Era muito fácil manipulá-lo para ficar com suas coisas, como o seu único ioiô Duncan Tournament verde, ou o chocolate Big Hunk que ele guardava desde o Dia das Bruxas, ou uma das bolinhas de gude olho de gato especialíssimas que ele escondia debaixo do beliche. Claro que ele era intuitivo e inigualável, mas isso não importava, desde que eu conseguisse o que queria.

Quando Robin nasceu, três anos depois de Randy, fiquei louca de inveja. Uma menina? Como era possível? Sem dúvida tinha havido algum erro. Ela só podia ter sido adotada. É claro que saiu bonita e cantava melhor que eu, mas o pior de tudo era ser a favorita de papai. Muitos anos depois, fiquei fula da vida quando Warren Beatty se referiu a Robin como a "irmã bonita e sexy".

Dorrie veio como uma "surpresa". Eu era sete anos mais velha, logo ela não podia me afetar. O rosto dela era uma miniatura do rosto de Dorothy. Era o rebento Hall mais brilhante e mais bem-dotado intelectualmente. Na verdade, foi a única de nós que chegou a mostrar a nossos pais um boletim cheio de notas A. Adorava ler biografias de mulheres inspiradoras como Simone de Beauvoir e Anaïs Nin. Leu *Uma espiã na casa do amor* porque era um livro com uma "mensagem". Disse que lhe infundiu uma visão otimista do futuro. Ela achava que eu encontraria nele algumas coisinhas para aplicar à minha filosofia do "amor". Eu não tinha uma filosofia do amor. Foi isso que me ligou a Dorrie: ela era cheia de contradições. Isso devia fazer parte do papel de ser a nossa única "intelectual".

Passávamos todos os fins de semana e as férias à beira-mar. Em 1955, a cidade de Huntington Beach ainda permitia que as famílias armassem barracas na praia por até um mês de cada vez. A nossa se elevava da areia como um cubo preto. Foi naquele verão que li *O maravilhoso mágico de Oz* e *The Adventures of Perrine* (As aventuras de Perrine, ou *En famille*, no original francês de Hector Malot). Eu tinha 9 anos. Parecia que a vida seria sempre imbuída de palavras pretas em páginas brancas, emolduradas por ondas brancas e noites pretas. Toda manhã, mamãe punha óxido de zinco no meu nariz antes que Randy e eu saíssemos para catar garrafas de refrigerante. Nós as empilhávamos em carrinhos de compra emprestados e as levávamos ao supermercado A&P a dois centavos cada. Com dinheiro no bolso, podíamos pagar a entrada da famosa piscina aquecida de água salgada. Alguns anos depois, papai nos levou mais para o sul e montou nossa barraca em Doheny Beach, onde pegamos ondas com pranchas de surfe Hobie de 1,80 metro e cantamos músicas como "Hang Down your Head, Tom Dooley" junto à fogueira. Às vezes, íamos até Rincon, onde acampávamos ao lado da Pacific Coast Highway, a estrada que margeava o Pacífico. Mas Divers Cove, em Laguna Beach, é que era a preferida de papai. Ele e Bob Blandin, o seu melhor amigo, enfiavam a roupa de mergulho e sumiam durante horas debaixo da superfície do mar, enquanto nós, crianças, brincávamos na praia. Mamãe fazia sanduíches de mortadela com maionese. Willie, a mulher de Bob, usava batom vermelho e fumava, o que mamãe dizia que era *muito ruim*. Lembro-me dos penhascos. À noite, pareciam dinossauros prestes e nos atacar. Durante o dia, subíamos até o alto e olhávamos lá de cima a nossa amada Laguna Beach. Quem nos visse da praia lá embaixo pensaria que éramos a típica família californiana da década de 1950.

One Man's Family

O rádio tinha um papel importante na nossa vida. O que mais recordo era um modelo alto de armário, feito pela Philco. Compramos à prestação, como fazíamos com tudo de valor. Os domingos eram o Dia do Rádio. One Man's Family *ia ao ar às 3. Era o meu programa favorito. Eu e as minhas irmãs corríamos da igreja para casa a fim de seguir a trama do Pai Barber e da sua família perfeitinha. Não podia haver ninguém tão bom, sábio ou compreensivo quanto Pai Barber. Eu achava injusto não ter um pai que desse grandes abraços e fa-*

lasse e risse com a filha. Sempre me perguntava por que o meu pai não era assim: caloroso, paciente, amoroso e... bem, ele simplesmente não era e pronto!! "Quem dera" se ele simplesmente dissesse: "Venha cá, Perkins, dar um beijo no seu pai." Quem dera se mamãe dissesse: "Venha logo, sei como o próximo episódio da família Barber é empolgante para você."

A única coisa que a nossa família tinha em comum com o seriado era que mamãe e papai estavam sempre em busca de uma vida melhor. Eu achava isso injusto. E, quando crescesse, eu não viveria do jeito deles. A minha família seria perfeita. Eu cuidaria disso; sempre e para sempre feliz, sorridente e linda.

Perguntas sem resposta

Quando eu tinha 6 anos, a televisão me deu um presente: Gale Storm. Não Lucille Ball. Gale Storm, no seriado *My Little Margie*. Ela era tudo o que eu queria ser: esperta, destemida e sempre dada a peripécias malucas que invariavelmente a colocavam em grandes encrencas com o pai. Ela era engraçada mas frágil. Eu gostava disso. *I Love Lucy* era a comédia número um da televisão. A cópia de Gale Storm era a número dois, mas não para mim. Gale e eu éramos almas gêmeas, pelo menos era o que eu achava. Depois de 126 episódios, *My Little Margie* foi cancelado. Foi um dia triste.

Quinze anos depois, quando eu estudava na Neighborhood Playhouse School of the Theatre, Phil Bonnell, filho de Gale Storm, foi um dos meus colegas de turma. No Natal, ele me convidou para ir à casa da mãe em Beverly Hills. Isto é o que me recordo: era meio-dia e Gale Storm não se encontrava em lugar algum. Phil me disse que ela dormia até tarde. Eu achava que a mãe de todo mundo estava em pé às seis da manhã, com mingau quente e a voz de Bob Crane, o Rei das Ondas Aéreas de Los Angeles, aos berros no rádio. Não havia rádio tocando na casa dos Bonnell, algo desconfortável e incoerente naquele contexto. Quando Gale finalmente apareceu, não era animada e não houve peripécias. Mais tarde, Phil me disse que ela bebia muito. Gale Storm bebia? Foi então que entendi. Nem tudo era perfeito para ela, embora parecesse que os seus sonhos tinham se realizado.

Descobri o meu herói seguinte no ensino médio: Gregory Peck. Bom, Gregory Peck como Atticus Finch em *O sol é para todos*. Sua abordagem simples e tranquila para resolver os dilemas morais da vida me inspirou. Minha adoração por ele era ainda maior do que a paixão adolescente por Warren Beatty em *Clamor do sexo*.

Sempre contei tudo a mamãe — bem, menos os meus sentimentos sobre relações sexuais e astros do cinema como Warren Beatty. No entanto, Gregory Peck foi citado várias vezes. Ah, se houvesse um jeito de conhecê--lo... Mamãe tinha de entender que só ele poderia me ensinar a ser o tipo de pessoa que eu queria ser: uma heroína por meu próprio mérito. Sob a sua orientação, eu teria coragem de salvar as pessoas da injustiça de uma comunidade racista ou até pôr a minha vida em jogo por aquilo em que acreditava.

Sempre encorajadora, mamãe me deixava perambular por alguns pensamentos bem rudimentares. Certa vez, lhe falei de como papai era frustrante. De acordo com ele, eu nunca fazia nada certo. Ele vivia dizendo "Não se sente tão perto da TV, assim você fica cega" ou "Termine de comer o que está no prato; há gente faminta na China", e o que eu menos gostava: "Não mastigue de boca aberta para não entrar mosca". Havia algo na profissão de engenheiro civil que o deixava assim? Era por isso que ele achava que eu nunca fazia nada certo? Mamãe era diferente. Ela não me julgava nem tentava me dizer o que pensar. Ela me deixava pensar.

Vovô Keaton

A notícia chegou tarde certa noite de fevereiro. Foi um telefonema interurbano de Oklahoma. Uma emergência. Tinha de ser. Não havia outra razão para ligar para alguém em 1937. Papai atendeu. "Venha buscar o seu pai. Não podemos mais ficar com ele."

Papai não podia largar o trabalho, então ficou decidido que mamãe e eu traríamos o vovô para viver os seus dias conosco. Infelizmente, eu teria de perder duas semanas de aula. Fingi que "atender ao chamado da emergência" era um dever que eu era obrigada a cumprir. Em segredo, fiquei animadíssima.

Partimos com 25 dólares em dinheiro, dois cartões de crédito para gasolina, nossas roupas californianas e um sedã Buick 1936. Pegamos a Route 66, passando por Kingman, Flagstaff e Gallup e seguindo até Oklahoma. Quando chegamos à casa dos parentes, vovô estava pronto. Todos os seus pertences se encontravam numa malinha gasta. O cabelo estava revolto, mas ele sorriu para nós com lágrimas nos olhos. Disseram que ele era incapaz de exprimir pensamentos.

Vovô Keaton fora um homem preguiçoso, mas de bom coração. Anna, a mãe de Roy, aguentou o fardo. Finalmente, teve de começar a trabalhar. Quando insistiu no fim do casamento, coisa inaudita naquela época, vovô começou a vagar pelo país numa picape vermelha Ford T, acompanhado pelo cão Buddy. Com o tempo, a situação se deteriorou e vovô voltou para casa. Anna o aceitou até ficar tão exasperada que nos telefonou no meio do inverno para irmos buscá-lo.

Na volta para casa, vovô parecia feliz. Mal se sentou no banco de trás do Buick, inclinou-se à frente e entregou a mamãe um maço enorme de cédulas. Nossa viagem de retorno teve muito mais conforto do que a de ida, mas pagamos o preço. Vestir o vovô de manhã era impossível. Ele punha as calças de trás para a frente. Não conseguia enfiar os braços no paletó. Não sabia amarrar os sapatos. Recusava-se a usar meias. Não tinha modos à mesa. Nem dentes, aliás. As calças largas ficavam o tempo todo molhadas: ele era incontinente. Isso irritou muito mamãe. Viajamos durante várias e várias horas para chegar em três dias e meio.

Não é preciso dizer que foi uma vida toda nova com vovô ocupando um dos nossos três quartos. Papai se recusou a ajudar a cuidar do pai. Esse serviço era de mamãe. Os detalhes eram inacreditáveis. Vovô saía escondido de casa e fugia pelo menos duas vezes por semana. Mamãe tinha de procurar por ele pelo bairro todo. Finalmente, o trancamos no quarto. Ele socava a porta com tanta força que os vizinhos começaram a reclamar. Quando ele teve prisão de ventre, mamãe obrigou papai a lhe aplicar um enema. O resultado foi tão horrível que o vaso entupiu. Não demorou para decidirmos que o estado de vovô estava além do tratamento doméstico. Tomaram-se providências para transferi-lo ao hospital de veteranos em Sawtelle, em Los Angeles. Papai protelou ao máximo, mas mamãe insistiu.

Na última vez que vi o vovô, ele dava adeus num carro que o levava à seção de velhos soldados do hospital de veteranos. Papai jamais perdoou ma-

mãe, embora nunca tenha levantado um dedo para ajudá-la. Envergonho-me de dizer que Martha e eu também não a ajudamos. Éramos adolescentes, e vovô era motivo de vergonha. Mais tarde descobri que, enquanto mamãe estava sobrecarregada com o esforço de cuidar do vovô, papai saía com outra mulher. Não demorou muito para que ele fosse embora e nunca mais voltasse.

O mar de cruzes brancas

Cinco dias por semana nos últimos quatro anos, peguei um atalho pelo mesmíssimo hospital de veteranos junto de San Vincente, perto de Sawtelle. No lado norte do prédio fica o cemitério a que Duke se refere como "o mar de cruzes brancas". Às vezes lhe falo sobre os soldados que viveram e morreram para manter o nosso país a salvo. Ele sempre quer saber se eram parecidos com os soldados de plástico verde que compramos na Target.

Até ler as palavras de mamãe, eu não sabia a história de um tal Keaton incontinente e perambulante que dividira a casa com sua jovem neta Dorothy, que estava prestes a conhecer um certo Jack Newton Hall, que viria a ser meu pai. Como é possível que durante tantos anos eu tivesse passado pelo mar de cruzes brancas de Duke sem saber que a cruz do meu bisavô Lemuel W. Keaton Jr. estava tão perto de casa?

Sermões

Todos os sermões eram sempre sobre a ressurreição de Jesus Cristo de Nazaré, nascido para salvar a humanidade da ameaça de uma eternidade no Inferno. O problema é que era preciso renascer. Preferi não me arriscar. Lia a minha Bíblia e proclamava nas reuniões de oração o meu testemunho de que realmente eu fora salva, santificada e renascida. Sempre que tinha coragem de me levantar e declarar o meu trecho decorado, toda a congregação sorria. Nunca entendi o que significava a minha declaração. Eu só queria que a igreja fosse colorida. Eu só queria música bonita como o Messias, *de Handel, e* Primavera nos Apalaches, *de Copland. Eu não queria ouvir falar de Sangue e Morte.*

Mas esse era o ritual que não se podia evitar. Sangue. Pecado. Culpa. Lágrimas. Morte. Sudário. Túmulo. Não passava de uma entrega do nosso livre-arbítrio a uma filosofia de que todos os homens nascem em pecado e têm de ser perdoados e salvos de si mesmos para merecerem a paz eterna e duradoura. Levei todos os meus 60 anos para corrigir as minhas ideias sobre tudo isso, e acreditem: finalmente estou aliviada. Estou livre do medo que me instilaram, livre do Deus zangado, do caminho reto e estreito para o Paraíso e da angústia feroz de viver no Inferno. Sou grata à força, qualquer que seja, que há no Universo e que me salvou de toda a feiura imposta a mim por ideias falsas sobre como deveria ser a vida. E quando o meu tempo no esquema de todas as coisas acabar, não tenho medo do que virá depois. Amém.

Brincando com a morte

Quando eu tinha 10 anos, passamos seis meses morando em Garden Grove. Papai alugou uma casa com telhado de pedra. O homem e a mulher que eram os proprietários eram sem-vergonha. Ela tinha cabelo louro oxigenado e ele era dono de um bar. Papai os chamava de "alcoólatras". Eu nunca ouvira essa palavra. Queria dizer que bebiam muito. Papai dizia que eles eram relaxados. Tinha razão. A casa era uma bagunça, mas tinha quatro quartos e dois banheiros. Era a maior casa que eu já vira, muito maior do que a casa de estuque azul que ele levara num caminhão para a Bushnell Way Road, em Highland Park. A cozinha tinha portas de vaivém como as de *Gunsmoke*, estrelado por James Arness. Dorrie e Robin dividiam um quarto. Randy, com 8 anos, tinha seu próprio quarto, como eu.

Certo dia, Robin estava brincando com amigas no quintal. Eu queria brincar também, mas ninguém ligou, principalmente Robin. Decidi pegar uma das cordas do balanço, enrolá-la no pescoço e fingir que estava me enforcando. Quando Robin passou por mim correndo sem me dar atenção, comecei a fazer uns ruídos altos, fingindo sufocar. Sem dúvida isso a faria recuperar a razão. Mas, ah, não, ela continuou brincando. Então eu deixei a cabeça cair ainda mais sobre a corda, sufoquei o mais alto que consegui, inspirei fundo, dei um grito e morri. Ela nem notou.

Com o rosto franzido em lágrimas, corri para dentro de casa e disse a mamãe que Robin me deixara morrer. Ela me olhou e perguntou por que era tão importante assim que elas brincassem comigo. A morte, mesmo fingida, não era um modo de obter o que eu queria. Não era brincadeira. No rosto dela, vi o que não vira no de Robin: preocupação. A verdade é que eu faria toda aquela estupidez de novo só para ela me abraçar com tanta força que daria para sentir o coração dela bater.

A empatia de mamãe era inesgotável, uma fonte interminável de renovação. Ainda consigo vê-la tomando a xícara vespertina de café Folgers enquanto eu ficava sentada do outro lado da bancada da cozinha com algum tipo de angústia. Revivemos variações infinitas dessa cena no decorrer dos anos. A mensagem dela era sempre a mesma: "Não seja tão sensível, Diane. Um dia você mostrará a eles. Lute por isso." E, mesmo quando fracassava, continuava lutando por isso, não só porque ansiava por aprovação, mas também porque queria voltar a mamãe e àquela bancada da cozinha para sempre, enquanto fosse possível.

Aqueles dias foram muito desconcertantes, ainda mais quando percebi que Robin não tinha o mínimo interesse em representar o papel que eu tinha escrito para ela ou que os alcoólatras bebiam um troço que os transformava em pessoas más, muito piores do que Willie Blandin com os seus cigarros perversos. Mas o pior, o mais horrível e desnorteante foi o dia em que papai assumiu a responsabilidade de me dizer que eu estava prestes a me tornar mulher. Mulher? Ele estava doido? Corri para o meu quarto, bati a porta e me joguei de cara na cama. Mamãe entrou dali a pouco e disse que eu ia adorar ser uma moça crescida. Eu não gostaria de ferir os sentimentos dela, mas estava enojada. Não queria "aqueles dias", fossem o que fossem, nem seios, nem cabelo na minha área íntima como ela. Não queria ser mulher. Queria ser eu — quem quer que fosse.

Domingo sangrento

O domingo de Páscoa era tão importante e empolgante quanto o Natal. A beleza do dia, tão grande no mundo do cristianismo, nunca recebeu muita ênfa-

se. Em vez disso, falavam-nos, em longos sermões, da cruel crucificação de Jesus Cristo, nosso salvador que morreu na cruz, derramando o seu sangue para nos salvar... A MIM. Nunca consegui entender o significado dessa ideia. Os nossos hinos eram cheios de palavras como: "Lavados no Sangue do cordeiro", "Fui salvo pelo Sangue de Cristo", "Ele derramou o seu precioso Sangue por mim". O Sangue, o grande símbolo, não significava absolutamente nada para mim.

A Páscoa só queria dizer uma coisa: um traje inteiro novinho em folha. Mamãe começava a fazer o meu vestido com antecedência. O meu predileto era um rosa até os tornozelos, com babado na barra e na gola. Todos comprávamos sapatos e chapéus novos. Todas as senhoras e meninas com os seus acessórios primaveris desfilavam pelo terreno da antiga igreja metodista livre. Era a nossa versão de desfile de Páscoa. Eu adorava.

Guardar para depois

Mesmo antes de chegar à adolescência, percebi que havia algo errado. Sendo a primeira de quatro filhos, não conseguia entender por que todos os genes atraentes tinham passado para as minhas irmãs mais novas, Robin e Dorrie. Esse terrível serviço malfeito tinha de ser corrigido. Eu detestava o meu nariz e dormia com um pregador de roupa preso no alto dele, na esperança de que o bulbo se espremesse numa linha reta. No espelho do banheiro de mamãe, passava horas treinando um sorriso especial, convencida de que ele esconderia os meus defeitos. Chegava a arregalar os olhos o máximo possível durante horas, decidida a torná-los maiores.

Alguns anos depois, eu e Leslie Morgan, minha melhor amiga, nos arrastávamos pelos corredores da Santa Ana High School como manchas escuras num universo de vermelho, branco e azul. Irreconhecíveis com o batom branco e o delineador preto, tentávamos ser bonitas renunciando à normalidade. No início de cada mês, dávamos um pulo na drogaria Sav-On, na Honer Plaza, para ver se a *Vogue* nova tinha saído. Adorávamos Penelope Tree, com sua franja tão comprida que quase lhe cobria o rosto. Decidi cortar uma franja comprida também. Ela escondia a minha testa, mas não resolvia a questão. O problema era a minha fixação pela beleza.

Mamãe não me dava orientações sobre o meu rosto. Às vezes eu achava que ela não tinha muita esperança em mim nesse departamento. Mas ela tinha várias ideias sobre estilo. Na verdade, teria sido melhor se ela me desse um pouco menos de liberdade de expressão no quesito moda.

Mas, ora, eu achava que formávamos uma ótima equipe. Com 15 anos, eu criava a maioria das minhas roupas e mamãe as confeccionava. Quando falo *criava*, quero dizer que brincava com os moldes que comprávamos, mudando detalhes. A forma básica continuava a mesma. Mamãe era uma grande defensora dos trajes "vestir e sair". Eram tão fáceis de fazer que se podia "começar a costurar depois do café da manhã e sair com eles para almoçar!" O tecido era essencial. Tudo o que havia disponível na Woolworth's ou na Penney's era previsível demais. Mamãe e eu ampliamos os horizontes e fomos ao brechó da Boa Vontade, onde encontramos um tesouro de itens à nossa espera em forma de bolinhas, listras e xadrezes ingleses. Cortamos velhos paletós de tweed masculinos e fizemos minissaias de retalhos. É claro que mamãe ficava com o trabalho pesado. Eu não tinha interesse algum em aprender a costurar. Meu Deus, não. Só o resultado importava — resultado rápido e O Look.

Eu não sabia que mamãe questionava minha "aparência" até encontrar algo que ela escreveu em 1962. Sob o título "Diane", ela disse: "O cabelo de Diane é eriçado até pelo menos 10 centímetros de altura. As saias ficam 8 centímetros acima do joelho e, embora todos nós impliquemos com ela o tempo todo por isso, acho que o efeito geral é bem bonitinho. Para nós aqui em casa, ela fica melhor à noite, quando todo o eriçamento se esvai, ela veste calças confortáveis e está sem qualquer maquiagem nos olhos. É uma menina e tanto nesse primeiro ano do ensino médio. Tem um jeito independente. Exibe um conjunto de valores que descobriu por si só. Nisso ela é forte. Um jeito certo de perder a discussão com Diane é lhe dizer o que deve fazer ou pensar. Ela tem de decidir sozinha."

E eu decidi, graças a ela. A minha roupa preferida foi a produçãozinha que montamos para a cerimônia de formatura do ensino médio, em 1963. Depois que recriei a simplicidade de um molde de minivestido que mamãe comprou na Newberry's, onde eu trabalhava no departamento de sutiãs, fomos ao brechó e achamos o tecido perfeito, preto e branco de bolinhas, um velho vestido acinturado de saia rodada. Depois fizemos uma extravagância e compramos um caro par de sapatos pontudos de salto alto, de palhinha branca com pompons pretos. Achei meias pretas com costura para combinar, para que eu ficasse mais moderna. Tinha até uma teoria: se escondesse o rosto, se o emoldurasse para destacar a minha melhor característica, que eu imaginava ser o meu sorriso, receberia mais atenção. Mas aí aconteceu uma coisa que mudou a minha vida. Eu vasculhava outra loja favorita nossa, o brechó do Exército da Salvação, quando encontrei a resposta. Um chapéu, um antigo chapéu-coco masculino. Pus na cabeça — e era isso!

Pela primeira vez, mamãe foi irredutível: "Adorei, mas não para esta ocasião, Diane."

Mesmo assim, quando apareci na formatura, obtive o efeito que queria. O meu sorriso se destacou e recebi muita atenção. Não importava que estivesse ridícula; venci a probabilidade de ser a mesma Diane comum de sempre. E mamãe tinha razão sobre o chapéu. Tinha sido melhor guardar para depois.

2
JACK

Carta fora do baralho

Quando pequena, eu não entendia o meu pai. Ele não parava de me lembrar de apagar as luzes, fechar a porta da geladeira e comer o que mamãe preparasse ou teria de dormir na garagem. Usava o mesmo paletó cinzento e a mesma gravata listrada todo dia para ir trabalhar no Departamento de Luz e Água. Dizia: "Tome o seu leite todo, vai lhe dar ossos fortes", "Não se esqueça de dizer por favor e obrigada" e sempre "Faça perguntas". Por que ele era assim? Várias e várias vezes perguntei a mamãe. Várias e várias vezes ela disse que ele estava ocupado e tinha muitas coisas importantes em que pensar. Coisas em que pensar? Que coisas? Ela não me ajudava em nada a entender o meu pai. A única pista morava a alguns quilômetros, mas todo mundo tinha medo dela, e eu não era exceção.

Não era a vovó Keaton. Ah, não, era todo o 1,75 metro da vovó Hall, com seu cabelo castanho e sua cara fechada. Ela costumava dizer que não gostava de se vestir com um monte de cores alegres porque "ocupava muito espaço" e queria que todos a vissem "simples". Vovó Keaton dizia que a razão para papai ter sofrido de raquitismo era que a sra. Hall não lhe dera o tipo de comida nutritiva que deixaria as suas pernas retas: em vez disso, elas se curvavam para trás, como um barco a vela. Ela não estava errada.

Muito embora a vovó Hall morasse perto da vovó Keaton, elas não ficaram amigas. Era fácil ver por quê. O rosto da vovó Hall se enrugava de ceticismo, enquanto o da vovó Keaton era cheio de fé. Todo domingo, vovó Keaton assava pão de ló com cobertura de chantili, servido com sorvete feito em casa e limonada em copos altos. Já a vovó Hall fazia bolo de chocolate de caixinha uma vez por ano. A vovó Keaton era uma mulher cristã temente a Deus e a vovó Hall era católica devota. A primeira acreditava no Paraíso, enquanto a segunda achava que era "um monte de bobagens".

Depois que o marido sumiu, na década de 1920, Mary Alice Hall foi de carro de Nebraska à Califórnia com o filho, Jack, e a irmã Sadie ao lado. Não deve ter sido fácil ser um menino sem pai na década de 1920. Mary Hall não dava explicações. Ainda há dúvidas se papai era filho bastardo ou se, como afirmava Mary, Chester morrera antes de Jack nascer. Fosse qual fosse a verdade, Mary, uma irlandesa católica durona e pé no chão, se recobrou e deu adeus aos 11 irmãos e irmãs, à mãe, ao pai e à fazenda dilapidada da família em Nebraska. Não olhou para trás.

Ninguém sabe onde ela arranjou dinheiro para comprar uma casa em estilo espanhol de dois andares para duas famílias, alguns quarteirões ao norte da nova autoestrada 110, mas arranjou. Alugou o andar de baixo para a irmã Sadie, o marido dela, Eddie, e o filho tardio deles, o primo Charlie. Mary dividia o segundo andar com George Olsen, que alugou o quarto no final do corredor, ao lado do quarto de papai. Não se sabe o que George era para Mary. Ninguém perguntava. Vovó não estimulava questionamentos sobre a sua vida pessoal.

Mary morou na Range View Avenue, 5223, até morrer na sala de jantar, a mesma sala de jantar aonde mamãe e papai nos arrastavam todo Dia de Ação de Graças. Certo ano, me esgueirei pelo corredor, fui ao quarto dela, abri cuidadosamente as gavetas da cômoda e achei um monte de moedas de 25 centavos enfiadas em vários pares de meias velhas. Fiquei tão empolgada que até contei ao primo Charlie, que não me dava a mínima desde que tínhamos brigado por causa do seu estúpido Deus católico. Ele disse que eu era uma idiota e que um monte de moedinhas não era nada perto dos sacos de notas de 100 dólares que achara enfiados debaixo do assoalho do seu armário.

Vovó era mais homem do que mulher, e aparentava isso. Adorava descrever a si mesma como mulher que vencera na vida sozinha alugando quartos. "O que me interessa é o mundo do comércio. Gosto de ganhar muito dinheiro, e depressa." Na verdade, Mary Alice Hall era uma agiota que rodava o bairro desavergonhadamente cobrando empréstimos a juros altos de pessoas de pouca sorte. Tinha uma meta na vida: adquirir e reter dinheiro, muito dinheiro. Essa atitude "falo o que penso" se aplicava também à sua escolha de jornal. Assinou com orgulho o *Herald Express*, "publicação voltada para a parte mais baixa da comunidade, o tipo de gente que queria saber de assassinatos, discos voadores e resultados esportivos". Ela não era metida a besta. Entendia gente que abandonava um casamento malsucedido, uma conta de banco fraudada, um pequeno crime. Por que não gostaria de ler sobre a variedade de histórias tristes e comuns que compunham a vida da maioria das pessoas?

A ideia de maternidade de Mary era simples: quando Jack se comportava mal, ela o trancava no armário e se afastava. Nada mais, nada menos. Quando Emmet, seu imprestável irmão apostador, perdeu a sorte, ela fez o pequeno Jackie dividir o quarto com ele. Ela deve ter imaginado: "Ora, um dinheirinho a mais é sempre útil." De acordo com papai, Emmet era imoral. Pouco antes de papai se matricular na USC, a Universidade do Sul da Califórnia, Emmet lhe deu um golpe de 100 dólares. Ficaram dois anos sem se falar, embora continuassem a dividir o mesmo quarto. Papai odiava Emmet, mas a aliança forçada produziu algo positivo. Jack Hall não se tornou um golpista mentiroso e fedendo a charuto como o tio.

Papai nunca soube o primeiro nome do próprio pai. Assim como todo mundo, não perguntou. Mary se assegurava de que ninguém mencionasse um homem chamado Chester. Tia Sadie obedeceu às ordens e ficou de boca fechada. Mamãe também. A última coisa que Dorothy queria era um confronto com a sogra. Não valia a pena tocar no assunto com Mary Alice Hall. O mistério continuou sem solução até eu descobrir um artigo de jornal no arquivo de mamãe.

Esposa procura marido há 9 anos; quer seguro.

Segunda-feira, 23 de junho de 1930. Ela declara que tem certeza de que ele morreu; marido sumiu três meses depois do casamento.

A sra. Mary Hall era parecida com Evangeline. Só que não esperou tanto quanto a moça do poema romântico. Procurou de costa a costa Chester N. Hall, que a deixou há nove anos, em Omaha. Nunca mais ouviu falar dele e acha que ele morreu. "Porque, se estivesse vivo, sem dúvida voltaria para mim", disse ela. "O nosso amor era grande."

Essa é a história contada no processo aberto pela sra. Hall por meio do advogado Harry Hunt, no qual pede que Chester Hall seja declarado legalmente morto para que ela possa receber mil dólares de seguro de vida.

Em 26 de julho de 1921, três meses depois do casamento, Hall voltou do trabalho para casa melancólico e deprimido. Tinha um bom emprego, então a esposa não entendeu. "Por volta das nove da noite", disse ela, "ele pegou o chapéu e disse que ia ao cinema. Nunca mais voltou". A sra. Hall veio para a Califórnia com o filho, Jack, há quatro anos. Disse que fez de tudo para localizar o marido.

Antes de crescer e se tornar engenheiro civil, Jack Newton Ignatius Hall era o pequeno Jackie de Mary Hall. Mal dá para imaginar como era. Ela era uma mulher de fibra. Antes de fatiar e picotar a terra de Orange County em empreendimentos imobiliários nas décadas de 1960 e 1970, papai era apenas um garoto com a cara pressionada contra o vidro da janela observando a mãe jogar pôquer até meia-noite num dos barcos-cassinos ao largo de Catalina. Antes de ser pioneiro no projeto de meios-fios e sarjetas que faziam a água correr a salvo até as galerias de águas pluviais, também participou da equipe de mergulho da universidade. Quando adulto, Jack Hall se orgulhava de partir a terra em blocos de proporção matemática.

Às vezes me pergunto se papai decidiu ser engenheiro civil porque isso lhe dava a ilusão de que poderia mudar algo tão grande e imprevisível quanto a terra. Quando menino, aprendeu que jamais conseguiria mudar a mãe. Mary Hall nunca o abraçaria com força, não o elogiaria nem secaria as suas lágrimas. A intimidade era carta fora do baralho. Talvez por isso ele tenha dedicado o seu esforço àquela outra mãe, a Mãe Terra. Agora que penso nisso, começo a entender como papai se relacionava, ou não se relacionava, com mamãe e conosco, seus filhos.

De vez em quando, ele tentava se inserir no círculo íntimo de Dorothy: nós. Afinal de contas, era o nosso pai. Mas como seria possível se encaixar com os filhos difíceis de entender e a mulher nervosa e sensível? Toda noite papai voltava para a nossa casa e toda noite parávamos o que estávamos fazendo assim que ele passava pela porta e formávamos uma parede de silêncio amistoso mas distante. Lamento dizer que nunca lhe fizemos um convite para se juntar a nós. Papai parecia aceitar isso, como aceitara o mesmo da mãe.

Três histórias

Papai nos contou exatamente três histórias sobre a sua infância e nada mais. Havia aquela em que, quando pequeno, sofrera de um raquitismo tão grave que tivera de usar aparelho nas pernas. Havia uma outra em que a vovó Hall o obrigava a tocar clarineta na banda do coronel Parker, embora ele não suportasse esse instrumento. E havia a sua favorita: a de como conheceu mamãe no jogo de basquete do Los Angeles Pacific College quando tinham 19 anos e como soube na mesma hora que ela era a única mulher do mundo para ele. O final era sempre o mesmo: "Seis meses depois, eu e a sua mãe fugimos e nos casamos em Las Vegas." E pronto. Ou, como diria Mary, o passado passou.

Três lembranças

Quando eu tinha 9 anos, papai me ensinou a abrir uma romã. Pegou uma faca, passou-a pela circunferência, pôs uma mão de cada lado e a abriu. Lá dentro, havia um cofre cheio de granadas — a pedra preciosa do meu signo. Mordi a romã. Cinquenta gemas vermelhas vieram em turbilhão para a minha boca, todas ao mesmo tempo. Foi como morder o céu e a terra.

Não havia uma viagem de família que não levasse ao oceano. Não importava se acampássemos em Guaymas, Ensenada ou no litoral além de Santa Bárbara; toda noite, papai se sentava e fitava o oceano Pacífico, seu amigo aquiescente. A noite era o momento de paz escolhido por papai. Quando fiquei mais velha, me juntava a ele com um copo de refrigerante de limão com gelo. Ficávamos sentados em silêncio. Então ele dizia: "A sua mãe é linda mesmo", "A sua mãe... Meu Deus, como eu a amo!", "Di-annie, me faça um favor, diga à sua mãe que ela fez um jantar delicioso". Os elogios eram o jeito de papai compensar a culpa pelo papel submisso de mamãe. Ele se preocupava com Dorothy, só que não o bastante para mudar o modo como vivia com ela. Nunca pensou numa abordagem diferente. Enquanto fitava o oceano, deve ter jogado uma vida inteira de pedidos de desculpa no seu silêncio. Talvez achasse que a maré levaria embora os seus problemas.

Achei que fosse morrer. Não conseguia respirar. A asma já era bem ruim, mas essa tal de coqueluche era muito pior. Quando papai me virou de cabeça para baixo, recuperei o fôlego quase instantaneamente. Foi como um milagre. Mamãe ficou tão preocupada que me fez faltar à escola por dois meses durante o quarto ano. Todo dia passava Vick VapoRub no meu peito e me dava refrigerante de limão com gelo de hora em hora. Às vezes, até me deixava assistir à TV. Certa noite, papai e eu assistimos a um drama sobre uma senhora bem velhinha cujo cão-guia foi atropelado por um caminhão. Perguntei a papai por que Deus deixava um cachorro morrer à toa. Ele me disse para não ficar assustada. Isso soou estranho, porque eu ouvira mamãe contar à tia Martha que papai desmaiara quando se espetara num espinho de rosa naquela tarde. Nunca achei que papai fosse medroso. Afinal de contas, ele salvara a minha vida. E parecia maldade de Deus deixar a velhinha perder o cachorro, já que ia morrer dali a pouco de qualquer jeito. Então, perguntei a papai: "Por que gente velha tem de morrer só porque é velha?" Ele me pôs no colo e respondeu: "Os velhinhos já tiveram uma vida longa, por isso estão preparados para a morte. Não se preocupe, está tudo bem com eles, Di-annie." Ele me beijou, me pôs no chão e me disse para ir dormir. Naquela noite, escutei mamãe e papai conversando de portas fechadas. Talvez papai se sentisse seguro com mamãe, a ponto de lhe contar coisas assustadoras como rosas que o faziam desmaiar, ou um cachorro querido que morre num acidente estúpido, ou só envelhecer.

Pense positivo

Papai achou a sua versão da Bíblia, por assim dizer, em duas bíblias: *O poder do pensamento positivo*, de Norman Vincent Peale, e *Como fazer amigos e influenciar pessoas*, de Dale Carnegie. Acho que por isso falava em frases de efeito temperadas com expressões como "Pense positivo". Quando menina, eu repetia isso várias vezes na esperança de aprender a pensar e também a ser positiva. Quando perguntava a papai por que não parecia adiantar nada, ele sempre dizia: "Tente de novo." Mas o que significava positivo? E, mais importante ainda, o que era pensar? Eu queria saber. Como sempre, ele me dizia para continuar perguntando, e como sempre segui o seu conselho.

Em 1957, nos mudamos para a casa de paredes de madeira bege cercada de acres e mais acres de laranjais num loteamento na North Wright Street, 905, em Santa Ana. A utopia do sul da Califórnia para aqueles que cresceram na década de 1950, como eu, era irresistível. Acreditávamos que a felicidade era uma perua Buick, uma lancha e uma piscina de fibra de vidro. Não demorou para os laranjais começarem a sumir para dar lugar a mais loteamentos com nomes como Lares do Sol. Tirarem as laranjas de Orange County me entristeceu, e falei com papai. A resposta dele foi concisa: "A vida é assim, Diane, é assim que a banda toca." Do meu jeito meio deformado, adotei a sua crença em viver o sonho americano, mas a tristeza pela perda das laranjeiras perdurou.

A mudança para Santa Ana foi o prelúdio da minha adolescência. Não só eu viraria uma moça, como papai começou a me dizer como eu seria bonita, como algum garoto iria me amar muito e como isso seria divertido. Eu não queria nenhum garoto me amando, de jeito nenhum, nem por um segundo. Comecei a pensar como seria melhor se muita gente me amasse em vez de um único menino confuso e difícil de entender. Essa noção recém-adquirida, entre outras, sem querer ajudou a me levar para o teatro. Muitas mensagens de papai se tornaram justificativas para buscar plateias em vez de intimidade. A intimidade, como beber e fumar, era algo com que se precisava ter cuidado. Significava que só uma pessoa nos amava, não milhares, nem milhões. A intimidade me fazia pensar em mamãe no palco do Ambassador Hotel e na infelicidade de papai por ter de dividi-la com os outros.

Demos um jeito de ter conversas melhores depois que venci um debate na Willard Junior High School. Assim começaram, em casa, muitos discursos noturnos sobre soluções para problemas familiares e para a política local. Papai era republicano. Defendia menos impostos e melhor comportamento. Mamãe, democrata resoluta, acreditava em mais impostos e mais complacência com as crianças. Escolhi argumentar em defesa dela. O que acontecia no calor das nossas deliberações se tornou um fator determinante do meu futuro. Quanto mais intensa ficava a situação, melhor eu defendia minha posição. Seguir os meus impulsos fez algo muito bacana: estimulou o pensamento. Lutar por alguma coisa dentro da segurança de um contexto formal se tornou a minha via de expressão pessoal, mas o mais importante foi que me deu a oportunidade de conhecer papai de um jeito diferente. Ele era um grande debatedor. E divertido, também. Não era o tema ou o conteúdo das nossas deliberações que tinha tanta importância; era a experiência em comum. Eu não me importava minimamente de perder. Na época eu não sabia, mas esse foi um divisor de águas na minha relação com o meu pai. Eu aprendia a navegar em algo novo: a mente de papai.

C-menos

No meu aniversário de 14 anos, mamãe me deu o "Meu Diário" depois de uma reunião de pais e mestres na oitava série. Foi o jeito dela de resolver as minha notas C-menos em inglês. Tinham me posto na chamada "turma burra", com meninas mexicanas bilíngues, meninos malcomportados e tipos sonhadores e desatentos como eu. Unidas pela falta de habilidades, as corpulentas meninas mexicanas e eu nos tornamos amigas. Elas adotaram a Diane pré-adolescente e cheia de personalidade. Eram gentis, generosas e uma ótima plateia para os meus fracassos. Depois de três anos de recuperação em gramática, ainda não sei distinguir uma conjunção de uma preposição nem um substantivo comum de um próprio. Naquela época, não havia métodos de ensino alternativos para ajudar crianças como nós. Eu tinha muitos sentimentos, mas não entendia o que estavam nos ensinando. Estavam realmente nos ensinando? Acredito que não. Acho que estávamos sendo "descartados". Mamãe não era persistente no dever de casa. Ficava mais à vontade cuidando das minhas aspirações. Por exemplo, foi dela a ideia de pintar os meus dentes de preto quando fiz o teste para o show de talentos da escola com *All I Want for Christmas Is My Two Front Teeth* (Só quero de Natal os meus dois dentes da frente). Quando participei do coro tocando xilofone, ela me aconselhou a pedir ao sr. Anderson, o mestre do coro, para cantar duetos como *Anything You Can Do I Can Do Better* e depois tentar convencê-lo de que eu conseguiria fazer o solo de *When the Red Red Robin Comes Bob Bob Bobbin' Along*. Mamãe encorajava todas as minhas atividades baseadas no palco, mas aquela reunião de pais e mestres deve tê-la convencido de que o "Meu Diário" ajudaria a me ensinar a respeitar o poder das palavras.

> *Querido Diário,*
> *Eu queria ter um namorado. Os garotos nunca vão gostar de mim porque sou toda reta. Bom, talvez um menino goste, mas não tenho certeza. É o Joe Gibbins, mas hoje pegaram ele cheirando cola. Caramba, isso está ficando muito ruim. Espero nunca conhecer outro garoto que faça isso. Nunca mais.*

Gostaria de saber cantar como a Megan. Ela tem aulas com Kenny Akin. E faz todos os solos. É claro que todo mundo acha que ela é legal. Vou pedir à mamãe para me deixar ter aulas de voz com Kenny Akin também. Ele faz muitos shows em Orange County.

Querido Diário,
Hoje fui ao centro da cidade com Virginia Odenath e Pat Amthor. Elas só ficaram conversando entre si. Pat disse a Virginia que eu gosto de Larry Blair. Não suporto ela de jeito nenhum, nem a sua boca enorme. E aí é claro que Virginia veio logo me contar que Larry gosta de Genene Seeton. Pois que fique com ela. Além disso, alguém previu que o mundo vai acabar amanhã e eu tirei D na prova de álgebra.
Mas tem uma coisa boa: mamãe me deixou fazer as aulas de voz, então finalmente vou cantar com Megan. Isso é muito legal.

Querido Diário,
Só não acho justo Kenny Akin nunca me deixar tentar um solo. Sou apenas um zero à esquerda lá. Com certeza. Talvez a minha hora ainda não tenha chegado. Ai, ai.

Querido Diário,
Hoje descobri que Megan foi adotada e que a irmã dela enlouqueceu e tentou se matar. Foi tão triste... Por que alguém iria querer morrer? Para início de conversa, eu gostaria que ninguém tivesse de morrer. É assustador demais. Peço a Deus para que no céu todo mundo seja feliz e não se lembre de como é querer se matar, como a irmã de Megan.

Querido Diário,
Finalmente tomei coragem para convidar um garoto para ir ao baile Menina Chama Menino. E ele topou. Não é legal? Ele é do grupo popular. Divertidíssimo. Sempre me chama de "estúpida". Adivinha quem é? Ronnie McNeeley. Mal posso esperar para contar

a Mahala Hoien, a minha nova melhor amiga. O tamanho da camisa dele é GG. Isso é a coisa mais legal do mundo. As meninas têm de fazer uma camisa para os meninos que combine com a blusa delas. Não é superlegal?

Querido Diário,
    A pior coisa de todas foi o baile Menina Chama Menino. Achei que seria o máximo, mas não foi. Ronnie agiu como se fosse muita areia para o meu caminhão. Chegou a tirar Pat Amthor para dançar em vez de mim. E teve coragem de ir embora antes do fim. Despreso (como se escreve?) ele. Ele deveria ter dançado comigo pelo menos uma vez. Que saco. Os meninos simplesmente não gostam de mim. Não sou bonita.

Querido Diário,
    Para o Natal, Kenny montou uma produção chamada *Amahl e a noite misteriosa*. Megan era a personagem principal. Caramba, por que todo mundo puxa o saco dela? Por exemplo, Judy diz: "Megan, não está com frio?", e Virginia diz: "Megan, tome, vista o meu casaco." Enquanto isso, estou congelando. Acha que elas me ofereceram o casaco?
    Kenny teve uma longa conversa comigo hoje e disse que me usaria muito no ano que vem. E que algum dia serei uma grande comediante. Ha-ha-ha.

Kenny Akin

Kenny Akin era conhecido como o "Sr. Música de Orange County". Parecia uma versão de 1,90 metro de um boneco ventríloquo. Embora eu não conseguisse entender o significado da minha relação de aluna com esse personagem exuberante, devo ter percebido instintivamente que ele era um meio para um fim. Além de produzir e dirigir *Kismet*, *Oklahoma!* e *Babes in Toyland*, Kenny Akin administrava o seu próprio estúdio de voz e arte dramática e desempenhava papéis principais de tenor em numerosas produções entre Los Angeles e San Bernardino County. Eu e Megan, a protegida dele, tínhamos ambas 13 anos, mas Megan tinha postura, era atraente e tinha uma voz formidável. Não adianta negar: Kenny achava que Megan era a pessoa mais próxima da perfeição que podia existir. Aos seus olhos, eu só era uma coisa: ERRADA.

Graças a Deus, ele nunca se interessou pelo meu tipo de atrativo. A rejeição me deu força de vontade para persistir o bastante a fim de encontrar uma abertura que o obrigaria a me dar uma oportunidade. Como sempre, a minha abertura foi mamãe. Na bancada da cozinha, tomando café, contei-lhe que Kenny dava todos os melhores papéis a Megan. Mamãe não disse nada, só balançou a cabeça. Sei que com certeza ela teve uma conversinha com o sr. Akin, porque alguns dias depois os vi por uma fresta na porta do estúdio. Só posso dizer que Dorothy Deanne Keaton Hall sabia ser muito convincente no que dizia respeito aos filhos.

Depois que mamãe falou com ele, recebi pequenos papéis que culminaram na minha interpretação de Raggedy Ann em *Babes in Toyland*. Eu devo ter feito direito, porque Kenny começou a me levar mais a sério. Foi aí que comecei a levá-lo menos a sério. Não demorou para que eu dissesse a mamãe que não queria mais ter aulas com ele. Tinha aprendido tudo o que precisava aprender com esse professor. Não conseguia articular os meus pensamentos, mas, já com alguma experiência, eu tinha aprendido como perseverar por tempo suficiente pelo menos para achar o caminho do público. O público decidiria o meu destino, não o sr. Kenny Akin. Sempre achei que seria esmagada por quem não me aceitasse, mas não fui. Haveria muitos Kenny Akin que teriam de me engolir, querendo ou não.

Aplausos

Não houve discussão com os meus pais na noite em que cantei "Mata Hari" no musical *Little Mary Sunshine* na Santa Ana High School. Sob a direção do sr. Robert Leasing, professor de teatro, a montagem merecia estar na Broadway — pelo menos na minha opinião. Eu fazia a coadjuvante Nancy Twinkle, que adora flertar com os homens. Não fazia ideia de que a sua música-tema, "Mata Hari", provocaria tantos aplausos. Corri pelo palco cantando sobre a famosa espiã que "com qualquer gesto fazia dos homens gato e sapato", terminando com um *grand finale* em que descia por uma corda no meio do poço da orquestra. Foi então que ouvi a explosão que veio da plateia. Eram aplausos. Quando mamãe e papai foram me encontrar nos bastidores, o rosto deles estava radiante. Papai tinha lágrimas nos olhos. Nunca o vira tão empolgado. Mais do que empolgado, surpreso. Era isso. Dava para ver que ele se espantara com a filha desajeitada — a que fora reprovada em álgebra, que batera na caminhonete Ford nova com a caminhonete Buick velha e ficava meia hora no banheiro passando uma lata inteira de laquê no cabelo. Por um momento emocionante, eu era ao mesmo tempo Seabiscuit, Audrey Hepburn e a Mulher Maravilha. Era Amelia Earhart atravessando o Atlântico. Era a sua heroína.

Mais tarde papai se gabaria da minha carreira, mas foi "Mata Hari" que se tornou o nosso divisor de águas. Não houve palavras. Tudo, cada segundo interminável, ficou encapsulado nos seus penetrantes olhos azul-claros. Aqueles pelos quais mamãe se apaixonara. Não havia volta.

SEGUNDA PARTE

3
MANHATTAN

A Neighborhood Playhouse

Não me lembro de ter entrado no avião que me levou para quase 5 mil quilômetros de casa quando eu tinha 19 anos. Não me lembro da roupa que usava nem de como foi o voo. Não me lembro de ter me despedido da minha família. Lembro-me da viagem de ônibus até a cidade. Lembro-me da Associação Cristã Feminina (YWCA, na sigla em inglês), que ficava no West Side. Lembro-me de ter me hospedado num quarto minúsculo. Lembro-me de ter ficado sentada nos degraus da entrada observando as pessoas correrem diante dos prédios. Estava na cidade dos meus sonhos. Em toda virada de ano eu me sentava diante do nosso televisor Philco Predicta de 21 polegadas e assistia à queda da bola na Times Square. Nova York era formada por prédios de 1,5 quilômetro de altura grudados uns nos outros. Era o contrário da insignificante Santa Ana e mesmo de Los Angeles. Era a Times Square, o Empire State, a Estátua da Liberdade e o prédio da Chrysler. Porém, mais do que tudo, era o ano-novo. Eram centenas de milhares — não, milhões — de pessoas reunidas para comemorar a chegada de um novo ano. Queria ficar com elas também, bem ali na frente do Broadhurst Theatre, onde sucessos como *Pal Joey*, *Auntie Mame* e *The World of Suzie Wong* se apresentavam com lotação esgotada. Nova York também era os filmes, filmes como *Bonequinha de luxo*. Era Audrey Hepburn com a piteira interminável pendendo da boca perfeita. Nova York era o meu destino: eu ia estudar na Neighborhood Playhouse School of the Theatre. Ia ser atriz. E estava pronta. Foi então que o porteiro veio me dizer para não me sentar na frente da Associação. Isso é tudo o que recordo: a cidade, o quarto, como estava pronta e "Não se sente nos degraus da entrada".

Na Neighborhood Playhouse, tive aulas com Sandy Meisner. Ele usava um paletó de lã de camelo. Fumava e todo mundo dizia que era homossexual, embora fosse casado. Eu nunca ouvira falar de homens casados que fossem gays e parecessem héteros. Ele era fascinante e mau e o primeiro homem adulto que considerei sexy. Adorava as cinzas tão compridas quanto o cigarro que pendia de sua boca. Adorava o modo como caíam no seu paletó de lã de camelo. Não conseguia tirar os olhos dele. Era o homem mais exótico que já vira.

Na aula de atuação do sr. Meisner, não havia elogios. Não era assim que funcionava. Para Sandy, representar era reproduzir reações emocionais sinceras. Ele achava que o trabalho do ator era se preparar para um "experimento que ocorrerá no palco". A sua abordagem visava "eliminar toda a intelectualidade do instrumento do ator e fazer dele um reagente espontâneo", o que se poderia aprender praticando o Jogo da Repetição. Era assim: alguém — Cricket Cohen, por exemplo — fazia uma observação a meu respeito. "Diane, você tem cabelo castanho." Eu escutava e repetia o que a pessoa dissera. "Tenho cabelo castanho." Ao observar algum aspecto do meu cabelo, Cricket poderia dizer: "O seu cabelo castanho também é liso e fino." Eu respondia algo como "Sim, o meu cabelo é liso e fino". Ela ia mais fundo, acrescentando: "Muito fino." Eu respondia: "Você está certa, é fino, muito fino, mas não é crespo como o seu", querendo dizer: "Qual é o seu problema, sua mala?" Ela continuava: "Pelo menos o meu cabelo não é fino *demais*", querendo dizer algo como: "Cai fora, piranha. Volte para Santa Ana que é o seu lugar." E isso se repetia até que terminássemos exprimindo uma variedade de emoções com base na nossa reação ao comportamento da outra pessoa. Adotei o Jogo da Repetição como se ele tivesse sido feito para mim.

Sandy Meisner também nos ensinou a brincar com os nossos sentimentos, principalmente os embaraçosos. Aprendi a usar minha raiva contida para gerar bons resultados. Conseguia chorar, explodir, perdoar, me apaixonar, brigar, tudo em questão de instantes. O meu ponto fraco? Eu era "genérica demais". No fim do segundo ano, ele me escalou como Barbara Allen em *Dark of the Moon* (A escuridão da lua). Os ensaios eram cheios de ansiedade. Certo dia entrei no palco direto cantando "Um menino bruxo da montanha desceu, querendo ser humano, pois a mais linda moça apareceu, e ela se chamava Barbara Allen". Meisner berrou como só ele berrava: "Por que está flanando pelo palco como a porra da Doris Day?"

Sandy nos ensinou a reagir ao comportamento do nosso parceiro. Ponto final. Ele nos forçava a ir em frente com a verdade do momento. Sem perguntas. Fazia do ato de observar e escutar um prelúdio à expressão. Pá, pum. Era simples e direto. Sem rodeios, nos deu a liberdade de mapear o terreno complexo do comportamento humano com a segurança da sua condução. Tornou divertido brincar com fogo. Eu adorava explorar o momento em comum, desde que Sandy estivesse observando. Havia uma regra principal: "Reaja ao seu parceiro primeiro e pense depois." Quando alguém desrespeitava a regra, ele começava a soltar as frases. "Não existe o nada." "No teatro, silêncio é ausência de palavras, nunca ausência de significado." "Como diria o professor mais velho do mundo: 'Educação, porra!'" Mais do que tudo, Sandy Meisner me ensinou a apreciar o lado mais obscuro do comportamento humano. Sempre tive pendor para senti-lo, mas ainda não tivera a coragem de mergulhar em território tão perigoso e esclarecedor.

O primeiro ano

Querida família,
O Clube de Ensaios fica na 53 Street, a um quarteirão do Museu de Arte Moderna. Gostaria que vocês pudessem ver. É uma velha casa de pedra. Só consigo pensar que sorte a minha de dividir o quarto com Pam, que também é caloura na Neigh-

borhood Playhouse. Muito obrigada por vocês me ajudarem. Eu me sinto segura e há muitas outras moças que moram aqui, como Sandy Duncan, que é da minha idade mas já trabalha profissionalmente, acho que como dançarina. Todas nós dividimos o telefone do corredor. As Rockettes não o largam. Têm mais dinheiro, acho, ou pode ser que se sintam sozinhas, não sei. Trabalham duro e parecem duras também, talvez por causa de toda aquela maquiagem que usam. Eu não gostaria de ser Rockette nem por todo o dinheiro do mundo.

A escola é puxada. Nove às cinco todo dia. Nossa! Estou muito contente de trabalhar com a minha parceira, Cricket Cohen. Ela é ótima para contracenar. Ensaiamos o tempo todo e parece que estamos indo bem. Pelo menos, assim espero.

Agora, Dorrie é ou não é líder de torcida da Willard Junior High School? Espero que sim. Por que Randy ainda não namora ninguém? O que está acontecendo com Robin além do fato de trocar os truques com bandeiras pelo dever de casa? Nossa! Bem, tenho de decorar o meu texto para a cena de *Waiting for Lefty*, de Clifford Odets. Continuem mandando fotografias. Sinto saudades de todos.

Amor, Diane

Olá a todo mundo,

Hoje não estou conseguindo dormir. Parece que tomei cinco ou seis xícaras de café. Recebi o dinheiro que mandaram. Graças a Deus, só mais um mês de Clube de Ensaios e Pam. Acho que não devia falar assim; quer dizer, dividir o quarto tem sido uma verdadeira experiência de aprendizado. Mal posso esperar para ir passar as férias em casa. Estou nervosíssima com isso de ser chamada de volta para o segundo ano. E se não me chamarem?

Estou aqui sentada na aula sem fazer nada porque o meu parceiro, Bernie, não decorou o texto. Que perda de tempo... Bernie é tão chato... Se o sr. Meisner achar que a nossa cena está ruim, isso vai prejudicar as minhas chances para o ano que vem. Ele já se livrou de Laura, que era fantástica. Acham que eu deveria pedir um novo parceiro? Ou isso me transformaria num monstro? Brigar com Bernie não vai adiantar nada. Seja como for, ele é completamente maluco.

Como estão todos? Quais são as novidades? Domino ainda está com muitas pulgas? Randy já está fazendo a barba? Como vão as espinhas na testa de Robin? E Dorrie Bell? Tudo ainda certinho e encaixadinho?

Cuidem-se,
Amor, Diane

O segundo ano

Querida mamãe,

Não aguento mais. O segundo ano é muito mais difícil. O sr. Meisner está mesmo obrigando a gente a evoluir na interpretação. Não sei criar um personagem. Entendo o exercício de repetição, mas ser outra pessoa? E todo mundo está bem mais competitivo este ano. Ninguém está fazendo corpo mole. Isso me deixa nervosa. Meisner não para de dizer que temos de ser mais específicos. Como você sabe, é nessa área que tenho mais dificuldade. Logo vamos apresentar cenas de canto para o primeiro ano. Adivinhe só o que estou fazendo. O SR. SNOW, de *Carousel*. De novo? Estou cheia do sr. Snow. Nas aulas de atuação, fazemos cenas da época da Restauração, o que está muito além da minha capacidade.

Vejo você no mês que vem. Mal posso esperar para passar o Natal aí.

Muito amor,
Diane

Sr. e sra. Jack N. Hall
A Neighborhood Playhouse School of the Theatre cordialmente os convida para assistir a *Dark of the Moon*, espetáculo que demonstra o trabalho em andamento, nos dias 16 e 17 de fevereiro de 1967.

Mamãe e papai... Não é hilário? Mandaram para mim em vez de para vocês. Voltem aqui depressa para poderem assistir. Espero que gostem da minha interpretação de Barbara Allen. Canto aquela música de Joan Baez. É linda. Richard Pinter está brilhante como o Garoto Bruxo. Espero que muitos agentes venham.
Amor,
Diane

E foram. Vários agentes foram e pareceram interessados, mas nenhum me contratou. No final dos meus dois anos de escola, Sandy Meisner me mandou para o mundo dos testes com um gesto de cabeça, dizendo: "Algum dia você será uma boa atriz."

Hair

Depois da Neighborhood Playhouse, comecei a andar com outros alunos do segundo ano que estavam em pânico com o futuro. Não sabíamos onde morar nem como começar a ser pagos por nosso trabalho. Richard Pinter, o ator que trabalhou comigo em *Dark of the Moon*, tornou-se um amigo muito próximo. Sarah Diehl e Nola Safro faziam parte do grupo, assim como Guy Gillette, cujo grupo musical, os Roadrunners, às vezes se apresentava comigo cantando músicas como "Respect", de Aretha Franklin. (Loucura e um desastre total.)

Por sorte, Hal Baldridge, da escola, me arranjou um emprego na Woodstock Playhouse, onde participei de *The Pajama Game* (Um pijama para dois) e *Oh! What a Lovely War* (Que delícia de guerra). Era o Verão do Amor e, não sei como, conheci o meu primeiro homem famoso, Peter Yarrow, do grupo Peter, Paul and Mary, conhecido pela canção "If I Had a Hammer". Ele praticamente me adotou durante alguns dias. Ficamos na casa do seu produtor, Albert Grossman. Eu não fazia ideia de que Peter era um ativista político que organizava festivais pela paz e que marchava com Martin Luther King. Senti-me sem graça e desinformada com pessoas tão sofisticadas e fui logo embora. Ele deve ter percebido que eu não estava pronta para grandes coisas, porque nunca mais ouvi falar dele. Estar tão perto e tão longe do estrelato era empolgante mas, ao mesmo tempo, desafiante e desapontador.

Quando recebi minha carteirinha da Actors' Equity, foi o fim de Diane Hall. Parece que já existia uma Diane Hall. Decidi usar o nome de Dorrie em vez de Di, Danielle ou Dede Hall no papel de "operária" em *The Pajama Game*. Ao sair do que deve ter sido um estupor autoinduzido, percebi que era ridículo pegar emprestado o nome da minha irmã e me tornei Cory Hall para o papel estelar de "coro" em *Oh! What a Lovely War*. Cory e Dorrie? Foi então que pensei que podia manter tudo em família usando o nome de solteira de mamãe. Keaton. Diane Keaton.

Queridos,

Ontem à noite fiz um teste para um musical de rock chamado *Hair*. Volto amanhã para a eliminatória final. Estou de dedos cruzados, torcendo muito para conseguir. Também vou fazer um teste para um tipo de piloto de TV que só paga se der certo. Veremos.

Estou procurando freneticamente um apartamento, mas é muito difícil. Os baratos logo são alugados, mesmo quando ficam nos piores lugares. Hoje fui ao Upper West Side. Nada. Estou pensando em procurar um corretor. Sei que terei de pagar, mas a longo prazo talvez seja melhor. Está sendo mais difícil do que eu esperava.

Dorrie e Robin, comecei a escutar Tim Buckley e Mimi e Richard Fariña. Vocês gostam?

Amor,

Diane

Olá, todos os Hall,

Estamos na segunda semana de ensaios. As coisas estão tomando forma devagar, mas acho que faz parte. Preparem-se, é um espetáculo bem esquisito, para dizer o mínimo. Estou com três versões do solo de uma música chamada "Black Boys". Fico contente de ainda não ter sido demitida! Representar não parece ser a preocupação do diretor Tom O'Horgan. Parecemos hippies; cantamos como hippies; somos a juventude de hoje. Isso não me atrai em nada! Eu só queria fazer mais coisas no espetáculo.

Enfim, amo vocês todos.

Diane

Oi, todo mundo.

Bom, estou participando de um sucesso; estreamos no dia 29. Nada de Woodstock neste verão. Um emprego de verdade, e na Broadway.

Hoje à noite, depois do espetáculo, Richard Avedon vai fotografar o elenco inteiro para a revista *Vogue*. Não é o máximo? E grandes estrelas vieram assistir, como Warren Beatty (lembram a minha paixão por ele em *Clamor do sexo?*), Julie Christie, que é a mulher mais linda que já vi, Liza Minnelli, Terence Stamp e Carol Channing. Parece que *Hair* é o que há para ver. Todo dia fazem fila para comprar ingressos.

As coisas são basicamente as mesmas. Com certeza sou a mesma. Será que um dia vou mudar? Ainda sou a pessoa mais burra do mundo. Parece que quando a gente cresce não perde a estupidez. Ah, também estou de dieta. Obesa é gentileza. Eu me deixei levar pelo *Food Life*.*

Papai, espero que tenha preparado o seu amigo para *Hair* e a nudez. Ele vem logo?

Amor, Diane

---

* *Food Life* era um programa de culinária que ia ao ar na Califórnia na década de 1960. (N. da T.)

diane keaton

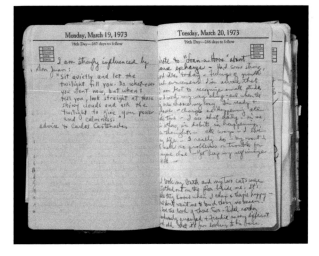

4
O GRANDE ANO

"Mãe pai"

Enquanto eu assistia aos colegas de elenco tirarem a roupa no palco toda noite, mamãe passou das cartas para os diários. Era 1969. Da mulher de 24 anos que sentia a novidade de dois amores, ela se transformara na mãe amantíssima que colhia as chamadas "recompensas" de ser dona de casa na década de 1950 e numa adulta que mostrava indícios do desafio que atravessaria a década de 1960.

O processo de aprender a examinar suas próprias perguntas sem resposta veio da ação de escrever. Como ela arranjou tempo para isso? Não enquanto preparava os intermináveis ensopados de atum e panquecas de milho recheadas com queijo que iam parar em quatro lancheiras cinco dias por semana; nem na bancada da cozinha, com flocos de milho murchos esperando pela limpeza. Quando conseguia ter alguns minutos para si? Não depois que papai ia para o trabalho ou quando estávamos na escola; não antes de imaginar a melhor maneira de esticar o orçamento para comprar os extras pelos quais todo mundo sempre implorava. Será que tinha tempo livre entre a louça e a roupa suja, os remendos nas nossas roupas, a renovação da carteira de motorista, o dever de casa de Dorrie? Não.

Tenho tempo livre, tempo suficiente para escrever estas memórias enquanto trabalho numa linha de produtos para a Bed Bath & Beyond, edito um livro sobre arquitetura moderna para a editora Rizzoli Publications e atuo num filme independente e de produção modesta de Larry Kasdan em Park City, no estado de Utah.

Embora Dexter, Duke e eu mantenhamos a tradição da família Hall de jantar juntos todo dia, a nossa versão das refeições noturnas não tem nada a ver com os dias na bancada da cozinha da North Wright Street. O meu papel de "Mãe Pai" (expressão cunhada por Duke) não é nada parecido com o de mamãe. Fico na cabeceira da mesa, com Dexter de um lado e Duke do outro. Compareçam os integrantes do Time Keaton como Sandra Shadic — rebatizada por Duke de Sance Cueca — em algumas noites, "La La" Lindsay Dwelley em outras. Ronen Stromberg também vem. Adoro os nossos jantares, mas não sou eu quem os prepara. É Debbi Durand.

Como "Deus Pai" (outro dos termos carinhosos de Duke), começo com os pontos positivos e negativos do nosso dia. Duke faz uma careta. Finjo ignorá-la e tento expandir a nossa noção de espírito comunitário trazendo à baila assuntos como o boletim anual que lista as piores praias do sul da Califórnia. Dexter diz: "Pelo menos não foi Santa Monica de novo." "Isso, Dex, graças a Deus." Ao mesmo tempo, Duke implica com Dexter por causa das suas paixonites que se alternam entre garotos com nomes como Max, Matthew, Tyler, Corey, Chris B., Chris L. Dexter responde chamando Duke de "pentelho" e se esquivando dele, dizendo que as calças do uniforme da escola do irmão foram jogadas no chuveiro depois da aula de natação por ele mesmo, não por Sawyer, como ele afirmara. Sandra pede a ela que "dê um tempo ao irmão". Termino a discussão com "Duke Keaton! Sinto muito, mas quer saber? Acabou a brincadeira." A situação melhora quando começamos a conversar sobre o ponto alto de Dexter, o seu jantar de aniversário. Ela quer anéis de cebola empanados, *nuggets* de frango, macarrão com manteiga, *cheesecake* e nenhum tipo de VERDE. Todo mundo se junta na hora de lavar a louça. Dexter quer brincar com o meu celular. Entrego a ela com relutância e começo a falar sobre o fim trágico de Elizabeth Edwards, chegando a citar uma frase do obituário do *New York Times* sobre "a disparidade entre imagem pública e realidade privada". Ninguém responde. Sandra, rápida no gatilho, põe todos os pratos na lava-louças antes que eu sequer guarde o leite na geladeira.

Mamãe começou a ter mais tempo livre quando fui para Nova York e Randy arranjou um emprego de lanterninha no cinema Broadway, em Santa Ana. Dorrie e Robin terminavam o ensino médio quando mamãe se sentou e começou a colocar os seus pensamentos no papel. Foi preciso o começo de um fim, no meio da década seguinte, para que Dorothy encontrasse a sua voz.

Véspera de ano-novo, 1968

Estou tão empolgada com Robin... ela arranjou um emprego na Bullock's como demonstradora de cosméticos. Dorrie está fazendo aulas de cerâmica em Placentia. Jack e eu pegamos nossas bicicletas e saímos para pedalar noite sim, noite não, até Baskin e Robbins 31 Flavors, em Honer Plaza. Muito divertido. Randy está escrevendo mais do que nunca. Estou tão orgulhosa dele... Jack ganhou o prêmio de melhor palestrante da Toastmasters.* Randy também está indo e adorando. Diane vem passar uma semana em casa. Conseguiu uma folga nos ensaios de Sonhos de um sedutor, *de Woody Allen. Parece que vai fazer uns testes em Hollywood. Agora é uma moça de cabelo louro-claro e muito magra. A aparência geral é extremamente BOA! Todo mundo fala das nossas lindas filhas.*

Comecei a pintar a cozinha. Jack quase terminou o console da lareira. Isso deixa a sala toda exatamente do jeito que queremos: rústica, quente e leve. Não dá nem para acreditar que tudo está dando tão certo. Terminei hoje o meu primeiro trabalho pago de fotografia: vinte fotos de Judy Weinhart num livro por 35 dólares. Detesto admitir que estou muito contente, mas estou.

Fiz um longo passeio pela parte industrial de Santa Ana e me diverti muito olhando velhas latas enferrujadas, garrafas de vidro soprado, pedras es-

---

* A Toastmasters é uma entidade educacional que ensina a falar em público e realiza treinamento para líderes. Criada na Califórnia em 1924, hoje tem filiais em vários países do mundo. (N. da T.)

buracadas, barracões derrubados e placas despedaçadas. Era como se eu pudesse VER o silêncio. Hoje Jack disse que, mesmo que eu me divorciasse dele, ele voltaria para casa toda noite... Adorei isso, porque essa é a nossa história; somos infinitamente ligados um ao outro.

Obrigada, alguém! Todo mundo. Obrigada, Randy, Robin, Dorrie, Diane e Jack. Obrigada, gente, natureza, animais, Goya e Kernel, nossos gatos. Somos tão afortunados... Sinto que a minha vida é cheia de beleza e amor. Vejamos se 1969 consegue ser ainda melhor.

30 de janeiro de 1969

Querida mamãe,

Me mudei ontem. Que trabalheira! Fico pensando como seria se eu realmente tivesse móveis. Obrigada pela caixa de presentes. Adorei a chaleira maravilhosa e as fotografias. São fantásticas. Não há lugar para colocá-las a não ser no peitoril da janela, que compensa o fogão original HORRÍVEL. Pelo menos o estéreo funciona. Tenho ouvido Nina Simone e Morgana King, a minha favorita.

Os ensaios estão indo bem. Woody Allen é bonitinho e, é claro, engraçadíssimo.

Sei que papai queria que eu escrevesse todas as minhas ideias sobre o dinheiro que lhe devo. Com certeza não estou em condições de pagar tudo agora. O proprietário me informou que devo 29 dólares e a conta de telefone logo vai chegar. Quando a peça estrear, quero fazer aulas de canto e dança. Mas diga a papai que não se preocupe, porque no mês que vem começo a lhe mandar 50 dólares por mês até pagar os 500 dólares que lhe devo. Enquanto isso, eis a minha lista de despesas:

1. Aluguel: US$ 98,32; 2. Telefone: US$ 10,00; 3. Serviço telefônico: US$ 5,00; 4. Aulas de canto: US$ 40 por mês, acho (ai); 5. Aulas de dança: uns US$ 30; 6. Comida: US$ 100 por mês (acho). Total: US$ 283,32. Parece um dinheirão.

Com amor,

Diane

6 de fevereiro de 1969

Jack e eu voamos até Nova York para a estreia de Sonhos de um sedutor. *Jack Benny, Ed Sullivan, Walter Kerr, George Plimpton, Angela Lansbury e outros astros compareceram. Conhecemos Woody Allen depois. Ai, meu Deus. Ele era tão tímido e quieto, nada do que eu esperava. A peça foi engraçadíssima. Diane ficou bonita no palco — estava de franja, o que fez o cabelo dela parecer bem grosso. Ela anda numa fase... sempre mascando chicletes ou chupando bala, ou comendo. Gostaria de saber como consegue ficar tão magra.*

Todos foram gentis conosco. No Sardi's, sentamos numa mesa para dez e bebemos champanhe e comemos torta de queijo. Disseram que a nova atriz principal de Woody Allen também é o seu novo interesse amoroso. Isso nos deixou muito contentes.

10 de fevereiro de 1969

Já voltamos para casa. Estou fazendo um curso na Universidade da Califórnia. Minha meta é trabalhar DURO para escrever um artigo e VENDÊ-LO. De acordo com a professora, quem quiser escrever, que escreva. Talvez eu pudesse trabalhar em algo pessoal mas universal, como o jeito como as crianças estão crescendo depressa. Não sei.

Ver Diane foi uma experiência e tanto. Não consigo pensar num jeito de explicar o efeito dela sobre os outros. É claro que falo do modo como a vejo, e não sou totalmente imparcial. Ela é um mistério. É independente. Às vezes é tão simples e em outras tão sábia que não consigo acreditar que eu tenha chegado tão longe no mundo sem o benefício desse conhecimento. Sinto saudades dela.

18 de fevereiro de 1969

Querida mamãe,

Parece que você acabou de sair daqui. Como é que passou tão depressa? Woody não é hilário? Gostou mesmo da peça?

Não tenho certeza. Woody sempre propõe que a gente fale coisas incomuns no palco, algo que não se pensaria que alguém na posição dele faria. Ontem à noite, no meio de uma cena, de repente ele começou a representar James Earl Jones em *A grande esperança branca*. Tentei não rir, mas foi impossível.

Acho que tive um encontro com ele. Fomos à famosa churrascaria Frankie and Johnnie's. Tudo ia bem até que raspei o garfo no prato e fiz um barulho normal (reafirmo: normal) de cortar. Deve tê-lo deixado maluco, porque ele deu um berro. Não consegui imaginar como cortar a carne sem cometer o mesmo erro, então parei de comer e comecei a falar da posição da mulher nas artes, como se eu soubesse alguma coisa sobre mulheres e artes. Que idiota. A situação toda foi humilhante. Duvido que jantaremos juntos tão cedo. Hoje ele me mandou um bilhetinho. Acho que você vai entender.

Com amor,
Diane

De Woody

Cabeça de Beterraba,

Os seres humanos são quadros-negros vazios. Não há qualidades inerentes em homens ou mulheres. Claro, há uma biologia diferente, mas todas as escolhas que definem a vida afetam ambos os sexos, e a mulher, qualquer mulher, é capaz de se definir com total LIBERDADE. Portanto, as mulheres são tudo o que quiserem ser e frequentemente escolheram e se definiram melhor do que os homens. Não seja enganada pelas *ARTES*! Não são nada de mais, ou talvez sejam, mas não servem de desculpa para ninguém ser imbecil e com isso quero dizer: e daí se houve pouquíssimas mulheres artistas? Pode ter havido muitas mulheres bem mais profundas do que, digamos, Mozart, mas contribuindo sob uma estrutura de vida diferente. Observe

como passei de lápis para caneta. Porque no filme de Lelouch, UM HOMEM & UMA MULHER, ele passa da cor para preto e branco, então uso o mesmo simbolismo. Muito inteligente? Então tá, muito estúpido.
    Woody

20 de março de 1969

Diane foi indicada para Melhor Atriz Coadjuvante no Tony Awards, em abril. A professora de redação de Randy leu dois poemas dele em sala de aula. Um, chamado "Fora do corpo", é candidato ao livro do ano da escola. Ele vai conseguir.

Fora do corpo

    Todas as vozes do meu passado cá estão, nesta clareira
    No sopé da montanha.

    Primeiro achei que era o ruído de pássaros no ninho,
    talvez pedras caindo do penhasco.
    Como sinos, as palavras tomam forma.

    Parágrafos burilados nas árvores
    Histórias de vida pendem tristes no ar, como páginas de fracasso.

    Não quero escutar.
    Ouço a minha voz na face plana da montanha, miúda e fraca.

    Ouço meu próprio som a morrer no frio,
    Mais um animal;
    Um animal com o dom da linguagem
    preso na armadilha da distância.

14 de junho de 1969

Dez da noite de domingo. Tony Awards. Diane perdeu para outra moça. Estava na TV, mas só consegui vê-la uma vez, rápido.

7 de julho de 1969

Chegou uma carta do alistamento militar pedindo confirmação do psicólogo de Randy de que ele é incapaz de servir. Parecia uma ameaça. Vovó Hall ligou. Acha que Randy ficou apavorado! Ora, por que não? Provavelmente ficou. Quem não ficaria? "Se pudéssemos aprender a evitar a guerra, isso não bastaria?", disse ele. Essa é uma época divisora.

16 de julho de 1969
Departamento do Exército
A quem interessar possa:

Conheço Randy Hall há mais de 15 anos, período em que tive a oportunidade de observá-lo como vizinho e como paciente. Embora nunca tenha sido mentalmente enfermo no sentido clássico e clínico da expressão, ele tem demonstrado um estado prolongado de instabilidade emocional que, na minha opinião, o incapacita para o serviço militar. A observação recente do rapaz me levaria a não mudar de opinião, embora ele tenha conseguido desenvolver alguns comportamentos de encobrimento que podem dar a impressão de maturidade e desenvolvimento maiores do que são na verdade.

Como psicólogo que trabalha atualmente no Departamento de Defesa em ambiente estrangeiro, acredito que esse jovem não tem capacidade para o serviço militar e, na verdade, seria mais um peso morto do que uma contribuição à comunidade militar.

William L. Bastendorf, ph.D.
Diretor associado do Serviço de Orientação de Alunos

Mais pensamento positivo

Para o caso de precisarmos de conselhos rápidos, papai tinha vários exemplares de *Como fazer amigos e influenciar pessoas*, de Dale Carnegie, espalhados com destaque pela casa da North Wright Street. Parte do atrativo do livro vinha dos títulos engenhosos dos capítulos, classificados em seções com pérolas para consumo rápido. "Doze maneiras de conquistar os outros com o seu modo de pensar: 1. Evite discussões. 2. Nunca diga ao outro que ele está errado. 3. Comece com uma pergunta a que o outro responderá que sim. 4. Deixe o outro achar que a ideia é dele."

As cartas de papai eram um tributo à influência de Carnegie. "Querida Diane, regra 1. 5 de janeiro é um daqueles dias que tornam os homens mais velhos. Uma filha de 20 anos não é mesmo uma vantagem para um rapaz como eu! No governo, a verdade é primordial, mas na idade é estupidez. A partir de agora, você tem 17 anos e eu, 35. Com amor, Jack N. Hall, seu pai."

Ao lado do livro de Dale Carnegie ficava *O poder do pensamento positivo*, de Norman Vincent Peale. Publicado em 1952, ficou na lista de mais vendidos do *New York Times* durante 186 semanas e vendeu mais de 5 milhões de exemplares. O país se apaixonou pelas citações reconfortantes de Peale. "Quando a vida lhe der limões, faça uma limonada." "As provas da vida não servem para nos derrubar, mas para nos formar." "A atitude mental positiva nos leva a superar todos os problemas e dificuldades." Papai engoliu tudo. Não dava a mínima aos críticos que afirmavam que Peale era uma fraude.

Com 40 anos, Jack Hall largou o emprego de engenheiro civil na prefeitura da cidade de Santa Ana e se tornou presidente da Hall & Foreman, Incorporated. Dava crédito a quem de direito e afirmava que seu talento empresarial fora 100% aprimorado pela aplicação das técnicas comprovadas de Carnegie e Peale. Mamãe devia estar cheia de ouvir papai listar os 12 passos que aprendera para ser um líder eficaz. Mas quer saber? Em poucos anos, com esforço próprio, ele virou um sucesso.

Em 1969, a empresa de papai ia de vento em popa. Mamãe deixou o cabelo crescer e usava calças boca de sino. Começaram a beber socialmente. Ela se tornou mais liberal. Ele ficou mais conservador. Embora fossem atraentes e, pelo padrão do sul da Califórnia, quase ricos, isso não os deixou mais felizes.

Os problemas começaram quando papai passou a inserir as suas soluções de autoajuda na dinâmica familiar, principalmente em relação a Randy, que não tinha um aperto de mão firme, não "planejava com antecedência" e nem sempre era "positivo". A Toastmasters ainda era uma forma de tortura para Randy, embora ele dissesse a mamãe que adorava.

PACE

Não há registro de como papai descobriu o PACE, descrito como um método para ajudar a entender melhor o que seria necessário para que todos usassem os seus talentos de forma mais produtiva, aprimorando ainda mais o sucesso pessoal e profissional, mas ele descobriu. Todo mundo da família foi a San Diego para as cúpulas de duas semanas, cheias de seminários guiados por conselheiros especializados no setor; todo mundo menos eu.

Daniel Whiteside era o diretor de atividades juvenis. Randy, Robin e Dorrie não se lembram dele. Anos mais tarde, encontrei o seu currículo num site na internet, informando que tinha mestrado em artes da linguagem pelo campus de São Francisco da Universidade da Califórnia e o equivalente a um doutorado pelo Interstate College of Personology.

A "personologia" foi desenvolvida na década de 1930 por Edward Vincent Jones, juiz de uma vara cível de Los Angeles que anotava o padrão comportamental de quem lhe aparecia no tribunal. O juiz Jones, amigo íntimo dos pais de Daniel, acabou "provando" que conseguia prever o comportamento dos outros observando os traços de seu rosto. São exemplos de correlações da personologia: 1. Cabelo grosso e rebelde: menos sensível. 2. Cabelo fino: extremamente sensível. 3. Mandíbula larga: autoritário no discurso e na ação. 4. Queixo quadrado e anguloso: pode ser combativo. 5. Queixo ou mandíbula em forma de coração: tende a ser passivo.

A mandíbula de Randy é larga. De acordo com os princípios da personologia, isso significava que seria confiante, seguro e dominador. Robin devia ser passiva e obediente, por causa do queixo estreito. O cabelo de Dorrie é grosso e áspero. Será que ela era mesmo menos sensível, ainda que demonstrasse uma rara capacidade de entender e transmitir sentimentos? Será que Daniel chegou a notar os traços do rosto dos adolescentes da família Hall? Ou deixou de lado a pesquisa necessária para o equivalente a um doutorado do College of Personology? Talvez estivesse no processo de criar os seus próprios "conceitos três em um".

Quanto a James W. Newman, fundador do PACE, papai não dava a mínima se era psiquiatra ou psicólogo formado. Comprou o pacote inteiro e engoliu isca, anzol, linha e tudo. A decisão de papai de implementar os princípios do PACE para substituir a ajuda de um psiquiatra de verdade saiu pela culatra, como todas as suas tentativas de guiar Randy para a responsabilidade do papel de Jack Júnior.

Como sobrinho de Emmet e filho de Mary Alice, papai se sentia atraído por charlatões, golpistas e estelionatários. Estava no seu DNA. Ele não questionava Dale Carnegie nem Norman Vincent Peale. A ideia de que podiam se aproveitar da necessidade dos joões-ninguém de acreditar em soluções simples para problemas complexos nunca entrou na sua cabeça. Ironicamente, papai deu certo na vida, embora fosse fácil de enganar. Tinha realmente um ofício e um diploma da Universidade do Sul da Califórnia. Mal sabia que tinha sido o trabalho duro combinado ao modo engenhoso de ser honesto e quase ingênuo que fez da Hall & Foreman uma das empresas de engenharia mais bem-sucedidas de Orange County. Os seus modos simples e diretos e a sinceridade faziam maravilhas com todo mundo, menos com sua própria família.

15 de agosto de 1969

Jack mandou Randy para um retiro do PACE em La Jolla. Robin vai na semana que vem; Dorrie também. Só espero que Jack tenha razão e dê certo. Ele acha que todo mundo na família lucrará com os benefícios do PACE. Não podemos mandar Diane porque ela está ocupada com a sua vida, mas talvez depois.

22 de agosto de 1969

"Ei, todo mundo, esta é a minha mãe e o nome dela é Dorothy." Randy fez com que eu me sentisse uma rainha quando fomos buscá-lo depois de uma semana no PACE. Ele disse que era um tipo de "experiência irreal no topo da montanha que dificulta voltar para a planície". É aí que entra o teste. Será que "eu" consigo fazer isso funcionar com quem não tem o PACE na sua vida? "Eu" posso se "eu" tentar.

1º de setembro de 1969

Robin voltou do PACE. Ela adorou; Dorrie também. Mas é um esforço constante manter o PACE na prática. Tantas coisas nos distraem... Espero que dê certo e que sejamos pessoas melhores por causa dos nossos pontos fortes. As crianças estão levando a sério os conceitos do PACE. Continuam a ler os livros e a praticar o relaxamento profundo. Jack acha que aprenderam muito. Está muito confiante.

Cinco contra um

Meus irmãos sobreviveram ao PACE e a vida continuou. Fiquei em Nova York. Para papai, estava tudo na mesma. Número 1: Encorajar a todos fazendo os erros parecerem fáceis de corrigir. Número 2: Tentar nos deixar felizes por fazer o que ele sugeriu. Número 3: Fazer perguntas em vez de nos dar ordens diretas. Número 4: Falar dos próprios erros antes de chamar atenção indiretamente para os nossos. Aos poucos, ele desistiu de tentar. Afinal de contas, eram cinco contra um.

5 de setembro de 1969

Hoje à noite, Diane foi ao Merv Griffin. Era a própria Diane. O andar, o riso, a confusão de palavras. Quando se sentou entre Bob Hope e Merv, eles brincaram com ela sobre namorados. Bob Hope perguntou: "Tudo bem, Diane, quem é ele?" Ela não conseguiu pôr as palavras para fora. Estava nervosa, dava risadinhas, mas com Bob Hope ao lado tudo o que dizia saía absurdamente engraçado. Ele conseguiu mesmo transformar Diane em comediante. Não sei explicar direito. Merv e Bob brincaram com ela a noite toda. Tirei fotos. Papai gravou tudinho.

18 de setembro de 1969

Consegui ser valente o bastante para ligar para o Bowers Museum e pedir ao diretor que visse as minhas fotos. Ufa! Foi preciso coragem. Estou tentando juntar fotografias boas em quantidade suficiente para lhe mostrar. E estou cruzando os dedos.

Modelo de carta para potenciais editores de revistas

Sr. Fulano
Editor de arte
Revista XXX
(Endereço)
Caro Sr. Fulano:
Posso oferecer à sua revista fotografias excepcionais com fortes qualidades naturais. O currículo em anexo destaca algumas das minhas realizações profissionais na fotografia e nas artes, além do meu histórico acadêmico.
As duas fotografias anexadas representam, necessariamente, apenas um pequeno segmento do meu campo de trabalho. Embora eu seja flexível quanto ao tema, minha ênfase no natural persiste em toda a minha obra.
Gostaria de aceitar trabalhos como autônoma para a revista XXX e posso prometer excelência nos resultados não só como fotógrafa, mas também como artista. Caso se interesse em ver outras das

minhas obras, entre em contato. Terei o máximo prazer em apresentar qualquer material adicional pedido e discutir possíveis serviços para sua revista.

Aguardo novos contatos.
Atenciosamente,
Dorothy Hall

Ela anexava à carta uma foto de publicidade da atriz Diane Keaton.

6 de novembro de 1969

Ontem à noite, ganhei o primeiro prêmio na Feira de Orange County com a colagem gigantesca que fiz com fotografias de Robin e Dorrie. Foi uma daquelas experiências eletrizantes que me dão esperança. Hoje chegaram os meus novos cartões de visita. Estou pronta para começar.

Recebi uma carta de Diane sobre a participação em Merv Griffin *na semana passada. Ela precisa ter mais confiança. "Aliás, assisti ao meu bloco em* Merv Griffin. *Foi horrível. Não sei por que faço essas coisas. É tão doloroso me ver fazendo tanto esforço... Também não consegui* Liberdade para as borboletas. *Alta demais, 'lelé' demais — um jeito suave de dizer estranha."*

Diane sem Hall Keaton

DIANE KEATON, a imensa obra de arte de mamãe para documentar a minha carreira de 1969 a 1984, é quase tão difícil de entender quanto a crença de papai nos poderes curativos do PACE. A capa, envolta em papel prateado brilhante com letras pretas gigantescas, exibia o meu novo nome sem Hall. Por si só, o tamanho (50x75 centímetros) constitui o tipo de consideração que DIANE KEATON não merece.

Para começar, há dois canhotos de ingressos de *Sonhos de um sedutor* colados junto de uma caricatura engraçada de Woody, ao lado de um guardanapo amarelo do Sardi's, abaixo de várias fotografias minhas com colegas do elenco sorrindo na expectativa de boas críticas. Depois vêm as quatro páginas da revista *Harper's Bazaar* que deixam claríssimo que eu não era o modelo que aspirava ser. É claro que era bem "legal" ter Bill King (famoso por todas aquelas fotos de supermodelos como Lauren Hutton dando pulos) como fotógrafo, mas pareço estranha no meio do ar, com o sorriso enorme revelando as obturações de ouro que o meu dentista de Santa Ana tinha me garantido que durariam a vida inteira. Manchetes como Sobe a estrela de Diane e Atriz Diane Keaton não pode ficar fora dos holofotes, com um bilhete escrito com a letra de mamãe dizendo "Barbara mandou isto de Cedar Rapids", parecem meio forçadas. Em primeiro lugar, quem era Barbara, de Cedar Rapids? Em segundo, quem se importa? A crítica pavorosa ao meu desempenho na Ice House em 1975 é um lembrete patético da minha temporada de cantora de boate. "Talvez Diane Keaton seja uma atriz adequada, mas não é cantora. A seleção musical não varia. A srta. Keaton não se comunica com a plateia. Usa expressões faciais estranhamente restritas e gestos corporais mal planejados."

A manchete do *Orange County People* afirmava: Jack Hall estava certo. Sua filha virou estrela de cinema.

> Os amigos de Jack Hall costumavam rir quando ele dizia que a sua pequena Diane seria uma estrela de cinema quando crescesse. Hoje ninguém mais ri. Nada tímidos ao elogiar a talentosa filha, os orgulhosos Jack e sua esposa, Muriel, dizem a todos: "Essa é a nossa filha." Embora não aceitem o crédito pelo talento de Diane ("Isso ela conseguiu sozinha"), é bem possível que ela tenha herdado parte da coragem necessária para ser uma estrela de Muriel, que voltou à faculdade com 40 anos, depois de criar quatro filhos, e se formou com mérito. Muriel fez as fotos de uma capa de livro e da capa de um disco de Woody Allen.

Muriel? Pelo amor de Deus. É quase como se mamãe fechasse os seus olhos perspicazes e, sem pensar, buscasse *volume*; nem a perda do nome a impediu de incluir a reportagem junto ao resto. Por quê? Para se lembrar de que a sua única identidade era a de mulher de Jack Hall e mãe de Diane Keaton?

DIANE KEATON termina de repente com um anúncio de duas páginas do *Los Angeles Times* com fotografias de Barbra Streisand, Farrah Fawcett, Liza Minnelli, Paul Newman, Burt Reynolds, John Travolta e eu sorrindo debaixo do título: Reportagem especial do Canal 2... Estrelato: sonho ou pesadelo? Foi o lugar perfeito para mamãe desistir. A filha, a menininha que cantava para a Lua em pé na entrada de veículos do galpão Quonset dos pais, na Monterey Road, em Highland Park, virara estrela de cinema.

O estrelato nunca virou um pesadelo, mas não foi o que eu pensava que seria. Como se pode pensar um sonho? Nem mesmo Dale Carnegie conseguiria. Quando fechei *DIANE KEATON*, uma revista *Time* com o título "Woody Allen, um gênio cômico" na capa caiu lá de dentro, junto com uma reportagem de jornal com a foto dela de braço dado com papai. A legenda dizia: "Pais da atriz Diane Keaton não se negam a falar sobre ela". A reportagem continuava: "A sra. Hall, mulher grandiosa e bem-vestida que deixa o marido tomar a frente quando se trata de negócios, não se faz de rogada para falar sobre a filha Diane. 'Não é só Diane que está sob a luz da ribalta. Jack e eu também recebemos parte do brilho. Está sendo a época mais empolgante da minha vida. Em todo lugar a que vamos com Diane, somos cercados pela multidão.'" Multidão? Nunca fui cercada por multidões. Nunca. Será que mamãe sabia o que estava dizendo? Será que disse isso mesmo?

Valeu a pena? Passar tantas horas cortando e colando a história da promissora atriz Diane Keaton — não Hall — chegou alguma vez a parecer perda de tempo? Por que mamãe ficou tão fascinada pelo processo de validar a minha vida? É difícil saber o que pensar do desfile de reportagens chatas, fotografias uma atrás da outra e citações pré-linguagem minhas como "Uau, fico tão honrada só de conhecer Betty Ford" e "Ah, é claro... Adorei o espetáculo de dança de Martha Graham. Woody e eu estamos fazendo aulas com a companhia dela. É muito divertido." Será que mamãe ficou com vergonha de mim? Será que achou que cortar fotos em quadrados e retângulos menores seria um tipo diferente de cura? Será que era legal e entorpecedor? Seria um modo tranquilizador, ainda que abstrato, de refletir sobre as alegrias do passado?

A nossa história, minha e de mamãe, ficará para sempre oculta num passado que não é possível desvendar olhando-se para um desfile de recortes de jornais que registram a jornada de uma moça que se tornou Annie Hall.

31 de dezembro de 1969

Sempre digo que a minha vida é esta família, e é mesmo. Hoje não foi exceção. Dorrie forçou todos nós a levantar para um passeio de bicicleta até Baskin and Robbins, como no ano passado. Foi muito divertido. É verdade quando dizem que as pequenas coisas é que importam.

Avaliei a minha proporção de felicidade e eis o resultado: fico contentíssima quando os que amo estão felizes com alguma coisa pequena, grande, insignificante, o que for. Acho que ninguém é capaz de ter os mesmos sentimentos maravilhosos, intensos, cativantes que nutro por esta minha família.

Jack me perguntou se o dia foi bom — o último do ano —, e devo dizer que foi. Tentamos arranjar ingressos para ver Bravura indômita, *mas não conseguimos, então Jack, Randy, Robin, Dorrie e eu fomos comer no Marsé Restaurant e depois voltamos para casa para assistir Dick Clark saudar o ano-novo. "1969 foi um GRANDE ano, hein, papai?" "Claro, Dorrie, claro." Espero que possamos dizer o mesmo de 1970.*

5
A LISTA

Jane Fonda. Ally Sheedy. Joan Rivers. Paula Abdul. Lindsay Lohan. Sally Field. Princesa Diana. Anne Sexton. Karen Carpenter. Anna Freud. Mariel Hemingway. Audrey Hepburn. Portia de Rossi. Meredith Vieira. Victoria Beckham. Kelly Clarkson. Felicity Huffman. Mary Kate Olsen. Catherine Oxenberg. Sharon Osbourne.

Sally Field e eu temos a mesma idade. Ambas somos atrizes. Moramos e trabalhamos em Los Angeles. É aí que terminam as semelhanças, ou foi o que pensei. Conheci Joan Rivers, Lindsay Lohan, Felicity Huffman e até Audrey Hepburn. Não achei que tivéssemos muito em comum. Eu me lembro de quando Meredith Vieira me entrevistou para o programa *The View*. Ela era o tipo de profissional segura que eu admirava. É difícil acreditar que sofríamos de uma obsessão mútua. Como é possível que eu tenha um passado em comum com a fantástica atriz de *O leitor* ou com Mary Kate Olsen, quarenta anos mais nova e 100 milhões de dólares mais rica? Jane Fonda? *A* Jane Fonda? Inacreditável. Quando fui apresentada a Victoria Beckham numa festa dada por Katie Holmes em sua homenagem, não consegui sequer começar a imaginar quem ela era ou a que mundo pertencia, e ainda assim cada uma das mulheres cujo nome está listado anteriormente divide o mesmo segredo. A diferença? Preferi guardá-la para mim até hoje.

Mais

Olhar dentro do saquinho de papel pardo e só encontrar uma maçã verde, seis moedinhas de chocolate, quatro pirulitos de cereja e um pirulito espiralado era frustrante demais. Por que nenhum bombom de chocolate recheado? Tendo conseguido quase nada depois de tocar a campainha dos vizinhos berrando "gostosuras ou travessuras" fantasiada de cigana, ataquei Randy. Convenci-o a me dar os seus doces ao prometer que ele poderia dormir uma semana na cama de cima do beliche.

Na noite seguinte, me esgueirei na cozinha enquanto mamãe e papai assistiam a Milton Berle na TV. Quando estava prestes a furtar um punhado de biscoitos recheados de chocolate, ouvi a voz de papai: "Diane?" Muitas lágrimas depois, saí na ponta dos pés da cama de Randy e fui até o esconderijo onde enfiara os doces de Dia das Bruxas dele e comi o que restava. Ninguém descobriu.

É preciso entender que mamãe raramente comprava marcas famosas de alimentos. O orçamento dela não incluía bolinhos recheados Hostess Twinkies e CupCakes, refrigerante 7Up, flocos de milho Frosted Flakes nem a manteiga Challenge Butter, a minha favorita. O jantar, por exemplo, era algo genérico. Comíamos muito bolo de carne, espaguete, hambúrguer com catchup e ensopados, uma quantidade impressionante de ensopados. De sobremesa, geralmente três biscoitos de aveia para cada. Papai se servia de quantos queria. Noite após noite, via-o com inveja se empanturrar. As guloseimas a mais vinham no começo da semana. Por exemplo, na segunda-feira mamãe me dava um chiclete Wrigley's Doublemint inteiro. Na quarta, a distribuição apertada de recursos a obrigava a distribuir metades. No sábado, era apenas um quarto. Eu continuava a forçar a barra com Randy, mas a recompensa dificilmente valia a pena. O meu primeiro sucesso de verdade foi na Willard Junior High School, onde usei a minha personalidade para, com argumentos idiotas, convencer vários amigos a financiar a minha necessidade de picolés Refresho e Fifty50.

As revistas, outra fixação minha, se encaixavam muito bem na mistura, começando com *McCall's*, uma versão de *Martha Stewart Living* dos anos

1950. Eu não me interessava pelas atividades divertidas para menininhas na última página. Não, eu gostava era das fotos coloridas de mulheres sorridentes que vendiam sopa Campbell's e creme Pond's para o rosto. Eram bonitas e, melhor de tudo, nunca mudavam. Isso era legal. A revista *Life* também era bacana, porque contava histórias com fotografias, mas o que realmente me surpreendeu foi a primeira vez que vi a srta. Audrey Hepburn na capa. Ela não era bonita. Era linda. Na verdade, era perfeita. Comecei a notar coisas perturbadoras no meu corpo de 11 anos. Era grande demais na banheira. Eu não gostava disso. E as pessoas da vida real não eram sempre atraentes, nem mesmo mamãe. Isso era preocupante. Mas o pior foi que comecei a entender o incômodo conceito da comparação. Quando me comparei a Audrey Hepburn, algo estava errado. Os meus traços não eram simétricos. Eu não era bonita. Minha aparência era, no máximo, afável. Argh. Conforme fui crescendo, ficou dolorosamente claro que a minha aparência sempre seria uma obra em andamento. Comecei a pensar em soluções no espelho retrovisor da nossa caminhonete. O lado direito do meu rosto era melhor do que o esquerdo. Tudo bem, nada mau. Se ficasse com a boca levemente aberta, parecia vulnerável. Vulnerável era bom. Aplicando esses novos métodos, eu ficava linda — bom, linda não, bonita. Não bonita de verdade, mas atraente, definitivamente atraente. Ao longo dos anos, descobri revistas de moda como *Mademoiselle* e *Vogue*. Elas me ensinaram a me concentrar no corpo, assim como no rosto. Comecei a me vestir numa versão moderna dos anos 1960. Usava minissaias com botas brancas, tubinhos brilhantes e até conjuntos balouçantes do tipo preparar, apontar, fogo. Pintava os olhos com delineador líquido preto, como Elizabeth Taylor em *Cleópatra*. Colava cílios postiços e eriçava o cabelo como se isso fosse compensar as falhas do meu rosto. Não sei por que pensei que alcançaria a perfeição — obviamente um absurdo —, mas continuava tentando.

Todas as minhas fracas tentativas de entrar no mundo da beleza nunca chegaram perto do encanto da comida. Eu era uma glutona enrustida, aguardando o futuro em que pudesse conseguir o que quisesse e MAIS. Esse futuro virou presente quando entrei para o elenco de *Hair*, pouco depois de me formar na Neighborhood Playhouse. Dá para imaginar como foi loucamente incomum me ver fofocando com Melba Moore sobre se era verdade que Janice dera à luz o filho sob o efeito de LSD no camarim de Gerry Ragni e Jim Rado certa noite depois do espetáculo. *Hair* oferecia opções demais. Eles deram ao elenco inteiro uma viagem gratuita a Fire Island, com montes de peiote. Quem tirasse a roupa numa apresentação recebia um bônus de 50 dólares por noite. Quando Lamont Washington, membro da tribo *Hair*, morreu num incêndio depois de adormecer com o cigarro aceso enquanto fumava na cama, a mensagem de paz e amor pareceu irrelevante e até hipócrita. Simplesmente havia lutas internas e uma quantidade excessiva de confusão jogadas sobre jovens talentosíssimos mas inexperientes, eu inclusive, que não tinham a vantagem de uma orientação psicológica.

Em vez de fazer amigos, recolhia-me à Tad's Steakhouse e me entregava ao jantar com bife a 1,29 dólar. O bom do Tad's era que eu podia comer quanto quisesse. Enquanto os meus colegas de elenco fumavam maconha, eu comia casquinhas de baunilha Carvel entre a matinê e a sessão da noite. Minha grande chance aconteceu quando Lynn Kellogg, que fazia o papel principal, saiu para filmar um episódio de *Missão impossível* e eu a cobri. Depois da primeira semana, Michael Butler, o produtor, ligou para me dizer que eu poderia ficar com o papel se emagrecesse. Com 1,68 metro, pesando 63 quilos e continuando a engordar, corri para o dr. Bishop. Por 50 dólares a injeção, ele me deu vitaminas — vitaminas rápidas. Mantive o tratamento por tempo suficiente para perder 5 quilos e receber o papel principal de Sheila, a estrela de "Good Morning Starshine". Com uma boa notícia dessas, aluguei uma quitinete em um prédio sem elevador na West 82 Street e consegui meu primeiro telefone.

O banheiro no fim do corredor

O quarto de Diane é difícil de descrever. É comprido e estreito. A cozinha minúscula é fechada por uma cortina de juta. Lá dentro tem uma banheira azul lascada e uma pia, um fogão para cozinhar e um armário de roupas. As paredes são cobertas de colagens. Há uma geladeira pequenina sozinha no canto, trabalhando muito porque precisa urgentemente ser degelada. O pior de tudo é que ela divide o banheiro no fim do corredor com mais três inquilinos. Ah, céus. Isso é preocupante; tanto abandono e desconforto por nada.

Quando a visita de mamãe e dos garotos acabou, já era: tinha poupado 150 dólares por semana e ganhado 5 quilos. E se Michael Butler fosse assistir ao espetáculo? E se visse que eu tinha engordado de novo? E se eu fosse demitida? Certa noite, depois de vários bifes no Tad's, ouvi Shelley Plimpton, membro da tribo, falar de uma conhecida que vomitava de propósito para ficar magra. Que nojento. Que horrível. Que interessante. Não me lembro da primeira vez que tentei vomitar. Lembro que tentei um dia, depois outro, para ver o efeito. De repente eu estava fazendo três refeições nada comuns por dia. O café da manhã levava uma hora; o almoço, duas; o jantar, três, o que somava prolongadas seis horas por dia passadas processando comida.

Era o brunch de domingo no Grossingers sete dias por semana. Era o café da manhã com uma dúzia de bolinhos de fubá com manteiga mergulhados em café Chock Full o'Nuts, três ovos fritos com bacon e panquecas, tudo isso engolido com quatro copos de achocolatado. Era almoço para viagem da Schrafft's, com três bifes amanteigados com uma capa de gordura salgada do lado, duas batatas e meia assadas com creme azedo e cebolinha, um milkshake maltado com torta de maçã e mais dois sundaes de chocolate com porção extra de castanhas. O jantar começava com um balde de frango frito do KFC, várias porções de batata frita com queijo e catchup e alguns pratos congelados. De sobremesa, amêndoas cobertas de chocolate com um litro de 7Up, meio quilo de pé de moleque See's Candies mandado de casa, M&Ms engolidos com suco de manga com gelo, um bolo Sara Lee de meio quilo e três tortas congeladas de creme de banana Marie Callender. Aprendi a vomitar tão depressa que nada disso tinha efeito. A princípio não havia problemas no vômito nem depois. Eu não precisava de ajuda para estimular o reflexo. Tinha tudo sob controle. Sem frescura, sem confusão.

Era sempre a mesma coisa: depois que a primeira garfada boa demais para ser verdade se transformava na terceira e na quarta, alguns ajustes eram necessários para recriar o sabor original. Quando não dava certo, o cardápio voltava para substitutos confiáveis como torradas de pão branco com manteiga e geleia de morango. Quando isso decaía, havia outra troca, e outra, e mais outra. Quanto mais eu comia, mais desencantada ficava com o resultado, mas isso não importava, porque o impacto das primeiras garfadas triunfava sobre todos os reveses.

A minha nova vida era muito trabalhosa. Pense em mim içando toda aquela comida em todos aqueles sacos de papel por uma escadaria até a escuridão do quarto na West 82 Street. Pense na geladeira minúscula cheia de gelo acumulado e nos armários amarelados abertos para receber uma série sempre diferente de bolos e enlatados. Pense em mim lançando o corpo em convulsões três vezes por dia com uma caixa de bicarbonato no chão ao lado do vaso sanitário. Era tão entorpecedor quanto compulsivo.

Depois de seis meses engolindo 20 mil calorias por dia, fiquei hipoglicêmica. Tinha azia, indigestão, menstruação irregular e pressão baixa. Era perseguida pela dor de garganta. Tudo isso criava uma série de atividades indesejadas: telefonemas para médicos e viagens à farmácia para comprar laxante Ex-Lax sem receita. O meu dentista, dr. Stanley Darrow, achou 26 cáries numa só consulta. Logo os meus dentes da frente tiveram de ser recapeados. Mais trabalho. Mais dor. Mas o pior eram os efeitos psicológicos. Fiquei cada vez mais isolada. Não pensava em amizades. Não admitia a vergonha. Estava ocupada ignorando a realidade. Tinha trabalho a fazer.

Woody Allen e eu nos conhecemos no outono de 1968 no Broadhurst Theatre, quando fui fazer os testes para *Sonhos de um sedutor*. Lemos o texto juntos. Ele era engraçado, mas não intimidador. Consegui o papel, ou, como Woody costumava dizer para implicar comigo, "Criei o papel de Linda Christie". *Sonhos de um sedutor* foi uma vitrine para o talento de Woody. Eu e meu marido, Dick Christie, interpretado por Tony Roberts, passamos a proteger Allan Felix, interpretado por Woody. Depois de largado pela mulher, o estimulamos a namorar. Sem que soubéssemos, ele também recebia ajuda de Humphrey Bogart, que lhe aparecia em tentativas fracassadas de sair com mulheres maravilhosas. Allan e Linda, ambos inseguros, se apaixonam.

Nos ensaios, me apaixonei por Allan, como no texto, mas também por Woody. Como não? Estava apaixonada por ele antes de conhecê-lo. Ele era Woody Allen. Toda a nossa família se juntava em torno da TV para vê-lo no programa de Johnny Carson. Ele era tão moderno, com os óculos grossos e ternos chiques. Mas foram os seus modos que me conquistaram: os gestos, as mãos, a tosse e os olhos baixos em autodepreciação enquanto fazia piadas como "Não consegui arranjar ninguém para passar o ano-novo, então fui para casa e pulei pelado num tonel de moedinhas de prata", ou "Ficar com uma mulher bonita é melhor do que tudo, menos a minha coleção de selos", coisas assim. Ele era ainda mais atraente na vida real. Tinha um corpo fantástico e era muito gracioso.

Como na peça, ficamos amigos. Eu era um bom público. Ria entre as piadas. Acho que ele gostava disso, embora sempre me lembrasse de que eu não reconheceria uma piada mesmo que ela batesse na minha cara. Mas eu conhecia comportamentos, e para mim o dele era sempre muito mais interessante do que as piadas. Woody se acostumou comigo. Não pôde evitar: ele adorava moças neuróticas.

Enquanto continuava tentando convencê-lo de que eu era mais do que uma coadjuvante pateta, muitas conversas nossas — até aquelas centradas no meu assunto favorito: eu — eram perturbadoras. Eu vivia sendo afastada por um compromisso que ofuscava a minha paixão por Woody Allen. Por exemplo, digamos que ele quisesse assistir a uma sessão de *A tristeza e a piedade* às três da tarde na esquina da Third Avenue com a 59 Street. Como eu poderia ir? Não teria tempo de descontar o cheque do pagamento e chegar à Woolworth's, na 86 Street, antes que fechasse, às sete da noite. Eu estava ficando sem caramelos Kraft, sem feijão enlatado e sem charutos de chiclete em sabores sortidos. Além disso, o cinema da 59 Street ficava longe demais para dar uma passadinha no Gristedes. Era uma vergonha que as exigências da bulimia superassem a força do meu desejo por Woody, mas superavam.

Superficialmente, tudo ia bem. Aos poucos Woody começou a me ver como mais do que uma colega. Nossa relação não era de vaivém, mas também não era exatamente um compromisso. Mesmo naquela época, Woody era a pessoa mais disciplinada, trabalhadora, dedicada, organizada e, ironicamente, alegre que já conheci. No dia a dia, estudava clarinete, trabalhava na peça, lia todas as obras de Tolstoi e escrevia piadas novas para apresentações no Caesars de Las Vegas ou em Reno, onde Frank Sinatra Jr. abria o espetáculo de sir Woody of Allen no Cal Neva Hotel, de temática medieval. Estava sempre ocupado e não exigia muito de mim. Mudei algumas coisas para o seu novo apartamento na cobertura, mas mantive a minha quitinete na 82. Quando foi invadida por ladrões, a polícia me aconselhou a colocar grades nas janelas. Não dei ouvidos. Que importância tinha isso? O apartamento existia para uma única coisa: implementar a minha rotina.

Especialistas

Há um século, as mulheres lutavam com problemas mentais como histeria e ansiedade, não com comer demais. Hoje, os especialistas em saúde mental acreditam que a bulimia está ligada à classe social, nível de renda, nível de instrução, profissão dos pais e personalidade introvertida, o que provoca alto nível de fobias, alcoolismo, transtornos de ansiedade e ataques de pânico. As bulímicas são diferentes das deprimidas porque têm mais probabilidade de serem gordas ou terem pais gordos. Parece que pais com expectativa elevada criam um clima que promove transtornos alimentares. A falta de afeição dos pais é uma das principais razões para os bulímicos se consolarem com comida.

Me poupem. Não suporto a facilidade com que os especialistas culpam os pais, principalmente as mães, pelos vícios alimentares das filhas desde a adolescência até se transformarem em velhas ranzinzas. Cortem essa. Sinto muito, mas a minha mãe foi afetuosa até demais. E, aliás, *ofuscada* é a palavra que eu usaria para descrever os efeitos de me entregar a um transtorno alimentar. Os fatos são os fatos, mas a razão para alguém se tornar bulímico é mais complexa do que culpar mães gordas, o que Dorothy não era.

Mamãe fez o máximo esforço, principalmente nos primeiros tempos, para apresentar uma visão de mundo alegre. Dava-me tudo o que eu queria — pelo menos, o máximo possível —, mas passar anos reprimindo tudo teve os seus efeitos. Antes de eu sair de casa, os ecos do seu silêncio eram óbvios. Eu devia ter uns 14 anos quando ouvi, atrás da porta fechada do quarto deles, mamãe e papai brigarem pela primeira vez. Corri para o quarto de Randy, onde ele estava enfiando debaixo da cama fotos da *Playboy*. Perguntei se escutara mamãe e papai berrando sobre divórcio. Ele escutara? Escutara? A resposta dele foi sair correndo, me deixando com os gritos não tão abafados assim. Será que esse incidente me deixou mais suscetível a ter um futuro com MAIS, muito MAIS? Acho que não. Mesmo que desde cedo mamãe tivesse tido o privilégio de participar das revelações no divã do analista, será que minha fome insaciável teria sido substituída por um método menos patológico de satisfazer as minhas necessidades? É difícil saber.

O dia 31 de outubro de 2009 seria o seu 88º aniversário. No Dia das Bruxas passado, fez seis semanas que ela morreu. Este ano se completam 409 dias e noites sem a minha mãe. Achei que o tempo deveria curar todas as feridas. Enquanto espero Dexter sair da natação no meu carro híbrido estacionado no alto do Santa Monica City College, que dá para o cemitério local, ainda consigo ver o rosto tristonho de Daphne Merkin hoje de manhã no Polo Lounge, sussurrando: "Diane, você não acha que elas voltam para nós? Você não acha que elas voltam, as nossas mães?" Daphne... eu gostaria. Gostaria que sim. Todas elas. Todas as mães.

Empacotando

Woody não fazia ideia do que eu aprontava na privacidade dos seus banheiros. Ele se maravilhava com o meu apetite extraordinário e dizia que eu "empacotava" direitinho. Sempre vigilante e sempre atenta, eu tomava cuidado para que ele nunca me flagrasse. Isso não significa que Woody não ligasse para os meus problemas. Ele sabia como eu era insegura. Deve ter sido chatíssimo ser alvo da minha constante necessidade de apoio e estímulo. Depois de encerrada a temporada de *Sonhos de um sedutor*, não consegui trabalho. Eu parecia perder todos os testes para Blythe Danner ou Jill Clayburgh, que não eram "lelés demais". Um ano se passou sem trabalho. Quando consegui um comercial para o desodorante Hour after Hour, no qual eu usava um moletom e mordia a orelha do meu marido, dizendo "Hour after Hour... ele não vai embora antes de o dia acabar", cheguei ao fundo do poço. A comilança era absurda. O que Woody pensaria se soubesse do meu segredo? Por que eu não conseguia trabalho? Eu não parava de pensar no que Lee Ann Fahey, outra candidata a atriz, dissera sobre "chegar lá" antes dos 25 anos. Eu tinha 25 anos. O que fazer? Não bastava ser a namorada de Woody, uma Ali MacGraw abatida. O que aconteceria? Devia desistir? Woody me sugeriu que eu consultasse uma analista chamada Felicia Lydia Landau.

De segunda a sexta-feira, eu subia a Quinta Avenida até o quarteirão entre a 94 e a Madison, entrava no elevador do prédio típico de tijolos vermelhos, apertava o botão do sexto andar, saía do elevador, percorria o corredor estreito e apertava a campainha do consultório da dra. Landau. Quando ela abria a porta, eu dizia "olá" e caía no divã. De costas, com o teto como meu horizonte, estava pronta para mapear a história da minha neurose. Impossível um par mais improvável: eu, primogênita de uma família de aparência radiante do sul da Califórnia, e ela, uma judia da Polônia que escapara às vésperas da invasão de Hitler.

Depois de outro ano de vômitos, desemprego intermitente e de aprender a conversar com o teto deitada em um divã, finalmente cuspi: "Enfio o dedo na garganta três vezes por dia e vomito. Estou vomitando há anos. Sou bulímica. Tá bom? Não tenho intenção de parar. Nunca. Não consigo. Mas o mais importante é: por que parar? Não quero. Entendeu? Não vou parar. É isso. Assunto encerrado. Nada do que você disser vai me convencer a mudar. Espero que isso fique claro. Está claro, dra. Landau? Certo? Certo! Tudo bem!"

Seis meses depois, parei. Certa manhã, fui até a geladeira e não abri um pote de dois litros de sorvete de chocolate. Não sei por quê. Mas sei de uma coisa: todas aquelas palavras desconjuntadas e meias frases, todas aquelas queixas, sentenças esquisitas dando forma a monólogos incompletos cuspidos para uma mulher de 65 anos que fumava um cigarro durante 50 minutos cinco vezes por semana fizeram diferença. Era a cura pela fala. A cura pela fala me deu um caminho para sair do vício; a maldita cura pela fala.

Segredos

Eu costumava pensar em mim como uma vítima atraente, um tipo de acidente doce e incompreendido. Ninguém me confundia com a gorda do espetáculo de horrores. Mas eu era. E dava certo. Tornei-me mestre nisso, e também uma fraude. Meu segredo, com todos os segredinhos que gerava, estimulou uma série de subterfúgios. Mentia para mim mesma e continuava mentindo. Nunca confessei a verdade da natureza predatória da bulimia. Mas cedi cinco anos da minha vida a uma fome voraz que tinha de ser satisfeita a qualquer custo. Vivi sob a sombra do isolamento numa prisão de segredos e mentiras criada por mim.

Numa cultura em que a confissão é um meio para melhorar de vida, falar a verdade em data tão avançada, além de suspeito, é um anticlímax. Gostaria de ter sido corajosa o bastante para contar a mamãe antes que ela se entrincheirasse na incerteza do mal de Alzheimer. Contei recentemente às minhas irmãs. Dorrie foi solidária e Robin lembrou que eu comia muitos hambúrgueres na época, mas nenhuma delas mostrou muita curiosidade. Quem liga, trinta anos depois? Ninguém, na verdade. A ideia de me tornar o número — qual? — 75 numa lista de bulímicas famosas é como sonhar em ser apenas mais uma. Por que me dar o trabalho? Acho que em parte porque, no mínimo, a confissão é uma admissão de culpa e, em parte, porque há um aspecto de humildade ao reconhecer a condição de ser apenas mais uma. Sei que "falar a verdade" não vai revelar a imagem lisonjeira que prefiro exibir com muito esforço ano após ano. Não espero solidariedade. Não espero comiseração. Não espero ser compreendida. O que espero é me libertar do fardo de esconder.

Talvez

O milagre de superar a bulimia é quase tão estranho quanto ser sua escrava. Não resta nada da minha antiga ânsia. No máximo, tenho uma desconfiança limítrofe por todo o processo de consumo. Não toquei em carne durante 25 anos. Não sou nem remotamente atraída pelo preparo da comida. Não sinto fome. Já passei por tudo isso e bastou. Quando era bulímica, equilibrar o tempo todo os extremos de impulsividade e controle era como representar. Depois que parei de vomitar, atuar — aquilo que escolhi fazer na vida — voltou à cena. Comecei a estudar com Marilyn Fried, que me ajudou a redescobrir o mundo da expressão de sentimentos. A minha dedicação ficou mais intensa do que quando eu era nova demais e fodida demais da cabeça para aproveitar a oportunidade que me deram na Neighborhood Playhouse.

Sandy Meisner costumava fazer pronunciamentos obscuros sobre como a nossa atuação melhora quando envelhecemos e temos mais experiência. Agora que estou com a idade que ele tinha quando reafirmava a necessidade de ser mais maduro para se tornar um ator totalmente realizado, agora que a vida ficou muito mais envolvente, embora insondável, é difícil acreditar que o conhecimento acumulado que estou disposta a distribuir não é o que sempre interessa às plateias. Acho que a vida sempre nos reserva desafios. Como a bulimia, atuar é um paradoxo. Ao contrário da bulimia, atuar é uma viagem muito louca em companhia de outros atores. Embora nem sempre seja o que se pensava, "viver verdadeiramente um determinado momento imaginário" é sempre uma grande aventura.

Hoje em dia, tento aprender a escutar com o desejo que antes reservava para a minha obsessão. A cura pela fala me salvou, é verdade, mas escutar pode me ajudar a fazer parte da comunidade. Talvez me tornar uma dentre muitos com algo tão simples quanto acrescentar o meu nome à lista de bulímicos — famosos, não muito famosos e sem fama alguma — me dê coragem para cruzar um patamar que possa me transformar no tipo de herói que sempre quis ser. Talvez. Qualquer coisa é melhor do que a solidão autoimposta que sofri em segredo.

Eis os nomes daquela longa, longa, longa, longa, longa lista de mulheres comuns: Carolyn Jennings, Stephanie Armstrong, Allison Kreiger Walsh, Kristen Moeller, Lori Henry, Margie Hodgin, Gail Schoenbach, Sharon Pikus e agora Diane Keaton Hall.

6
ESCALAR MORRO ACIMA OU ESCORREGAR MORRO ABAIXO

Sorria e mostre

Havia minha carreira. Havia Woody. Havia a dra. Landau. Havia o registro dos meus sonhos. Havia os meus diários estúpidos com a lista de citações marcando as preocupações. "Costumava me preocupar por ser assim. Não saber mais. Mas agora, agora não me preocupo mais." (Morador de Coney Island, 60 anos) "Por favor, fiquem separados um pouco mais juntos." (Michael Curtiz) "A gente vê alguém na rua e, essencialmente, o que notamos é o defeito." (Diane Arbus) "Queria ser muitas coisas além da grandeza. Era uma tarefa sem esperanças. Nunca consegui aprender a amar alguém de verdade; só a fazer o som." (Bilhete de um suicida) "Olhe, você não tem tanto tempo assim." (Walker Evans)

Em Nova York, comecei de novo a fazer colagens. Houve a série chamada "Sorria e mostre", com fotos de dentes podres com legendas como "Eu não sabia que dentes podiam ser tão interessantes", ou "Esse paciente de meia-idade se apresentou na clínica de cirurgia odontológica com o caso mais grave de língua negra pilosa já visto por nossa instituição", ou "Acredita-se que os dentes de Hutchinson sejam uma manifestação oral da sífilis congênita". Houve o caderno preto que chamei de "Notas de falecimento". Em cada página, eu cortava de uma revista a fotografia de alguém, apagava o rosto, carimbava "Notas de falecimento" em cima e colava embaixo um nome ao acaso. Caramba!! Finalmente, houve um dilúvio de caderninhos ilustrados com frases de livros antigos que comprei na feira de antiguidades da 26 Street. "Estou delirando." "Dói, dói, dói, dói, dói." "Quem sou?" "Todos vamos morrer." "O círculo vicioso da obesidade." "'Não', disse ela, mantendo-se firme. 'Não faça isso.'" O que posso dizer a não ser que isso tudo é verdade?

A maior parte das minhas realizações criativas não passava de artigos de cestaria, outra forma de seguro contra a recaída com as caixas de um quilo de pé de moleque. Acho que as minhas soluções artísticas para problemas psicológicos não eram iguais à colagem, aos diários e à fotografia de mamãe. Tive sorte de ser jovem e ter mais válvulas de escape para superar a minha luta ou pelo menos conviver com o que a dra. Landau chamava de "neurose de ansiedade". Na Costa Oeste, mamãe navegava sozinha contra o vento.

Todas as experiências culturais chegaram a mim por meio de Woody Allen, meu namorado. Ele me levou ao cinema para assistir a *Persona*, de Ingmar Bergman, e *O discreto charme da burguesia*, de Luis Buñuel. Na Madison Avenue, vimos pela vitrine a galeria de quadros expressionistas alemães de Serge Sabarsky. Fomos a pé ao Museu de Arte Moderna e vimos a exposição de Diane Arbus com curadoria de John Szarkowski. Tive aulas de desenho e serigrafia. Aprendi a revelar minhas fotografias. Com a dra. Landau, investiguei o Passado versus o Presente e o Presente por Causa do Passado. Ela me apresentou à "inveja do pênis" de Freud. As feministas afirmavam que isso rotulava as mulheres como homens fracassados. Passamos a discutir a inveja. Acontece que eu precisava investigar muito antes de conseguir entender muitas deficiências emocionais minhas.

Ainda ansiava por uma orientação materna e encontrei uma substituta ideal na dra. Landau. Ela não era uma ouvinte fascinada como mamãe. Não ficávamos na bancada da cozinha rindo juntas. Mas fez toda a diferença. Não havia mãos dadas quando ela tentava me ensinar, prestando atenção em silêncio à minha constante torrente de fala, que era inútil distorcer a fantasia em realidade.

Ela sabia que o mundo era povoado de OUTROS, não só Diane Hall, de Orange County. Era uma grande representante de todas as pessoas da minha vida. A meta era me ajudar a fazer as pazes com as minhas expectativas grandiosas. A teoria de Landau de que a realidade era mais empolgante do que as fantasias entrava por um ouvido e saía pelo outro. Escolher a liberdade de ser desinteressante nunca funcionou muito comigo. Por mais que tentasse, e ela tentou muito, também nunca achei um lar nos braços de um homem.

Finalmente me mudei da quitinete da 82 Street com a sua banheira na cozinha e achei um apartamento novo na esquina da 73 com a Third Avenue. Estar a quase 5 mil quilômetros de distância de mamãe me ajudou a negar toda a culpa que eu sentia por abandoná-la. Estava num novo negócio, o negócio de combater as feridas que eu mesma me causara com atividades que me mantivessem longe do banheiro no fim do corredor. Mas, mais do que tudo, havia a...

Minha carreira

Em 1971, me escalaram para o elenco da série *The F.B.I.*, de Efrem Zimbalist Jr. Eis o que me recordo: nada... a não ser que os produtores conferiram a minha ficha antes de me contratarem para terem certeza de que eu não era uma criminosa.

Também recebi um papel de atriz convidada no enorme sucesso *Mannix*, série de Mike Connors. Minha primeira cena no episódio chamado "A cor do homicídio" foi um monólogo de duas páginas. Como uma assassina armada, eu tinha de berrar desesperadamente em um armazém enorme sem ter para onde ir até que desistisse e confessasse. Apavorada a ponto de ficar apoplética, caí em lágrimas e pedi para sair. "Touch" Connors, como era chamado afetuosamente desde a época em que jogava basquete na UCLA com o treinador John Wooden, pediu que todos saíssem do set e ensaiou a cena comigo todas as vezes que precisei. Fiquei apaixonada por ele. Nem todo grande astro é gentil o suficiente para gastar seu tempo com uma jovem atriz assustada. Com 86 anos, Touch ainda está por aí com Mary Lou, sua noiva há mais de cinquenta anos.

Em 1972 veio a minha grande chance — ou assim pensei —, com o filme *Sonhos de um sedutor*. Susan Anspach, que estrelou *Cada um vive como quer* ao lado de Jack Nicholson, fez parte do elenco. Fiquei fascinada com os seus modos misteriosos até o dia em que ela veio me dizer para não sorrir tanto, porque isso criaria mais rugas.

Eis o que não consigo esquecer do primeiro *O poderoso chefão*: Dick Smith, o maquiador que ganhou o Oscar, e Al Pacino. Foi ideia de Dick Smith prender uma peruca loura de 5 quilos na minha cabeça, onde ela ficou durante o filme inteiro como uma tonelada de tijolos. Detestava aquela peruca quase tanto quanto o batom vermelho e os tailleurs engomados e de ombros largos da época, que Theadora van Runkle criou. Não entendia por que tinham me dado o papel de uma elegante mulher branca, anglo-saxã e protestante. Sei que teriam me demitido se não fosse pelo fato de a Paramount ter implorado a Francis Ford Coppola que se livrasse de Al antes de a produtora enlouquecer com a cena do assassinato do capitão McCluskey por Michael Corleone. De algum modo, consegui passar despercebida. Não teria feito tanta diferença assim se me substituíssem. Eu era apenas uma branca, anglo-saxã e protestante de peruca loura no mundo do Poderoso Chefão.

Conheci Al Pacino no bar O'Neal's, perto do Lincoln Center. Ele fora nomeado o Novo Astro Mais Promissor da Broadway pela peça *Does a Tiger Wear a Necktie?* (Será que os tigres usam gravata?), aclamada pela crítica. Disseram que tínhamos de nos conhecer antes do teste para *O poderoso chefão*. Eu estava nervosa. A primeira coisa que notei em Al foi o nariz. Era comprido como um pepino. Depois, notei o jeito dinâmico como ele se movia. Também parecia nervoso. Não me lembro de ter falado do roteiro. Lembro-me daquele nariz romano assassino no meio de um rosto que continua extraordinário. Era uma pena ele não estar disponível, mas eu também não estava. Mesmo assim, nos vinte anos seguintes Al Pacino seria o meu único e recorrente "notável inatingível".

Em 1973, Woody Allen me dirigiu pela primeira vez. Era *O dorminhoco*, e foi moleza até o dia em que Woody decidiu que não estava satisfeito com uma cena que íamos filmar. Entrou no trailer e saiu meia hora depois com um texto novo. O personagem dele se tornara Blanche DuBois, de *Um bonde chamado desejo*, e o meu era o Stanley Kowalski de Marlon Brando. Marlon Brando? Além de ser apresentada ao sr. Brando na leitura de *O poderoso chefão*, o único encontro que tivemos foi quando ele passou por mim no set e disse: "Belos peitos." Isso não ia ajudar. Então me lembrei de *Sindicato de ladrões* e da fala "Eu podia ser um lutador. Eu podia ser alguém, em vez de um bundão, que é o que eu sou." Repeti isso várias vezes antes de começar a decorar o texto. No final, Woody e eu fizemos a nossa paródia do *Bonde*. Mas a lembrança do "Eu podia ser alguém em vez de um bundão, que é o que eu sou", de Terry Malloy, foi o que restou.

Então houve *O poderoso chefão II*

Eu estava apavorada enquanto esperava que Francis e Al ensaiassem a cena a que hoje me refiro como "Foi um aborto". Disse a mim mesma que não ligava para *O poderoso chefão* nem para Al Pacino, mas ligava. Principalmente para Al Pacino. Ele estava saindo com Tuesday Weld. Jill Clayburgh já era, ou quase, como muitas outras. A carreira dele decolara: ele se tornara um personagem simbólico, gigantesco, em outdoors pela cidade inteira. Era Michael Corleone. Era Serpico. Na época dos ensaios, não nos falávamos, ou melhor, ele não falava comigo. Talvez eu tenha dito algo que feriu os seus sentimentos, não sei. Seja como for, antes da nossa suposta briga consegui cair nas suas graças ao lhe ensinar a dirigir no estacionamento do Cal Neva Hotel, em Lake Tahoe.

Al não se sentia à vontade com o lugar dos freios, por mais que eu lhe mostrasse, e não conseguia entender a diferença entre as setas para a direita e para a esquerda. Pior ainda, e muito mais perigoso, ele deixava o pé no acelerador, por mais que eu lhe dissesse para pisar no freio se quisesses parar. Dávamos muita risada, mas o aprendizado não evoluía. De certa forma, Al me lembrava Randy: era tão sensível que ficava insensível ao ambiente. Sei que parece uma descrição esquisita do Poderoso Chefão, mas às vezes eu seria capaz de jurar que Al fora criado por lobos. Havia coisas normais que ele não conhecia, como a ideia de fazer uma refeição na companhia dos outros. Ficava mais à vontade comendo sozinho, em pé. Não entendia mesas nem as conversas que aconteciam em torno delas.

Ensaiamos a cena como se estivesse tudo bem. Quando Francis resolveu filmar, cada tomada parecia totalmente inesperada, principalmente o tapa de Michael Corleone. Foi uma das coisas mais cativantes em *O poderoso chefão*: a aparência de formalidade que mascarava a violência nua que explodia cena após cena. Recentemente, assisti ao filme mais uma vez e me apaixonei por Al de novo. Tudo de novo, o pacote inteiro. Sabe o que eu disse a mim mesma? Que tinha sido melhor que ele tivesse sido criado por lobos. Que tinha sido melhor que não soubesse dirigir. Que tinha sido melhor que não me amasse e ficasse furioso sem explicação. Tudo isso valeu a pena só para que eu estivesse naquela cena com ele, só para sentir o rosto dele contra o meu. Eu era Kay, um papel com que nunca criei uma conexão, mas que me deu o pouco que conheço de Al Pacino. Para mim, as três sequências de *O poderoso chefão* trataram de uma única coisa: Al. Simples assim. E quanto ao papel de Kay? O que o resumiu? A imagem de uma mulher em pé no corredor esperando permissão para ser recebida pelo marido.

Registro no diário — Dick Smith, 1974

É cedo. Me puseram no quarto 404 do Sheraton, no centro de Los Angeles, com vista para o parque MacArthur. Gosto do quarto. Tem janelas salientes. Lá embaixo, vejo gente ir e vir; Francis na limusine, Dean Tavoularis no Mercedes. A poucos quarteirões daqui 24 pessoas morreram num incêndio na sexta-feira passada.

Estou nervosa com a cena. Francis logo vai aparecer. Estou apavorada. Dick Smith está com o pincel de maquiagem perto do meu rosto. Sei que tenho de parar de escrever. Ele insiste que os atores têm de ficar quietos na cadeira de maquiagem. Será que ele era assim com Marlon Brando?

Sinto o cheiro da laranja que seu assistente está comendo. Vejo o vapor da água fervendo na panela.

Dick Smith, 2011

Belmont Village, uma casa de repouso em Burbank, é o lar de senhoras que jantam às cinco e meia, de pelo menos uma dúzia de heróis da Segunda Guerra Mundial, de alguns jovens de 60 e poucos anos, de uma série de idosos e idosas batalhadores de 80 e tantos e agora do artista, poeta e meu irmão John Randolph Hall. Na porta do apartamento de um quarto de Randy há uma placa: Favor não entrar. Estou aprendendo a pensar. E está mesmo. Não pense que não está.

Todo sábado, Randy e eu andamos até o Foster's Freeze para tomar sorvete de casquinha de baunilha. E todo sábado vemos Dick Smith sentado numa das cadeiras enfileiradas no fundo do saguão. Dick Smith, o maquiador que ganhou o Oscar, também mora em Belmont Village. Na semana passada, o gorro de Randy estava puxado para baixo na cabeça. O meu, com abas, chegava ao aro dos meus óculos. Quando entramos no elevador, Dick Smith entrou também. Eu sabia que ele não gostava de chapéus, mas quando disse "Tire esse chapéu", eu respondi "Obrigada, Dick, mas vou ficar com ele". Foi aí que ele estendeu a mão e arrancou o chapéu da cabeça de Randy.

Dick nunca gostou de chapéus. É difícil entender. Mas também é difícil entender por que Gordon Willis, câmera dos três *O poderoso chefão*, detestava maquiadores como Dick Smith. Não se engane: Dick Smith também detestava Gordon Willis. Pode ser que Randy e eu, escondidos debaixo da segurança dos nossos chapéus, tenhamos trazido de volta o seu ressentimento por Gordon Willis, ou mesmo por Marlon Brando, o piadista. Talvez a maquiagem protética e premiada de Dick Smith tenha sido arruinada vezes em excesso pelas palhaçadas do sr. Brando ou pelo chapéu Fedora cinzento que ele usava quando Don Vito Corleone morreu no seu canteiro de tomates.

Só sei que Dick Smith está de volta e ainda detesta chapéus. Marlon Brando também está de volta. Nove anos atrás, eu descia um corredor no Centro Médico da UCLA e o vi arrastar os pés na minha direção, apoiado num companheiro. Dessa vez não houve "Belos peitos". Ele me olhou com o rosto inexpressivo. Dick Smith, nos primeiros estágios do mal de Alzheimer, olha para mim toda semana. O que vê? Uma mulher inadequada com um homem igualmente inadequado andando pelo saguão da sua casa, usando chapéu? Sei o que vejo: um lar habitado por uma série de indivíduos únicos que, com toda a probabilidade, logo farão parte do que Duke chama de "mar de cruzes brancas".

A última noite de Boris Grushenko

Durante a filmagem de *A última noite de Boris Grushenko*, Woody me escreveu. Eu era a sua tontinha carinhosa. Ele era a minha "Coisa Branca". Embora o corpo dele estivesse em forma, ele o tratava como se fosse um estranho sortimento de apêndices desincorporados. Seus pés nunca tocavam o chão, e ele estava sempre aos cuidados de um médico ou outro. Éramos um casal e tanto, um mais misterioso do que o outro. Ambos usávamos chapéu em público, e ele sempre segurava a minha mão, ou melhor, agarrava-a e não a soltava. As pessoas deviam ser evitadas. Eu o mantinha pregado como uma cruz entre uma "Coisa Branca" e a barata que a gente não consegue matar. Tínhamos o mesmo amor por torturar um ao outro com os nossos defeitos. Ele sabia lançar insultos, mas eu também. Vicejávamos ao menosprezar o outro. A sua percepção do meu caráter era precisa e — dá! — hilariante. Esse laço continua a ser o núcleo da nossa amizade e, para mim, do nosso amor.

Saudações, Minhoca.
Temos bastante tempo para ensaiar, mas não tanto quanto em Los Angeles. Mas ainda acho que *Boris Grushenko* será mais fácil do que o *Dorminhoco* porque não há muitas... quedas e derramamentos e façanhas com água... Os nossos diálogos de-

vem ser ríspidos e animados... mas trataremos disso... então, catucha... falo com você em breve.

Também terminei o primeiro rascunho de duas peças para o *New Yorker*. Ei! O meu livro — *Cuca fundida* — é um sucesso na França. Vai entender... Você continua uma flor — delicada demais para o duro mundo de feiura & Dorrie é uma flor & sua mãe é uma flor & seu pai é um vegetal & Randy é uma flor & Robin é uma gata. E eu sou uma escova de dentes. Eu te ligo.

Woody

Saudações, Minhoca.

Estou jogando fora umas meias velhas da minha mala para abrir espaço para as sementes de girassol de alguma idiota. Adivinhe quem. Você, minha cara, é a minha cruz.

Então estão todos dizendo que sou um gênio, mas você sabe a verdade, sua cabecinha de ervilha. Tem certeza de que não estão me chamando de "Coisa Branca"? "E ele troca a roupa de baixo para dormir." Chamam isso de gênio? Sou torturado pelas ideias mais inacreditáveis de sexualidade que giram em torno de você e um grande sutiã tamanho G que fala russo.

Do humorista genial e bom camarada,
Woody

Cabeça de lâmpada, tontinha...

Decidi permitir que a sua família me deixe rico! Rico, entendeu? Eles são um material maravilhoso para um filme. Um filme bem sério, embora uma irmã seja boba e palhaça (acho que você sabe qual, patinha!). Não lhe mandei uma carta grande porque você logo virá a Paris. Será que as suas observações sobre a minha família são tão esquisitas quanto as minhas sobre a sua? Você tem ideias sobre o meu pai & mãe? Posso imaginar. A cega vendo os cegos. Noite passada tive um sonho "terno" sobre mim & minha mãe. O primeiro em anos. Sabe por quê? Chorei no sonho & comi a roupa suja. Não... só brincando... Mas sério...

Com amor do sensacional Mister A, um homem de saudável humor.

Mamãe e a descida ladeira abaixo, 1975

Estou sentada na sala de TV com o robe azul debruado de branco e com bobes quentes no cabelo para ir aceitável ao meu emprego de uma tarde por semana. Por que sou uma conformista compulsiva? Por que sempre uso uma echarpe no pescoço? Por que sempre sempre uso laquê num penteado controlado? Por que os meus sapatos sempre combinam com a calça? Por que sempre mostro o sorriso duro e falso para os passantes? Por que faço isso? Não sei. Sinto que estou sob uma grande opressão enquanto tomo o último gole de café e dou o último trago no cigarro. Não fumo. Por que faço isso?

Ontem à noite foi o começo de um silêncio contínuo, esquisito e permanente. Droga, tenho essas ondas de insegurança. Não sou ninguém para ninguém. Os outros me olham e veem uma mulher de meia-idade descendo ladeira abaixo. Os 55 se aproximam. O meu cérebro está se diluindo. Se tem uma coisa que não quero perder é a capacidade de pensar. Sinto-me velha e intolerante. É como se eu trancasse o mundo do lado de fora. Não gosto disso. Eu realmente não devia beber tanto.

Tudo começou no domingo de Páscoa. Eu e Jack fomos à casa de Mary ajudá-la a enfrentar o sofrimento do imposto de renda, que ela tem se recusado a pagar. Como era de se esperar, ela abriu a porta e começou a falar do Maldito Governo. Jack precisou de horas de dor e angústia enquanto Mary não saía de cima dele, justificando a sua recusa em apresentar o formulário de imposto da Califórnia, embora já tivesse recebido vários avisos sobre problemas anteriores. Jack avisou diversas vezes que ela estava brincando com fogo. Mary não quis escutar. "Que venham atrás de mim. Não me importo. Basta me fingir de burra. É o que vou fazer. Não tenho medo." Jack quase perdeu a cabeça. "Caramba, mãe, deixe que eu cuido disso. Estou cansado e não quero saber de mais bobagens."

Levei uma carne assada, mas ela só fez se queixar disso também. Iowa é o único lugar que vende carne macia. Quanto à comida de Los Angeles, esque-

ça. Só a comida de restaurante tem algum sabor. Depois começou a falar de Randy e dos seus poemas. "Afinal de contas, o que significam os poemas dele? Onde já se viu alguém escrever sobre aipo? Os poemas dele não são como versinhos de amor fáceis de entender. Não sei do que ele está falando. Não entendo." Então, como se quisesse me torturar, continuou: "O que Robin faz exatamente além de cuidar de gente moribunda?" E "Dorrie gosta mesmo daquele tal de Peter? De que país ele é mesmo?" E "E Diane, voltando para Nova York antes da Páscoa? Ela não gosta de estar com a família? Aposto que detesta voar, não é? Um toque de Jack aparecendo aí. Tudo bem, o mundo é mesmo estranho." E... E... E. Tudo o que pensei foi: o que aconteceu? Costumávamos fazer coisas em família na Páscoa. Eu fazia roupas novas para todas as crianças. Íamos à igreja. Eu cozinhava. Ficávamos todos juntos, Dorrie, Randy, Robin e Diane... todos nós juntos. Agora tantas coisas mudaram... Quando penso nos meus quatro filhos, lembro-me de cada corpinho quente que significava para mim algo que nunca consegui pôr em palavras, nunca.

Quando chegamos em casa, Dorrie ligou para dizer que não vinha. Tentei ler, mas não conseguia tirar Dorrie da cabeça. Por que ela não vem ME ver? Tentei apagar essas ideias. Comecei a pensar em coisas que queria fazer, mas racionalizei que não devia. Fiquei pensando que, se sou tão miseravelmente desajustada a esta vida, a minha ausência só seria sentida por pouco tempo. E, de qualquer modo, a minha responsabilidade pela família acabou. Não pedem mais os meus conselhos. Agora é como se eles é que tivessem que se responsabilizar por mim. Não procuram a minha companhia. Tudo o que deixei acontecer também trouxe essa horrível falta de confiança. Estou intimidada. Não tenho ninguém a quem contar as minhas preocupações, NINGUÉM. Deixei-me chegar a um estado tristíssimo, não só triste como estagnado. Tento conversar com Jack mas não consigo. Ele não liga. Ele não quer ESCUTAR.

Tenho o desejo secreto de ir embora sozinha e fazer o que quero. Por que não? Seria melhor do que ir de carro com Jack para o leilão de execução hipotecária, como fiz na semana passada. O rádio não parava de berrar a notícia horrível de Idi Amin executando dissidentes em Uganda. Perguntei a Jack como mudar a estação no rádio AM e ele ficava apontando o botão. "No dial, Dorothy, no DIAL." "Não grite comigo!", reclamei. "NÃO estou gritando com você." Depois, silêncio.

Passamos pelo South Coast Plaza Shopping Mall, onde estão construindo uma nova loja I. Magnin's ao lado da Bullock's. Estávamos calados ao passar por Long Beach, por Downey, pela City of Commerce e até por Torrance. Notei um caminhão virado quando chegamos à saída da Magnolia Avenue. Nem vi direito, porque estava morrendo de raiva e só conseguia pensar que não consigo mais viver de acordo com a lista de regras de Jack. Estou cansada de ser sufocada por toda a falação sobre imóveis e impostos e como comprar e Dinheiro, Dinheiro, Dinheiro. Passamos por uma placa do Motel 6, por uma igreja luterana, por um templo judeu, por uma loja de carros usados onde vi Toyotas, caminhonetes Ford Torino, Chevy Vegas, Pintos e Datsuns, e ainda estávamos calados. Passamos por um homem no assento do motorista eriçando o cabelo para ficar em pé. Um avião pousou no Aeroporto Internacional de Los Angeles. Fazia um calorão. O leilão começou às dez. Eu queria ir embora.

Criei esta solidão. Estou me afundando na pior depressão de todas. Sempre tentei esconder os meus sentimentos. As coisas, mesmo as pequenas, parecem afrouxar a minha pegada frágil no cabo da positividade. Sucumbo completamente ao lado sombrio. Antes, lutava com todas as minhas forças para impedir esses ataques indesejados. Fingi muito. Dizia a mim mesma: "Não estou deprimida, não estou — não estou." Ficava encobrindo, evitando, negando, tudo para parecer "normal". Quando as crianças ficavam sozinhas comigo, eu me sentia atenta, incluída, interessada e calorosa. Quando Jack voltava do trabalho, começava o fingimento — atos e palavras falsos para fingir um clima calmo e sereno. Alguém que não consigo lembrar disse: "Ninguém dá ataques ou sequer ergue a voz na sua casa." Uma baita acusação, mas na época achei que era a conquista de uma boa mãe.

E finalmente...

Isso vai ser estranho, porque vou ser sincera. Com sincera, quero dizer que não deixarei de fora os detalhes, como costumo fazer. Estou sentada diante da lareira — o fogo arde, queimando uma das nossas cadeiras de jantar. Estou um pouco trêmula, mas não perdida, frustrada, esquisita ou incoerente. A cadeira já queimou quase toda. Não me importo. Ontem à noite todas as minhas fotos emolduradas foram atiradas para longe. Há cacos de vidro por toda parte. As flores que Diane mandou estão pelo chão. A mesa está com uma marca grande. Tenho hematomas vermelhos no rosto. Há marcas azuis e pretas nos meus braços e pernas. Aonde diabos ESTAMOS INDO?

Não consigo desabafar como Jack. Essa é a chave do nosso descompasso. A minha raiva sai num comportamento frio e insuportável que o corrói até que ele explode. Não sei por que treino constantemente para desafiar Jack. É muito descontrole. Ele diz que a salada do Coco's é boa. Fico calada, porque ele não completou com "Mas não tão boa quanto a sua". Ele pergunta se aparei o arbusto no jardim e respondo: "Por que quer saber?" Ele pergunta onde quero comer e respondo: "Não sei." Ele diz: "Que tal o Dillmans?" Respondo: "Sempre vamos aonde você quer." Ele diz: "Vai passar um programa na TV que parece bom." Retruco: "Li que não é tão bom assim." Ele diz: "O que temos para o jantar?" Respondo: "Você vai gostar." Ele retruca: "Resposta típica de Dorothy." Aí fico com raiva a noite toda. Não sei quantas vezes disse a mim mesma que ninguém pensa de verdade no meu bem-estar, só eu. Cuidar de mim está nas MINHAS mãos.

Jack me deixou um bilhete: "Estou louco para você me deixar." Liguei e lhe disse que queria, assim que ele descobrisse como. QUE MERDA. Estou zangada. Sinto-me totalmente incompreendida. Sei que a situação nunca vai melhorar. Quando penso em Jack, algo toma conta de mim. NÃO quero me queixar. NÃO VOU ME QUEIXAR — mas QUERO algo melhor. É meu direito e, de um jeito engraçado, minha responsabilidade. Preciso de estímulo. Depois de uma vida trabalhando e planejando para a família... preciso de outros. A minha cabeça fica perdida demais quando fico sozinha em casa o dia inteiro, todos os dias. Depois de ontem à noite, achei que preferiria me matar a passar pela tortura de perder a sanidade.

De Diane

Mãe, o cérebro alimentou você com uma sobrecarga de dados negativos, aos quais você se agarrou a vida inteira. Por que não consegue parar de se agredir e agredir quem está por perto — ou seja, papai? Deve ter sido difícil levar em consideração como foi para ele vir de um lar sem pai, meio maluco, em que só o dinheiro importava, com Mary Alice Hall como mãe e tudo mais. O efeito dessa criação não fez do papai um cara do tipo tranquilo e liberal. Não pense que não me lembro de quando ele chegava em casa e de como isso perturbava a mágica que criávamos com um tipo de realidade temida. Papai era o inimigo que tínhamos por perto. Não era só você, éramos todos nós.

Como destinatário de qualquer tipo de validação pública que se pudesse colher no ramo da engenharia civil em Orange County, papai foi bem-sucedido. Você seguiu um caminho diferente. Você lia Virginia Woolf, que se matou afogada num rio, e Anne Sexton, que se trancou no carro e ligou o motor. Você tinha o gosto do poeta pela linguagem, um rosto bonito e uma quantidade irresistivelmente cativante e quase desumana de encanto, mas esses dons não a sustentaram. Quando 1975 chegou, o seu melhor amigo — o seu diário — se tornou a única válvula de escape. O nosso grupinho de cinco praticamente se dissolvera. Você escrevia a sua história, compreendo, mas, mãe, tinha de ser tão angustiante? Quando as coisas melhorariam? Quando os pensamentos positivos escritos em letra cursiva reapareceriam?

Se eu lhe dissesse quanto amava o som da sua risada, você teria mais orgulho de ser quem era? Se, na época, eu a fizesse entender como me orgulhava de ser filha de uma ex-miss Los Angeles "muito, muito especial", isso faria diferença? Se soubesse como corri da Willard Junior High School para casa no dia em que David Garland enfiou o dedo no meu sutiã com enchimento e riu de mim, você finalmente admitiria que era insubstituível? Se eu lhe lembrasse o prazer que me dava ficar junto à bancada da cozinha e ver você fazer o lanchinho do meio da tarde com queijo, biscoitos e pepinos em conserva para acompanhar, isso mudaria alguma coisa?

Lembra quando passeávamos pelo centro de Santa Ana nas noites de quarta-feira depois que a loja de departamentos Bullock's fechava? Lembra que eu ficava no banco do carona verificando possíveis "achados"? Lembra que eu fugia do carro e remexia as latas de lixo para ver se havia tesouros a encontrar? Era tão divertido para você quanto para mim? Você se empolgava ao ver se a barra estava limpa antes de eu enfiar na picape aquela prateleira de banheiro superlegal? Achamos que era perfeita, lembra? Ah, mas você também era. Você era o achado perfeito. Havia coisa mais divertida, mãe, do que voltar para casa na nossa caminhonete Buick assim que nos mudamos para o subúrbio, só nós, transformando uma tarde comum em algo extraordinário? Lembra quando me falou da nova loja em La Mirada chamada Ohrbach's, onde poderíamos comprar roupas de marca por um quarto do preço da Bullock's? Lembra quando fiquei arrasada por não ter sido convidada para entrar na irmandade Zeta Tee, a segunda melhor da Santa Ana High School ainda que Leslie Morgan tivesse sido chamada? Você me disse para ter paciência. A Zeta Tee poderia esperar. Além disso, as garotas eram meio ordinárias, não eram? E a mais "bacana de todas", que engravidou? Então, de repente, eu escutava: "Meu Deus, Diane, olhe. Diane, você tem que ver isso", ou "Di-annie, dá uma olhada aqui". Eu olhava e via um menino comum passando de bicicleta pela Me-N-Ed's Pizza, na esquina da McFadden com a Bristol. Não era nada, mas era alguma coisa. Era apenas um menino comum passando, mas de algum modo tinha sido inesquecível e me afastara de tragédias prementes, como não ser aceita na Zeta Tee.

Você já se deu um tapinha nas costas pelo seu maior dom, que era ser quem você era? Sinto muito que as pequenas recompensas não tenham sido suficientes. Entendo expectativas grandiosas. Ah, mãe, mãe, você foi uma garota legal de tantos jeitos... Eu gostaria de poder fazer o desapontamento pelos seus anseios não cumpridos sumir magicamente com a lembrança das nossas aventuras noturnas de quarta-feira, agora perdidas no tempo.

Todos aqueles escritos em todos aqueles diários pioraram a situação? Tornaram o seu isolamento mais evidente? Ah, se pudéssemos reeditar a vida e fazer algumas escolhas diferentes, não é, mãe? Onde isso nos levaria? Agora estou sozinha, criando ilusões a partir de uma lembrança que também é sua. Você aprovaria as minhas escolhas? Estou deturpando quem você era? Nunca saberei. Só posso esperar que tenha me perdoado por revelar os seus demônios, mas, em minha defesa, você os escreveu lindamente. Gostaria que eu dividisse isso, não é? Espero que sim. Queria que não fosse tarde demais para voltar e ver como você se sentiria.

Prioridades da mente — abril de 1975

Dia 1. Estou cheia de energia. Dia 2. Estou cheia de motivação. Dia 3. Estou cheia de impulso pessoal. Dia 4. Estou cheia de crescimento espiritual. Dia 5. Estou num plano superior. Trabalho por isso. Dia 6. Jogo fora do meu sistema o indesejável. Dia 7. Atingi um nível espiritual lindo e ALTO. Dia 8. Gosto de MIM. Dia 9. Faço coisas importantes; penso logicamente; mexo-me com graça e leveza. Dia 10. Eu me amo; sou bonita por dentro e por fora. Dia 11. Não me sinto sufocada quando Jack está por perto. Dia 12. Ainda consigo manter calma e beleza pessoal. Dia 13. Demonstro amor e me sinto estável. Dia 14. Sou maior. Dia 15. Estou disposta a receber comentários dos outros e percebo que não conheço as suas intenções nem o significado real delas. Dia 16. Sou capaz de me recompor mentalmente. Dia 17. Sou positiva. Dia 18. Contribuo para evidenciar o melhor das pessoas que estão perto de mim. Dia 19. Diane, Randy, Robin e Dorrie estão todos sob as minhas ondas mentais de pensamento. Dia 20. Jack também está na mesma onda. Dia 21. Valorizo os meus relâmpagos de pensamento criativo. Dia 22. Desalojo por completo os pensamentos negativos e reajo aos acontecimentos apropriadamente. Dia 23. Orgulho-me do meu ser espiritual e do crescimento que tenho nessa área. Dia 24. Acredito que a minha espiritualidade alivia a dureza da realidade. Dia 25. Estou magra, 61 quilos. Dia 26. Estou passando pela confusão da meia-idade e conseguindo sair. Dia 27. Estou atenta à necessidade dos outros. Dia 28. Ganho conhecimento constantemente. Dia 29. Sou beneficiária de tudo com que me cerco. Dia 30. Enriqueço o meu ambiente de todas as maneiras que conheço. Dia 31. Desenvolvo a minha mente e a uso na busca constante de conhecimento.

Dias da semana

Domingo, 2 — SEJA SAUDÁVEL
Segunda-feira, 3 — EMAGREÇA
Terça-feira, 4 — VENDA A CASA DE COLLINS ISLAND
Quarta-feira, 5 — MUDE-SE PARA UM BOM LUGAR

Quinta-feira, 6 — FAÇA NOVOS AMIGOS
Sexta-feira, 7 — CULTIVE OS ANTIGOS
Sábado, 8 — VIAJE
Domingo, 9 — CRESÇA MENTALMENTE — EXPANDA-SE
Segunda-feira, 10 — DÊ MAIS ATENÇÃO A...
Terça-feira, 11 — COZINHE
Quarta-feira, 12 — PREOCUPE-SE MENOS
Quinta-feira, 13 — CONSIGO MESMA
Sexta-feira, 14 — SEJA MAIS LEVE COM TUDO
Sábado, 15 — RIA MUITO
Domingo, 16 — FALE MAIS

Dorothyismos

Depois de esscorregar ladeira abaixo e viver sob a influência do "poder do pensamento positivo" de Jack Hall, Dorothy criou a sua própria listagem de alegres lugares-comuns para combater a depressão. A série detalhada de frases edificantes e estímulos utópicos tinha uma função: fazê-la sentir-se melhor. Esse ano seria diferente. Foi o ano dos "Dias da semana" e do "Por que sou grata" de Dorothy. Listar máximas como se fossem desejos que se realizariam era como rezar para um Deus benevolente que estimulava a repetição como meio de chegar a um fim — um fim alegre. Mamãe organizava as informações e registrava as mudanças classificando os seus escritos cronologicamente ou os agrupando por temas. Não recorria ao desordenado nem à miscelânea. Todos os pensamentos dignos de serem incluídos eram reunidos com algum critério em mente.

Ela não bancava a Poliana nem fazia referência a ninguém em sua montanha de escritos. Desconfio que ela nos protegia do seu "negócio de cura" porque no fundo sabia que era melhor não examinar os remédios de perto. Por exemplo, depois de escrever "Enriqueço o meu ambiente de todas as maneiras que conheço", mamãe evitava analisar essa afirmação. Por que analisaria? Era inteligente. Sabia que era uma crítica feroz. Sabia que ficaria desapontada. A lista de chavões dela cresceu cada vez mais até chegar ao topo da maior de todas, a "Lista Esquecida". Assim que esquecia uma ideia, mamãe estava livre para redescobri-la como se fosse o primeiro "eu soumismo" do primeiro dia da primeira semana do primeiro mês do ano de 1975.

Atoladas nos mesmos dilemas, mamãe e eu tínhamos o mesmo medo do fracasso, a mesma preocupação com o que os outros pensavam, as mesmas comparações degradantes e a mesma baixa autoestima. De certo modo, os clichês de Dorothy eram uma cópia mais saudável dos meus vômitos. Depois que ela "fazia as necessidades", seu sistema se purgava e, como eu, ela se sentia melhor até precisar de uma nova resolução para ajudá-la a passar por mais um dia. Quando pequena, mamãe entendeu o que fazer depois de ver a amiga Jean Cutler escrever cem vezes no quadro-negro "Não vou colar chiclete debaixo da carteira". Dorothy guardou os seus cem "Terei mais autoconfiança" para quando mais precisou — depois, muito depois.

Enumerar o que realizava ou — "ora bolas!" — como poderia apreciar a si mesma ao menos uma vez a ajudava, para variar, a aguentar o tranco. Só me pergunto se seria diferente com uma plateia. Como sua única companhia, mamãe estava sempre na função de ser sua melhor amiga. É verdade que os fingimentos dela lhe davam uma trégua muito necessária — ajudavam a dourar a pílula —, mas não a forçavam a ir além. Dorothy, a boa moça, a boa mãe, mas nem sempre a boa esposa, não tinha nada a mostrar no papel que aceitara e escolheu o isolamento autoimposto. Houve o dia em que o caminhão chegou com a mobília. O dia em que se livrou do velho sofá em troca das novas namoradeiras de linho da loja Pottery Barn. O dia em que plantou gerânios no lado de fora da janela panorâmica. E havia todos aqueles lemas bem-intencionados no papel. Era isso. E só. Nada mais, e ninguém com quem dividir, a não ser Jack.

O outro lado da mesma moeda

Mamãe fez a sua grande escolha cedo. Casou-se. Eu fiz a minha tarde. Adotei. Com 54 anos, Dorothy foi jogada para escanteio com mais 32 anos de vida a fitá-la cara a cara. Eu, aos 65 anos, não fui jogada para escanteio e não estou sozinha. Com uma ocupação nova e muito exigente — ser mãe —, e uma família extensa, vivo ocupada. Onze anos mais velha do que Dorothy quando ela redigiu em silêncio o seu desfile de frases de cura, corro de um lado para outro como um peru em véspera de Natal, mas gosto. Adoro. É difícil imaginar a vida sem os problemas de Dexter, com seus telefonemas sempre demorados, e as piadas pré-adolescentes de Duke sobre cocô, que ele insiste em contar todo dia quando o pego na natação. Cantamos juntos a nova música de Katy Perry, "Firework". Acho engraçadíssimo quando ele bate no meu braço toda vez que avista um fusca. Dexter e Duke mudaram a minha vida. Todos dizem que eles têm sorte por me ter. Eu não. A verdade não é essa. A verdade é: eu é que sou sortuda. Eles me salvaram, e sei do quê: de mim mesma. Esquisito, não é? Minha vida hoje é tão atarefada quanto a de mamãe quando ela, aos 20 e poucos anos, fazia hora extra alegremente para criar uma família cada vez maior.

Em 2001 d.D. (depois de Duke), comecei a minha primeira e única lista. Não que eu quisesse. É que precisei, e quando precisei, soube como chamá-la. "A fazer!" Na agitação da vida, não podia me dar ao luxo de esquecer algo ou alguém. Não podia deixar a peteca cair. Não tinha tempo para procurar um jeito de me sentir melhor. Tinha coisas "A fazer!"

A fazer! Novembro de 2010

1. A placa da Califórnia está marcada para terminar na terça-feira. A questão é: caberá na parede de tijolos da casa projetada por Lloyd Wright? As letras têm 1,5 metro de altura! Alguém falou com os vizinhos sobre as latas de lixo? Quem vai dizer a Stephanie B. que o pé de repolho tem de ser removido? Vamos encarar a verdade: é inglês demais para uma paisagem nativa sustentável da Califórnia. E aquelas plantas pretas... Meu Deus, parecem cruéis comparadas com o resto do jardim. Eu sei, eu sei, outra má ideia.

2. Tenho de entregar o capítulo sobre 1969 o quanto antes.

3. Ligar para Bill Robinson. Estou com saudades dele e de Johnny e do pequeno Baby Dylan. Não sei como ficar perto deles. Ele foi um fator fundamental na adoção de Dexter, e agora que ele e Johnny adotaram Dylan, ele se foi. Nova York parece tão longe... Tenho de ligar para ele. Tem alguma ideia?

4. Quando sai a matéria na *T Magazine*?

5. Que tal contratar Dorrie para procurar mantas ilustradas navajas? Ela conhece os comerciantes melhor do que ninguém.

6. Não sei como pude vacilar na preparação da assembleia do nono ano da Westmark School. Tenho de ir. Pego a 405 ou Mulholland? Seja como for, começa às duas. A ver.

7. Stephanie, você tem de me falar a verdade: quantos voos teremos de fazer para a turnê da série de conferências Vidas Únicas? Como ensaiar o meu discurso diante de Jessica Kovačević, que já foi bastante torturada nesta vida? Estou começando a ficar nervosa. Falando em nervosa, acho que não consigo continuar tentando decorar o discurso enquanto corro nas ruas de Beverly Hills. O ônibus turístico sempre passa enquanto estou no meio do ensaio da parte final — quando canto um pedacinho de "Seems Like Old Times". É horrível. Fico me sentindo uma idiota. Esse discurso vai dar certo? Seja franca. Há algo essencialmente errado em falar às minhas contemporâneas sobre o tema "eu". É demais. É como a autobiografia de Katharine Hepburn, *Eu*.

8. Ontem Duke fez um Nespresso para Jimmy, o lavador de carros. Ele saiu do hospital, aliás. Você não vai acreditar: ele me disse que o soluço foi o único sintoma que ele teve antes de lhe tirarem a vesícula. Seja como for, quer patrocínio para a equipe de boliche. O que você acha? Eu disse que sim. O mais importante é que Duke ficou orgulhoso de si mesmo, primeiro por fazer o café e segundo por parecer generoso.

9. A partir de terça-feira, vou levar Dexter à natação às 4h45 da manhã. Isso significa que posso me sentar no banco de trás do escritório móvel e reescrever as memórias. Estou muito atrasada. O que posso fazer? Pelo menos terei duas horas inteiras sem interrupção. A Starbucks abre às cinco. Vou precisar.

Quanto a Dorothy

Sou grata pela linda Lua redonda e cheia de ontem à noite.
Sou grata pelo fim de semana que eu e Jack passamos em Ojai, Califórnia.
Sou grata por todos os bons sentimentos que tenho ao mesmo tempo por nenhuma razão.
Sou grata por ter bons amigos.
Sou grata pelo meu emprego na Livraria Hunter's.
Sou grata pela minha nova independência financeira.
Sou grata pela minha mente mais clara e organizada.
Orgulho-me de ser eu, Dorothy D. Hall.

Amar Jack

Número 1. Vê-lo é lindo.
Número 2. Ambos percebemos como somos importantes um para o outro.
Número 3. Outra noite nos entreolhamos, nos demos as mãos e falamos sobre nossos sentimentos de amor e necessidade.

7
DI-ANNIE HALL

Toque de despertar, 2009

Levantar às 3h30 da madrugada para pegar um avião para Los Angeles depois de passar seis semanas em Nova York filmando *Uma manhã gloriosa* não ajuda a melhorar a vertigem. Enquanto vou me virando para a máquina de Nespresso, esperando que meus ouvidos se reajustem, penso naquela primeira tomada do primeiro dia. Num minuto eu estava sobre uma esteira com roupa de gorda, brincando com um lutador de sumô de 200 quilos; no seguinte, estava numa máquina, com um colar cervical, vendo a máquina tirar fotos do meu cérebro. Eu tinha sofrido uma grande queda.

  Penso nas enfermeiras do hospital Columbia Presbyterian verificando de três em três horas se eu estava viva. Penso na queda que tirou a vida de Natasha Richardson e sei que tenho sorte. Penso em Duke, que perguntou: "Mamãe, você perdeu a memória?" Penso nas pessoas com quem havia trabalhado. Havia Roger Michell, nosso desajeitado diretor, a bela Rachel McAdams e o lendário Harrison Ford. Penso nos 65 milhões de dólares que ele ganhou em 2008, derrotando Johnny Depp como campeão de bilheteria; isso é muito bom para um homem de 65 anos. É muito dinheiro. Penso em dinheiro e me preocupo como papai se preocupava. Preocupo-me com Emmie, nossa cadela de sete anos comedora de bosta. Preocupo-me com o fígado de Randy e com a filha de Robin, Riley, com seu bebezinho recém-nascido, Dylan. Preocupo-me com a falta de limites de Duke. Preocupo-me com a loja de antiguidades de Dorrie e a adolescência de Dexter. Mas, principalmente, penso por quanto tempo conseguirei manter tudo isso funcionando. O que, é claro, me faz lembrar a turnê da série de palestras Vidas Únicas, com a qual fui para Minneapolis, Des Moines, Boston, Toronto, Montreal e Denver no novo ônibus turístico de Carrie Underwood. E todas aquelas mulheres contemporâneas minhas, minhas irmãs, em todos aqueles auditórios escutando Diane Keaton — eu — fazer uma Palestra Única sobre o tema de ser uma mulher com mais de 60 anos? Quando Stephanie Heaton (não confundir com Keaton) e eu passamos a noite no ônibus de Carrie, paramos para comprar bebidas na Starbucks da Maior Parada de Caminhão do Mundo e pensei: tudo bem, não sou nenhum Harrison Ford, mas estou conseguindo fazer o meu caminho, que nunca é chato.

Enquanto puxo a mala de rodinhas até o corredor, começo a pensar no que me espera em Los Angeles. Ah, meu Deus, escola outra vez. Já? Duke no terceiro ano, Dex no oitavo. Não é possível. Penso na reforma da casa projetada por Lloyd Wright que comprei antes da crise. Penso nas complicações de vender as duas casas de frente para o mar de mamãe e papai depois que o quebra-mar desmoronou na outra ponta do quarteirão. Penso em Dorrie, que não quer vender; em Robin, que quer; e em Randy, que não está nem aí.

Passo um batom Diane's Tuberose de L'Oreal. Penso no dia de ontem, quando andei descalça pelo Central Park às nove da noite olhando vaga-lumes enquanto Duke e Dexter riam sozinhos no escorregador de aço inox. Será este o último ano em que Dex se permitirá brincar como uma criança? Penso em Duke bem-vestido num camarote vendo Billy Elliot sapatear o seu caminho pelo palco da Broadway. Isso faz com que eu queira morar em Nova York de novo. Penso em mim e em Dex na fila da Abercrombie & Fitch, na Quinta Avenida, enquanto ela sonhava com meninos, bronzeadores, amor, beijos. Penso na manhã em que cruzamos de bicicleta a ponte do Brooklyn, uma das maiores façanhas da engenharia do nosso país na maior cidade de todas. Penso na ponte da 59 Street em *Manhattan* e o quarteirão de casas de arenito pelo qual eu e Woody passamos na East 70 de *Annie Hall*. Não quero sair desta cidade. Quero ficar. Quero voltar a outro dia, não diferente do de hoje, em que também me vi acordada às 3h30 da madrugada, só que esperava para me buscarem para o primeiro dia de filmagem do Projeto sem Título de Woody Allen, na primavera de 1976.

Noivo neurótico, noiva nervosa

ALVY: Quer carona?
ANNIE: Ué, por quê? Há... você tem carro?
ALVY: Não, eu ia pegar um táxi.
ANNIE: Ah, não, eu tenho carro.
ALVY: Você tem carro? Não entendi. Se tem carro, por que perguntou "Você tem carro?", como se quisesse carona?
ANNIE: Eu não... eu não... nossa, eu não sei. Eu não estava... Aquele VW lá é meu. (Para si mesma) Que idiota. (Para Alvy) Quer carona?
ALVY: Claro. Para onde você vai?
ANNIE: Eu? Ah, vou para o centro.
ALVY: Para o centro... Eu vou para o outro lado.
ANNIE: Ah, sabe, eu também vou para o outro lado.
ALVY: Você acabou de dizer que ia para o centro.
ANNIE: É, pois é, mas eu posso...

Transformar trabalho em diversão

Filmar *Noivo neurótico, noiva nervosa* foi tranquilo. Durante os intervalos, Woody tirava um maço de Camels do bolso da camisa à moda de George Raft, pegava-o com a boca, soprava anéis de fumaça e nunca tragava. Ninguém tinha expectativas sérias. Só estávamos nos divertindo, passando pelos pontos turísticos de Nova York. Como sempre, Woody se preocupava com detalhes do roteiro. Estava parecido demais com um episódio do *The Mary Tyler Moore Show*? Eu lhe disse que ele estava maluco, que precisava relaxar.

Se uma cena não dava certo, Woody fazia o que sempre fez: a reescrevia enquanto Gordon Willis preparava a tomada. Frequentemente, reescrever significava reeditar. Woody não tinha as suas palavras em alta conta; como consequência, não havia excessos de gordura em *Noivo neurótico, noiva nervosa*. A escolha de Gordon Willis como cinegrafista foi um ponto decisivo e um exemplo infalível de como Woody quebrava regras. Como muitos homens engraçados, ele tinha uma espécie de desprezo pela comédia. Mas, ao contrário dos outros, usava essa atitude para inventar uma série de abordagens visuais geniais que deram peso a *Noivo neurótico, noiva nervosa*. Com Gordon ao lado, Woody parou de ter medo do escuro. Aprendeu a filmar telas divididas e flashbacks com estilo. Gordon conseguiu ensiná-lo a coreografar o plano-sequência para transmitir a variedade e o impacto de que o público precisava sem cortes para closes. Essas inovações eram novas na comédia. *Noivo neurótico, noiva nervosa*, todo feito de luzes e sombras, movendo-se pelo tempo sem um monte de coberturas arbitrárias, não tinha emendas.

A direção de Woody era a mesma. Liberdade nos diálogos. Sem marcações. Mexa-se como uma pessoa de verdade. Não dê tanta importância às palavras e vista o que quiser. Vista o que quiser? Isso era novidade. Então fiz o que Woody disse: vesti o que queria, ou melhor, roubei o que queria vestir das mulheres de aparência mais sofisticada das ruas de Nova York. As calças cáqui, o colete e a gravata de Annie vieram delas. Roubei o chapéu de Aurore Clément, futura esposa de Dean Tavoularis, que certo dia apareceu no set de *O poderoso chefão II* usando um chapéu espanhol masculino de aba larga puxado sobre a testa. O chapéu de Aurore deu o toque final no chamado look Annie Hall. Aurore tinha estilo, como todas as mulheres chiques que animavam as ruas do Soho em meados da década de 1970. Elas foram as verdadeiras figurinistas de *Noivo neurótico, noiva nervosa*.

Bom, isso não é bem verdade. Woody é que foi. Cada ideia, cada escolha, cada decisão saiu da mente de Woody Allen.

Pré-estreia, 27 de março de 1977

Jack e eu ficamos de mãos dadas na pré-estreia de Noivo neurótico, noiva nervosa. *Era a noite de encerramento do Festival Filmex na Century City. O* cinema estava coberto de luzes e fogos de artifício. Lá dentro, só achamos lugar na primeira fila. Preferimos sentar nos degraus do fundo da sala. NOIVO NEURÓTICO, NOIVA NERVOSA. Só vi Diane, com seus maneirismos, expressões, roupas, cabelo etc., ela todinha. A história ficou em segundo plano. Quando ela cantou "It Had to Be You" numa sala cheia do barulho de vozes, segurei as lágrimas. Mas a música "Seems Like Old Times" foi a mais difícil; tão terna... Eu explodia por dentro. Tentei segurar tudo aquilo. Ela estava linda. Gordon Willis fez um excelente trabalho com a fotografia. Ela escolheu as próprias roupas, e a camiseta cinza e as calças largas com certeza eram "lá de casa". Sem dúvida o filme é uma história de amor. Parecia real. A câmera na mão de Annie, o chiclete, a falta de confiança: Diane pura. A história era terna, engraçada e triste. Terminou em separação, igualzinho à vida real.

A família Hall foi um alívio cômico, principalmente Duane, inspirado em Randy. O personagem de Woody não conseguia entender os problemas inigualáveis de Duane. Colleen Dewhurst interpretando a mim não foi um ponto alto. O personagem da vovó Hall não passou de uma piada visual. E o papel de Jack não foi lá essas coisas. Mas a plateia adorou. Bateram palmas e riram o tempo todo. Esse filme vai ser um sucesso.

Mamãe e eu nunca discutimos a família Hall representada em *Noivo neurótico, noiva nervosa*. O que havia para discutir? Eu não assistira ao filme. Quando ganhei o prêmio do Círculo de Críticos de Cinema de Nova York, imaginei que seria melhor dar uma olhada antes de fazer o discurso de aceitação. Era 1978. Fui a uma matinê na esquina da 59 Street com a Terceira Avenida. Havia uns gatos pingados no cinema. Não ouvi riso algum. Como mamãe, fiquei tão absorta por mim mesma naquilo tudo que não consegui prestar atenção na história. Não parava de pensar: por que tanta comoção? Como era de se esperar, detestei o meu rosto, o som da minha voz e os meus horríveis "maneirismos". Olhando pelo lado positivo, vi que tive sorte. E fiquei grata. Não me incomodei com as cenas da família Hall. Não eram dignas de preocupação. Em primeiro lugar, nenhum personagem era sequer remotamente identificável. O esquisito Duane, interpretado por Chris Walken, era hilariante, mas era de outro mundo. A versão de Woody da minha família foi um alívio cômico. Ele descreveu uma família branca, anglo-saxã e protestante genérica e fez algumas piadas à mesa do jantar. Mal dei atenção à cena.

A maioria das pessoas supôs que *Noivo neurótico, noiva nervosa* era a história do nosso relacionamento. O meu último sobrenome é Hall. Woody e eu tínhamos um romance significativo, pelo menos na minha opinião. Eu queria ser cantora. Era insegura e parava para procurar palavras. Depois de 35 anos, quem se importa? O que importa é o todo da obra de Woody. *Noivo...* foi a sua primeira história de amor. O amor era a cola que unia aqueles esquetes humorísticos. Embora meio amarga, a mensagem era clara: o amor desbota. Woody correu o risco e deixou a plateia sentir a tristeza do adeus num filme engraçado.

Aos 75 anos, depois de fazer 45 filmes em 45 anos, ele é o único diretor que sempre consegue financiamento para o seu filme anual. O acordo inclui controle completo e montagem final. Não é que outros cineastas não tenham esse direito; é que, num negócio incapaz de tolerar fracassos, Woody é audaz. E os seus filmes são orçados de forma realista. Um indício da sua genialidade é que ele ainda consegue pôr no elenco astros importantes pagando-lhes um salário comum. O chamariz? Cinco atores receberam seis Oscars por trabalharem em filmes de Woody Allen e dez foram indicados.

No final, tudo se resume às palavras. Às palavras de Woody. Ele escreveu ou coescreveu todos os filmes que dirigiu. Escrever é o estímulo, a infraestrutura, o ponto de partida, a razão e o pretexto de tudo isso.

Um telefonema

Embora tivéssemos rompido dois anos antes de filmar *Noivo neurótico, noiva nervosa*, eu ainda era a sua acompanhante. Não sei explicar por que continuamos a andar juntos. Talvez, como com um velho sofá, nos sentíssemos confortáveis um com o outro. Ainda gostávamos de nos sentar na "Fila dos Velhos" na entrada do Central Park, fazendo observações sobre o desfile de pessoas que passavam. Ainda nos divertíamos com as nossas "folias na cozinha" e ainda planejávamos projetos juntos, mas a situação mudara. De repente, ele era o gênio cômico. De repente, eu tinha mais oportunidades. Encontrei-me com Warren Beatty para falar sobre o seu *O céu pode esperar* e o recusei para estourar nas bilheterias como Theresa Dunn em *À procura de Mr. Goodbar*. Depois do fim das filmagens de *Goodbar*, voltei a Nova York. Quando Warren me ligou na véspera de Natal, não era para falar sobre trabalho.

E ele continuou ligando. Em janeiro de 1978, começamos a sair juntos. Disse a mim mesma que era temporário. Que eu conseguiria controlar. Claro, ele era inteligente, inteligente como um advogado. E, sim, ainda era um sonho incrível de tão maravilhoso. Não sei por que achei que conseguiria controlar alguma coisa — bom, não é verdade, não pensei em nada. Me apaixonei. E continuei apaixonada por muito tempo. Ele me conquistou desde o primeiro momento em que o vi no saguão do Beverly Wilshire Hotel, ainda em 1972. Ergui os olhos e, a distância, vi o meu sonho se personificar e se tornar realidade. Também percebi que não havia nenhuma mulher nas proximidades que ele não notasse, exceto eu. Ele não me notou, não naquela época.

Lindo de morrer

Acontece que Warren era um personagem muito mais complexo do que eu poderia imaginar quando o vi beijar Natalie Wood em *Clamor do sexo* no Cinema Broadway, em Santa Ana. Eu estava no décimo ano e nunca vira nada como Warren Beatty. Com *nada*, quero dizer que ele não era real. Era lindo de morrer. E Natalie Wood? Ora, ela era eu. Eu era ela. Quando Bud e Deanie foram forçados a se separar, fiquei arrasada. Cheguei a escrever ao diretor, Elia Kazan, perguntando por que os pais se opunham tanto ao verdadeiro amor. Ele não poderia ter mudado o final? Qual era o problema de serem de classes sociais diferentes? Ele não respondeu. É engraçado... algumas semanas atrás dei uma olhada em *Clamor do sexo* na TV. Lá estavam eles outra vez, Bud e Deanie, ainda atormentados, ainda apaixonados. Deve ter sido duro carregar um fardo desses. Meu romance com Warren também não estava destinado a durar muito. Conosco, não eram as circunstâncias. Era o caráter. Admito que havia a pequena questão de dois mundos diferentes misturados; afinal de contas, Warren era o "príncipe de Hollywood" e eu, como o meu pai sempre me chamava, era Di-annie Oh Hall-ie.

Warren era terrível. As meninas e eu costumávamos fofocar sobre as conquistas dele depois da aula de dança de Martha Graham na Neighborhood Playhouse. Cricket Cohen conhecia uma garota que conhecia uma garota que ele pegou e levou para seu quarto de hotel no Waldorf Astoria. Ai, meu Deus, que horror, que humilhação. Todas juramos que nunca cairíamos nesse tipo de armadilha. Nós, não.

O que eu não sabia era que, depois que Warren decidia lançar a sua luz sobre alguém, não tinha volta. Aos seus olhos, eu era a pessoa mais cativante do mundo. Ele se alimentou de cada nuance da minha cara torta e viu beleza. Era encantador, mas apavorante também. Eu estava entre duas vidas, em dois lugares diferentes. Estava com Warren, mas por causa de *Noivo neurótico, noiva nervosa* todo mundo achava que eu estava com Woody.

Warren chegava a todos os lugares com o seu detector de papo-furado ligado no máximo. Sempre em busca do que se escondia por trás da fachada, ele foi a única pessoa com curiosidade suficiente para me perguntar se os meus óculos de Annie Hall tinham grau. Na mosca. Enquanto Woody estimulava as minhas realizações artísticas com coisas como "P.S.: As suas fotos novas chegaram. As melhores até agora! De verdade!", Warren olhava de lado uma das minhas colagens e dizia: "Você é uma estrela de cinema. É o que você queria. E conseguiu. Agora aguente. Aonde toda essa coisa de artes plásticas vai levá-la, afinal?" Era disso que eu gostava nele: ele dizia o que via. E via com muitas variáveis.

Quando comparo a relação de mamãe e papai com a minha e de Warren, não há dúvidas de que as promessas de Warren eram muito mais sedutoras do que as de Jack Hall. Depois que confessei que tinha pavor de voar, Warren me surpreendeu quando eu estava prestes a embarcar no avião para Nova York: pegou a minha mão, me levou para dentro da aeronave, sentou-se ao meu lado sem largar a minha mão e só me soltou depois que pousamos. Assim que eu estava sã e salva em terra, ele me beijou, deu meia-volta e pegou outro voo para Los Angeles. No dia dos namorados, me comprou uma sauna para um dos banheiros e um banho a vapor para o outro. Era cheio de gestos magnânimos. Também colocou um monte de ideias malucas na minha cabeça. Eu tinha um potencial enorme. Podia ser diretora, política e até uma das atrizes mais reverenciadas do mundo se quisesse. Eu ria e dizia que ele estava louco. Mas adorava cada segundo e o amava, principalmente a sua generosidade insana.

Diane

Houve um momento quando nos sentamos para jantar ontem à noite em que a olhei e você parecia ter uma quantidade de dons tão injusta que me assustei. Além disso, tinha o tempo a seu favor também.

Você já deu muito dinheiro ao setor cinematográfico, e o seu percentual de lucro não é alto a ponto de você se sentir culpada por pegar parte do dinheiro da indústria e fazer o seu próprio filme. Acho que eles ficariam felizes com isso.

Pare de ficar por aí à toa e aja. Você fará o serviço melhor do que ninguém. Sabe mais do que qualquer pessoa. Até as partes ruins seriam fascinantes. Posso ajudar no começo. E ou produzir ou sair totalmente do caminho.

Faça agora. Você vai se sentir muito melhor com os filmes em geral e com atuar em particular.

De alguém que ontem à noite a admirou a distância. Que gostaria de conhecê-la melhor.

Warren

Ele morava numa cobertura de 40 metros quadrados no Beverly Wilshire Hotel, cheia até o teto de livros e roteiros, toneladas de roteiros. Era um modesto apartamento de solteiro localizado num dos melhores imóveis de Beverly Hills. Possuía uma casa art déco num terreno de 40 mil metros quadrados no alto da Mulholland Drive, que ia restaurar e transformar no lar perfeito. Warren e a noção de lar não eram um par perfeito. Sempre curioso, ele me levou até Coldwater Canyon e me pediu ideias de decoração. Enquanto Warren apontava o portão de Jack Nicholson à direita e a vista panorâmica de Los Angeles à esquerda, ouvi um tilintar vindo de uma caixa grande. Warren a pôs junto à orelha e começou a falar. Era um telefone para carros, talvez o primeiro.

Escutei-o fazer um acordo com Charlie Bluhdorn, presidente da Paramount Pictures, enquanto o cheiro de vitamina velha do porta-luvas me distraía do fato de que esperar seria o meu futuro com "O Profissional". Era impossível afastá-lo de telefones, restaurantes, reuniões, clubes etc. A solução de Jack Nicholson quando tinha algum encontro marcado com ele era chegar duas horas depois do combinado. Eu não sabia organizar a minha vida assim. Em vez disso, andava de um lado para outro na varanda do Beverly Wilshire ou me sentava para esperar na mobília branca alugada da sua obra-prima inacabada, perguntando-me o que acontecera com a série de arquitetos malsucedidos cujos desenhos e plantas-baixas estavam empilhados por toda parte. Afinal, como é que eu tinha chegado ao alto do morro com Warren Beatty? Ele me amava ou eu estava destinada a ser uma das muitas levadas ao alto só para serem jogadas lá de cima?

Warren estava sempre trabalhando em alguma coisa, mas atormentado pela possibilidade de "ir trabalhar". Ele se obrigou a fazer *O céu pode esperar*, sua estreia como codiretor ao lado de Buck Henry. Foi um sucesso fenomenal que o pôs na capa da revista *Time*, mas não mudou a sua abordagem. Ele ainda tinha centenas de projetos em vários estágios de preparação com gente como Buck, Robert Towne e Elaine May. Havia o roteiro de Howard Hughes, o remake de *Tarde demais para esquecer* e aquele sobre um casal de comunistas do qual ele não parava de falar. O problema de Warren era compromisso. Certa vez, Dustin Hoffman disse: "Se Warren não tivesse perdido a virgindade, seria conhecido como o melhor diretor do mundo."

De braço dado com ele, fui levada à casa de gente como Katharine Graham, Jackie Kennedy, Barry Diller, Diane von Furstenberg, Jack Nicholson, Anjelica Huston, Sue Mengers, Diana Vreeland, Gay e Nan Talese. Eu me aguentei por algum tempo, mas nunca passei pela prova de resistência/inteligência/compreensão. No meio de gente tão extraordinária, eu ansiava em voltar aos braços abertos da minha família. Tinha alguns instintos saudáveis, mas não a coragem necessária para prolongar o meu momento ao sol. Preferi recuar.

8
ALGO GRANDE PARA UMA FAMÍLIA PEQUENA

Preto e branco

Irving Penn fazia o meu retrato para a capa da revista *Vogue* quando um assistente entrou correndo para anunciar que ouvira que eu fora indicada ao Oscar. Não soube o que dizer. Sempre tinha achado que a indicação funcionava como tinha sido para mamãe ganhar o concurso de Mrs. Highland Park. Uma cortina se abriria para mostrar o aplauso de uma plateia de milhares de pessoas, enquanto uma coroa seria colocada na minha cabeça e eu ficaria lá cercada por um guarda-roupa novo, um Cadillac Seville e as chaves de uma casa em Encino. Em vez disso, eu estava sentada diante de um infinito fundo branco, ruminando a observação descuidada da estilista de que os meus ombros eram estreitos demais para um vestido tomara que caia. Ela era a rainha da franqueza. A genialidade do sr. Penn, além dos seus modos aristocráticos, também não me enchia de confiança. Quando o maquiador me disse que provavelmente o lado direito do meu rosto era melhor do que o esquerdo, esqueci tudo sobre o fato de que os meus maiores sonhos de adolescente tinham se realizado — eu era uma estrela de cinema e Warren Beatty era o meu namorado.

Como conhecia bem a genialidade de Irving Penn, sabia que uma capa em preto e branco seria extraordinária. Ainda é difícil acreditar que

tive a audácia de tentar vender a ideia à *Vogue*. Eu não tinha respaldo. Mas impus uma dura negociação. Era preto e branco ou nada. A *Vogue* não aceitou. E pronto. Não é preciso dizer que nunca mais surgiram oportunidades nessa revista. Repeti a exigência quando posei para a capa da *Newsweek* em 1980, antes da estreia de *Reds*. Cheguei a perguntar a Richard Avedon — isso mesmo, O Richard Avedon — se ele tiraria algumas fotos em preto e branco além das coloridas. Ele tirou. Quando chegaram os contatos, sem dúvida os closes em preto e branco eram melhores. Implorei à *Newsweek* que os usasse. Cheguei a telefonar para Avedon para ver se ele me ajudaria na minha luta. A *Newsweek* preferiu a cor. Em 2009, trinta anos depois, finalmente consegui uma capa em preto e branco na revista *More*. O fotógrafo foi Ruven Afanador.

23 de fevereiro de 1978

Ouvi na rádio KRAC que Diane foi indicada ao Oscar de melhor atriz por Noivo neurótico, noiva nervosa. Nervos à flor da pele. Não consegui me acalmar. Em que estado fiquei, completamente sozinha... Essa notícia devia ser dividida, como quando soube que Robin passou na prova estadual, ou quando Randy foi publicado por uma revista importante, ou quando consegui um trabalho de fotografia, ou quando Jack foi bem-sucedido, ou quando Dorrie arranjou um emprego por conta própria, coisas assim. Mas eu estava sozinha, fazer o quê? Liguei para Jack. Depois liguei para Diane. Ela não estava em casa. Mais tarde, quando finalmente me ligou, ela não pôde falar muito porque Irving Penn estava tirando fotos dela para uma capa da Vogue *que deve sair logo.*

* Domingo à noite devemos sair para jantar com Diane e Warren Beatty. Como vou saber o que dizer a Warren Beatty, como agir, o que usar? Pense bem. A irmã dele foi indicada. A namorada dele foi indicada. O que ele vai fazer? Para quem vai torcer? Seremos levados de limusine até o Music Center na noite do Oscar. Dorrie vai com Diane e vai se sentar em outro lugar. O restante de nós estará junto numa fileira. Iremos todos à festa depois. Mal consegui dormir.*

Salto alto com meia

Quando contei à vovó Hall que fora indicada ao Oscar, ela balançou a cabeça. "Aquele Woody Allen tem a cara engraçada demais para fazer aquelas merdas que consegue fazer, mas não dá para prejudicar um judeu, não é? Como vai Dorothy, aliás? Ela parece cansada, e o seu pai está ficando cheio de cabelos brancos de tanto se preocupar com Randy. Ainda não sei o que a poesia dele significa. Não tem rima. E aí, você ainda está saindo com o tal de Beatty? É, eu ficaria com quem tem dinheiro. Mas ele é um sujeito bem parado, esse tal de Beatty. Tem uma cara muito artificial, e também é um mulherengo, não é?"

Sem estilista (eu nem sabia o que era isso), fui até Rodeo Drive e visitei as lojas de Beverly Hills. Sabia que não podia usar chapéu, então decidi dedicar toda a minha atenção à superposição. Na Ralph Lauren, comprei um colete e duas saias rodadas de linho. Na Armani, escolhi calças sofisticadas para usar por baixo e também achei um paletó de linho, uma camisa branca bem cortada, uma gravata preta fina e, é claro, uma echarpe para dar o toque final. Comprei um cinto na Georgio's. E peguei emprestado um par de meias de Robin para usar com os saltos altos que comprei na Saks. Era Annie Hall com tudo em cima.

Naquela noite, sonhei que as coroas dos meus dentes tinham ficado translúcidas. Baldes d'água vazavam por um buraco onde a gengiva encostava na porcelana. Para me preparar para a cerimônia de entrega dos prêmios, teria de ficar 24 horas de cabeça para baixo para drenar o líquido e acabei perdendo a festa.

O Dia D

Dorrie e eu saímos da limusine e demos com palanques cheios de gente aos gritos. Kirk Douglas falava ao microfone do colunista Army Archerd enquanto acenava para a multidão. O frenesi de braços estendidos não dava a mínima para Kirk Douglas. Eles gritavam para chamar a atenção de um galã de 24 anos chamado John Travolta, que se aproximava do seu primeiro grande momento no tapete vermelho. Foi o que notei. Nada dura.

As três horas da cerimônia foram de ansiedade interminável. No meio do evento, escapuli para o saguão, onde peguei Richard Burton fumando um cigarro. Ele ergueu os olhos e disse algo sobre duvidar de que ganharia uma "daquelas malditas coisas". Fiz que sim. O que mais poderia fazer? Estava ao lado de uma lenda. Ele acertou. Não ganhou. Foi Richard Dreyfuss. Seria difícil superar a imagem de Dreyfuss batendo palmas e socando o ar, mas o encontro cara a cara com Richard Burton permaneceu por mais tempo na minha memória. Acho que perder é uma experiência mais humana.

Na época, não percebi como eu parecia pouco adequada nas minhas vestes superpostas contra o pano de fundo de mulheres incríveis com vestidos maravilhosos. Com o canto do olho, avistei uma elegante Jane Fonda. Ai, meu Deus. Quem eu queria enganar? Eu não era melhor do que Jane Fonda, Anne Bancroft, Shirley MacLaine, Marsha Mason. Elas eram fabulosas.

Dorrie estava sentada ao meu lado e isso ajudou, mas eu não sabia onde estava, quem era, como chegara ali nem o que dizer. Quando ouvi o som de *D* num primeiro nome que virou *Diane*, ainda não tinha certeza, mas assim mesmo me levantei e meio que corri para o palco. Sabia que ganhar não tinha nada a ver com ser a "melhor" atriz. Sabia que não merecia. E sabia que tinha ganhado um Oscar por representar uma versão afável de mim mesma. Entendi. Mas o fato de *Noivo neurótico, noiva nervosa*, uma comédia, receber o Oscar de melhor filme me empolgou. Por alguma razão insondável, a comédia invariavelmente é relegada à posição de prima pobre do drama. Por quê? O humor nos ajuda a atravessar a vida com um mínimo de graça. É uma das poucas maneiras benignas de lidar com todo o seu absurdo. Quando olho para trás, fico contente e muito grata e orgulhosa por fazer parte da Grande Comédia Americana.

A minha primeira mulher fabulosa, a mais fabulosa de todas, foi a "Srta. Hepburn em casa" na capa da revista *Life*, em 1953. Na imagem, Audrey era a personificação da beleza, com uma boa pitada de inocência e espanto. Ela me deixou sem fôlego. O impacto de uma fotografia tão despreocupada e despretensiosa mas ainda assim estonteante deve ter sido a inspiração da minha obsessão por capas em preto e branco. Imaginem só o

meu choque quando Audrey Hepburn correu para mim depois que ganhei o Oscar e me disse que o futuro era meu. "É mesmo? Ah, nem sei. Uau. Não sei nada sobre isso, quer dizer, isso aí de futuro e tudo, mas você... você... você é o meu ídolo, eu me sinto tão... como dizer? Eu me sinto tão honrada de conhecê-la." Tropecei e gaguejei. O que mais poderia fazer? Aquela não era a "Srta. Hepburn em casa". Aquela mulher estava velha.

Tudo mais sobre o Oscar praticamente sumiu da minha mente. Esqueci o baile, os parabéns, a diversão, até quem estava lá. O que resta é Richard Burton e Audrey Hepburn. Nada me preparara para a solidão do rosto dele ou a elegância com que a srta. Hepburn entregou o manto de "estrela de cinema". Era quase como se, no flash de uma câmera, Richard Burton se tornasse um homem alquebrado e Audrey Hepburn, a minha única verdade sem igual, sem comparação, em primeiríssimo lugar, não fosse mais uma perfeita natureza-morta.

Audrey Hepburn tinha 63 anos quando morreu de câncer. Tinha 48 quando a conheci, não exatamente o que se chamaria de velha. Nos bastidores, fingi escutar as suas palavras, mas na verdade não conseguia tirar da cabeça a idade e o que ela faz com as pessoas. Talvez Cher tenha sido quem melhor explicou isso: "Só existe valor em ter a aparência que temos quando somos jovens e não há valor algum na aparência que temos quando somos mais velhas." Em vez de aproveitar a oportunidade para conversar com Audrey Hepburn, preferi me apressar para fugir da companhia dela o mais depressa possível. Foi mais um arrependimento numa lista crescente.

Woody acordou na manhã seguinte e abriu o *New York Times*. Na primeira página, leu que *Noivo neurótico, noiva nervosa* ganhara o Oscar de melhor filme. Largou o jornal e voltou a trabalhar no próximo roteiro, o drama *Interiores*. Woody seguia os seus princípios. Para ele, não existia "melhor" na arte: nenhum melhor diretor, nenhum melhor filme e, definitivamente, nenhuma melhor atriz. A arte não era um jogo de basquete dos Knicks.

Até a vovó Hall foi entrevistada pelo jornal local de Highland Park. Fotografaram-na com uma foto de Woody na mão direita e outra minha na esquerda. "Todos dizem que estou nas nuvens. Não estou em nuvem nenhuma. Vou lhe dizer uma coisa sobre esse Oscar: é algo grande para uma família pequena. Esse Woody Allen deve ter a mente superaberta para pensar em toda aquela bosta que ele pensa."

2009

Hoje, antes de abrir o computador no estacionamento, revivi uma das minhas lembranças favoritas: Woody e eu sentados nos degraus do Metropolitan Museum depois de já ter fechado. Observamos as pessoas de sandálias e bermuda desfilarem para fora do museu. As árvores ao sul são plantadas em linhas paralelas. A água do chafariz sobe numa névoa que chega quase aos degraus onde estamos sentados. Vimos senhoras de cabelo prateado em vestidos estampados de vermelho e branco. Separamos os camundongos dos homens, os turistas dos nova-iorquinos, os moradores do Upper East Side dos moradores do West Side. O vendedor de *pretzels* quentinhos nos vende um maço de nós de massa com grãos de sal grudados em cima. Fazemos os comentários de sempre sobre os malucos e nos perguntamos como seria morar numa cobertura na Quinta Avenida com vista para o Met. Rimos e dizemos as coisas que sempre dizemos. De mãos dadas, ficamos sentados, só sentados, enquanto o sol começa a se pôr. É uma tarde perfeita. Houve muitas tardes perfeitas com Woody.

Woody nunca quis se unir a mim na nostalgia das preocupações temporais dos pobres-coitados. Não se arrependia do passado e não tentava lembrar tardes perfeitas que muito provavelmente não tinham sido perfeitas, a não ser na lembrança. Nunca falava dos seus Oscar com um pingo de orgulho. Nunca falava deles. Até a graça é preferida sem sentimentos. Ele adora sair distribuindo críticas. E a questão é que ninguém faz isso melhor do que Woody. Ele domina o desdém. Só gostaria que fizesse isso com mais frequência, como fez na homenagem a mim no Lincoln Center alguns anos atrás.

Tributo no Lincoln Center

"Me ligaram para saber se eu poderia dizer algumas coisas legais sobre Diane. Disse que sim, que consigo pensar em algumas coisas legais. Por exemplo, Keaton é pontual. Ela... ela... ela sempre chega na hora, e é econômica; sabe quanto vale um dólar. Ela, há... o que mais posso dizer sobre ela...? Tem uma letra maravilhosa. Ela... estou pensando. Há... ela é... há... bonita. Sempre foi bonita. Continuou bonita com o passar dos anos. Não bonita no sentido convencional da palavra *beleza*. Com sentido convencional quero dizer 'agradável aos olhos'. Ela tem muita convicção do próprio gosto. Sempre se veste com roupas pretas e chapéu e sapatos razoáveis. Ela me lembra a mulher que vem para levar Blanche DuBois para o hospício. É gramaticalmente incorreto dizer que alguém é 'a mais única' ou 'tão única', mas, sabe, Diane é a pessoa mais única que já conheci. Isso pode ser interpretado como esquisitice, mas sabe, ela é mesmo sem igual... Acho."

Sinto saudades de Woody. Ele detestaria saber como me preocupo com ele. Tenho inteligência suficiente para não tocar no assunto. Sei que ele tem um nojo limítrofe pela natureza grotesca da minha afeição. Mas o que posso fazer? Ainda o amo. Sempre serei a sua Cabeça de Lâmpada, Monstra, Pedaço do Cosmo, a sua grande Tontinha. Como contar a "Tio Woodums" o meu amor, quer dizer, amô, quer dizer, momô? Como lhe dizer que "cuide de todos os seus dedos das mãos e dos pés e pense coisas doces, escreva se tiver oportunidade e tenha paciência"?

Noivo neurótico, noiva nervosa mudou a minha vida. Quando o filme demonstrou que tinha o tipo de alcance com que eu fantasiava mas que não podia vislumbrar... dei meia-volta e recuei. Por mais que gostasse dos elogios, não estava preparada para o desconforto — ou melhor, a culpa — que vinha com eles. Tentei voltar para casa. Fui até a casa nova dos meus pais na Cove Street, na praia de Corona del Mar. Fiquei com mamãe. Tiramos fotos dos subúrbios com as nossas novas Nikon F. Dorrie e eu visitamos brechós. Randy escrevia e Robin trabalhava como enfermeira visitadora, cuidando de idosos. Warren estava levando mais a sério a ideia de dirigir a história de amor de John Reed e Louise Bryant com o pano de fundo da Revolução Russa.

Voltei a Nova York e fiquei com as minhas amigas Kathryn Grody e Carol Kane. O que eu achava que conseguiria ao recusar toda a atenção que quisera durante tanto tempo? Essa vida nova era assustadora. Em vez de mergulhar de cabeça, tentei o máximo possível negar a fama — talvez por tempo demais.

O primeiro drama de Woody se encaixou direitinho no meu programa de fuga. *Interiores* não era, digamos, comercial. Mal escalada como uma escritora brilhante no estilo de Renata Adler, fumei cigarros e franzi a testa no esforço de parecer inteligente. As palavras que Woody escreveu não se encaixavam nos lábios da minha experiência. A única coisa que me distraía do desconforto do papel eram a lendária Geraldine Page e a atriz favorita de Sandy Meisner, Maureen Stapleton.

Toda manhã, Geraldine Page chegava ao set a pé, vestida de trapos, arrastando duas sacolas de compras cheias de roupas para remendar. Ela se curvava, puxava da sacola as roupas velhas do marido, Rip Torn, e remendava as calças dele enquanto era maquiada. Eu não conseguia entender o fato de uma das maiores atrizes do mundo parecer uma mendiga. Os olhos dela perambulavam um pouco acima e além do resto de nós. No mínimo, a aparência de sem-teto aumentava o carisma dela. Quando Woody lhe dava instruções, ela sorria, concordava educadamente com a cabeça e depois ignorava tudo o que ele dissera. Antes de um dos seus closes emocionadíssimos, fiquei junto da câmera, pronta para lhe dizer as minhas falas, quando ela me pediu sem rodeios que saísse dali. Enquanto observava a distância, entendi. Minha presença roubaria a sua liberdade. Talvez todo aquele exercício de partilhar com os colegas atores da Neighborhood Playhouse, toda aquela história de viver genuinamente juntos determinado momento imaginário, não fosse para todos. Geraldine Page era um gênio ao representar. As regras não se aplicam aos gênios.

Maureen Stapleton, por outro lado, parecia ter uma abordagem mais previsível. Queria que os outros atores estivessem presentes nos seus closes. Com o grande rosto irlandês redondo, Maureen parecia estar sempre num estado permanente de surpresa ou frenesi. Como fazia aquilo com tão pouco esforço? Ninguém sabia. Certo dia, no final das filmagens, esperei por ela no trailer do elenco. Era uma mulher grande. O seu corpo não tinha muita flexibilidade, mas ela conseguiu erguê-lo até o assento ao meu lado e disse: "Algum dia você também vai ficar velha, Diane."

O solitário ano de filmagem de *Reds* na Inglaterra foi como dois passos emocionais para trás e nenhum para a frente. Eu não estava preparada para representar Louise Bryant, que era bem menos romântica do que eu imaginava. Ela se tornou a minha cruz. Não gostava dela. Não havia nada de encantador na sua vontade de ser reconhecida como artista por seus próprios méritos. O modo como corria atrás do atraente revolucionário John Reed era suspeito e, francamente, cheio de inveja. Eu a detestava. Isso foi um problema. Em vez de enfrentar o desafio, fiz o que costumava fazer sob pressão: recuei.

No set, Barry, o cabeleireiro, fazia piadas sobre peidos enquanto enrolava o meu cabelo, e Paul, de 30 e poucos anos, fazia a maquiagem. Às vezes, Jeremy Pikser, um dos roteiristas, almoçava comigo e falava sobre personagens venerados que não suportava, como Scarlett O'Hara, que não passava de uma pentelha egoísta. Não sei, provavelmente entendi errado a mensagem, mas parecia que ele tentava me dizer alguma coisa.

Todos sabiam que eu não aceitava bem a direção de Warren. Era impossível trabalhar com um perfeccionista que fazia quarenta vezes cada tomada. Às vezes, parecia que eu era atacada com uma arma de choque. Até hoje não posso dizer que o meu desempenho foi realmente meu. Foi mais uma reação a Warren. Sim, foi isso: uma reação ao efeito de Warren Beatty.

Foi preciso o encontro trágico de John Reed e Louise Bryant na estação de trem para eu ter uma sensação de orgulho por representar um personagem tão provocante. Warren esperou durante uns 65 closes excruciantes até que eu finalmente rompesse meu muro de desafio autoimposto e deixasse de lado a minha opinião arbitrária sobre uma mulher que eu precisava amar para representar. Filmar a cena foi uma experiência que eu não teria conseguido prever. Devido à tenacidade de Warren, de repente, contra toda probabilidade, o amor jorrou quando Louise Bryant viu o rosto de John Reed finalmente se aproximar dela. *Reds* foi um épico com temas enriquecidos por ideais humanos. John Reed sacrificou a vida pelas suas crenças. Mas, para mim, o amor imperfeito é que estava no centro do filme de Warren.

TERCEIRA PARTE

9
ARTÍSTICA

Foco

Eram os anos 1980. Fui indicada ao Oscar por *Reds,* mas perdi para Katharine Hepburn em *Num lago dourado.* Meu filme seguinte, *A chama que não se apaga*, foi lançado com relativo sucesso de crítica. *A garota do tambor* foi um fracasso total. *Mrs. Soffel — Um amor proibido*, com Mel Gibson, também foi um desastre. *Crimes do coração*, de Beth Henley, com Jessica Lange e Sissy Spacek, era doce, mas deu pouco lucro. Sabe-se lá como, Martin Scorsese e Robert De Niro concordaram em dar uma coletiva de imprensa sobre o filme seguinte, *Cabo do medo.* Foram com Jessica Lange. Outros projetos como *Almost Human* (Quase humano), *Reform School* (Reformatório), *Klepto* (Cleptomaníaco), *Whatever Happened to Harry* (O que aconteceu com Harry) e *Book of Love* (Livro do amor) nunca viram a luz do dia.

Não é que eu não trabalhasse. Trabalhei no Canadá, em Los Angeles, na Finlândia, na Espanha, na Rússia, na Grã-Bretanha, na Grécia, em Napa, em South Port, na Carolina do Norte, na Alemanha e em Israel. O negócio é que, em grande parte, a minha contribuição para a sétima arte não foi muito inspirada. Quando não estava viajando, continuava morando em Nova York. Warren, depois de ganhar o seu Oscar de melhor diretor, esteve lá e aqui, até que o lá ganhou. Woody conheceu Mia Farrow e começou uma nova aliança. Sem um grande homem para escrever para mim e me dirigir, eu era no máximo uma estrela de cinema medíocre. Não tinha divulgador. Preferi não lançar a linha de roupas Annie Hall. Não tinha produtor, nem queria ter.

Quando não estava atuando, buscava vários passatempos visuais sob o nome "arte". Meu amigo Daniel Wolf concordou até em me arranjar uma exposição de quadros com base em folhetos religiosos que consegui em brechós. Contratei um pintor de cartazes de Kansas City chamado Robert Huggins para pôr as minhas ideias em várias telas do tamanho de outdoors. Quando *Religious Commissions* (Incumbências religiosas) se mostrou inexplicavelmente bizarro, tirei fotografias à moda de Sandy Skoglund, famosa pela sua exposição *Radioactive Cats* (Gatos radiativos), que mostra gatos de argila pintados de verde fazendo loucuras numa cozinha cinzenta. Em homenagem a Sandy, montei na minha sala um cenário que lembrava a vista de uma estação de esqui, com pedras falsas compradas numa loja de adereços e corvos de aparência genuína voando lá em cima. Nove bailarinas bem dispostas, de tutu rosa e máscara, concordaram em ficar diante do meu diorama caseiro e ser fotografadas. Era óbvio que eu não era nenhuma Sandy Skoglund, então tirei fotos de amigos como Carol Kane sentados dentro de caixas com bolinhas em torno do rosto debaixo de sombras desenhadas. Também escrevi letras de músicas nunca gravadas. "Ela está num restaurante chinês. Ela é sórdida. Ela é mórbida, e olha pra ele. Faz tempo que não dorme. E um, e dois, e um, dois, três. Dois mundos diferentes... Vivemos em dois mundos diferentes... Nosso coração..." E por aí vai. Comecei a fotografar gente na rua, à moda de Diane Arbus. Como se isso não bastasse, passei a fazer colagens de um metro por dois. Uma delas, chamada "Plástica de rosto", mostrava a cabeça de Bette Davis sendo içada só Deus sabe para onde. Nem me pergunte.

Warren, agora meu amigo, me lembrava que eu era uma estrela de cinema. Concentre-se nisso. Eu não lhe dava ouvidos. Cindy Sherman tinha aparecido e, com ela, a década da apropriação. Eu queria fazer parte disso. Vivia dizendo a mim mesma que eu era uma artista. A horrível verdade era que, não importava quanto eu tentasse, eu era uma atriz que não fazia uma comédia desde *Manhattan*, em 1979.

Na estrada

Aceitei alguns conselhos de Warren e saí procurando um filme para produzir. Depois de ler *Somebody's Darling* (A favorita de alguém), história de uma das poucas diretoras de respeito de Hollywood e a melhor amiga dele, peguei um trem para Washington e encontrei o meu futuro amigo Larry McMurtry na sua loja, Booked Up. Larry, com os pés sobre a mesa, ouviu o meu discurso. Sem perder o ritmo, disse que me daria os direitos *e* também escreveria o roteiro. Seis meses depois, estava tudo pronto. Larry é esse tipo de pessoa. Meu agente marcou uma reunião com Sherry Lansing, diretora da Paramount, que não poupou palavras quando me disse que o projeto não era comercial. Foi o fim de *Somebody's Darling*, mas não da amizade com Larry.

De dois em dois meses, mais ou menos, eu pegava o trem para Washington e lá eu e Larry pulávamos no seu Cadillac. Como sempre, eu tinha uma tarefa criativa que me consumia. Dessa vez, girava em torno de uma série de fotografias de animais empalhados. Deixe com Larry, que conhece alguém que tem mesmo um par de ovelhas empalhadas unidas pelo quadril. Viajar se tornou a metáfora da nossa amizade.

Numa das nossas viagens de carro pelo Texas, contei a Larry o meu sonho de morar em Miami Beach, onde era sempre quente e úmido. Contei-lhe que às vezes pensava em me mudar para Atlantic City ou para Baja Califórnia. Mais uma vez, o que eu queria mesmo era fazer as malas e me mudar para Pasadena, perto do arroio, bem ao lado da Greene and Greene's Gamble House. Larry me escutava com um refrigerante numa das mãos, o volante na outra. Quando chegamos aos arredores de Ponder, no Texas, um grande cartaz informava que *Bonnie e Clyde* fora filmado dentro dos limites da cidade. Warren Beatty, a minha paixão no ensino médio, o meu *Clamor do sexo*. Era difícil acreditar que tínhamos nos conhecido, ficado íntimos e passado um ano filmando *Reds*. Num devaneio de volta a 1967, recordei o filme doméstico de mamãe sobre *Bonnie e Clyde*, estrelando Randy como C. W. Moss, Robin como Bonnie, Dorrie como Blanche e eu, Diane, como Clyde Barrow. Eu me recusara terminantemente a ser Bonnie. Claro que não. Não queria ser Bonnie. Eu seria Warren Beatty. Quem no seu juízo perfeito não seria? E esse se tornou o nosso principal problema. Eu queria ser Warren Beatty, não amá-lo.

Os fatos da minha vida pareciam mais surreais do que qualquer sonho. Enquanto passávamos por Ponder, abri a janela. Saídas da poeira que envolvia o nosso silêncio, as palavras de Larry começaram a ir e vir. "É tão monótono em Nebraska que não dá nem para explicar, é apenas totalmente monótono. Semana passada, atravessei o Missouri numa ponte minúscula e a velhinha do posto do pedágio estava tão solitária que me fez parar para dividir uma rosquinha com ela. E comentou: 'Aqui o inverno é punk. Fico o dia todo aqui sentada só batendo o queixo.'" Depois ele ficava em completo silêncio por algum tempo e recomeçava. Larry era um contador de histórias nato. Penso naquela época, no embalo do motor, no horizonte sem fim e nas palavras de Larry. Acabamos dividindo algo que a filmagem de *Somebody's Darling* nunca teria nos dado: uma amizade e a estrada.

Memórias

Querida Diane,

O meu livro está com um total de três páginas. Até agora as minhas escavações revelaram um pouco de dor que não posso evitar, mas recordações engraçadas também. Muitos pensamentos que mantive tão privados giram em volta da minha raiva de figuras de autoridade que nunca aparece como raiva. Escrever isso não é um passatempo agradável; na verdade, raramente o livro é tocado, porque estou tentando ser exata e honesta.

Não estou escrevendo sobre os anos em que vocês, crianças, estavam crescendo. Não quero cair na armadilha dos "bons tempos". Tudo o que preciso fazer é peneirar as nossas fotos e acabo mergulhando numa saudade do PIOR tipo. Em Memórias não é assim; escrevo sobre coisas que me formaram. Lembro-me de uma ideia comum que tinha de não fazer, quando crescesse, as coisas que os meus pais fizeram. Faria bolo de chocolate em vez de bolo de baunilha. Riria e falaria muito. Manteria vivo o amor romântico. Se-

ria amorosa e não impaciente com os meus filhos. Achava que essas MUDANÇAS ACONTECERIAM...

É um dia para falar de hoje — tão faiscante e belo... Ontem Jack comprou para ele um barco a vela de 12 pés. Está feliz. Mais tarde, vamos velejar. Tenho uma forte sensação de diversão à espera.

Com amor,
Mãe

Mamãe não terminou as suas *Memórias*. Memórias. Memórias perdidas. Memórias inacabadas. Um livro chamado *Memórias*. Foi quase como se a vontade de Deus assumisse o futuro dela. Não notei. Estava ocupada demais para perceber a importância de assumir a tarefa de escrever memórias ou para ser encorajadora o suficiente para ajudar. Nem sei se realmente li a carta de mamãe. Não lembro. Contentei-me em supor que mamãe estava livre do drama de criar os filhos e agora tinha todo o tempo necessário para se dedicar às suas ocupações artísticas. É claro que me assegurei de não saber o que estava acontecendo. Tinha outras coisas mais importantes na cabeça.

Às vezes esta casa é tão quieta... não consigo imaginar como ficou assim nem por quê. Ando por aí como se procurasse ruídos. Falo com os gatos, um de cada vez ou juntos. As janelas me atraem a olhar lá para fora, para o quintal, conferir a piscina... a luz ainda está acesa ou apagada? Em outra época, essa supervisão me deixava maluca. Onde estão todas aquelas coisas e pessoas que me traziam os seus sons? Não me importo de ficar sozinha. Na maior parte do tempo, gosto. Quando a solidão se fecha sobre mim um pouquinho demais, basta sair do lugar, entrar no carro e ir passear.

Ver como um modo de ser

Depois de morar dez anos em Nova York, as coisas continuavam a se destacar, como a fotografia *Woman Seen from the Back* (Mulher vista de costas), de Onésipe Aguado, no Metropolitan. O que ela vê virada para o lado errado? Queria ver também. A foto foi tirada no século XIX, mas a distância entre o passado dela e o meu presente parecia desmoronar. É difícil acreditar que as costas de uma mulher deixassem claro que ver em vez de ser vista podia ser tão extraordinário, mas deixavam. O poder da fotografia de evocar em vez de explicar me inspirou. Nada mudara. Livros como *Now Is Then* (O presente é o passado), *The Waking Dream* (O sonho acordado), *Least Wanted* (Menos procurado) são vínculos com artistas que forjaram um caminho rumo à imaginação. Pelo menos, é assim que me parece.

Marvin Heiferman era o diretor da Castelli Graphics quando me conseguiu uma pequena exposição de fotografias que eu tinha tirado em saguões de hotéis dos Estados Unidos. *Reservations* (Reservas) tinha fotografias do decadente e vazio Ambassador Hotel, onde mamãe foi coroada Mrs. Los Angeles; do saguão do Stardust Hotel, no qual papai investiu e perdeu cada centavo quando eu tinha 12 anos; do Fontainebleau, em Miami Beach; do Pierre, em Nova York; e do Biltmore, em Palm Springs.

Obrigada por nada

Alguns anos depois, Marvin e eu decidimos colaborar num livro de fotos de divulgação de filmes antigos. Isso nos levou a porões e armazéns de toda Los Angeles, onde caçamos fotografias em formato grande de astros e estrelas posando em cenas de *Ao sul do Pacífico*, *Lassie* e *Delírios de loucura*, com James Mason, para citar alguns. Dando duro entre milhares de transparências 4×5cm descartadas, não pude deixar de pensar no que acontecera com Joan Crawford, James Mason, Annette Funicello e até Elvis Presley. Inanimados e lustrosos, pareciam os animais empalhados da série de fotografias que eu tinha tirado com Larry.

Eu sabia que estava em algo grande com o tema dos animais empalhados. O assunto me fez pensar naquela citação de Roy Rogers: "Eu disse a Dale: quando eu me for, basta me esfolar e me pôr em cima de Trigger." Que, por sua vez, me deu a ideia do título, *Still Life* — natureza morta. Sacou? O meu exemplo favorito era a fotografia de Gregory Peck em *O homem de terno cinzento*. Cheguei a escrever sobre ele na minha introdução.

É difícil amar alguém que nunca conhecemos, mas é fácil ansiar por alguém que vimos idealizado a ponto de acharmos que estamos apaixonados. Quando crescemos, deveríamos ser capazes de distinguir a fantasia da afeição real. Por exemplo, sei que Gregory Peck não vai entrar na minha vida e se tornar parte íntima dela. A maioria das pessoas sabe disso e, quando chega à idade adulta, não quer mais Gregory Peck. Mas se Gregory Peck as tocou uma vez — ele me tocou uma vez —, vai continuar a ser uma parte fundamental da sua formação. A imagem ideal dele assume muitas dimensões. Ele se torna uma representação dos anseios frequentemente frustrados da adolescência, todas aquelas coisas que queríamos acreditar que a vida poria aos nossos pés.

Depois que *Still Life* foi publicado, recebi uma carta de Gregory Peck. Ele não gostou. Achou o livro estúpido, um golpe baixo. Além do mais, não apreciou ser comparado a um animal empalhado. Foi uma ideia tão cafona que ele esperava que não fosse minha. Terminou dizendo que a minha introdução sincera era uma merda completa.

Nunca passou pela minha cabeça que Gregory Peck poderia se sentir mal por parecer quase real na frente de um cenário falso. Eu estava ocupada me felicitando por um livro que Gregory Peck desprezou como ridículo e que, milagre dos milagres, captava a essência da taxidermia e que ia me pôr no mapa — não sei direito qual.

Gregory Peck está na minha longa lista de arrependimentos pelos quais espero ser perdoada. Sinto muito tê-lo responsabilizado de forma negligente pela ideia de algum divulgador. Sinto muito ter escolhido uma fotografia simbólica que lançava luz sobre o seu lábio superior rígido e pela permanente falta de afeto que o perseguiu durante toda a carreira, assim como a minha excentricidade me persegue.

Enquanto isso

Conversei com uma mulher na livraria Hunter's que acabou de passar três dias limpando a enorme casa vitoriana da tia falecida. A tia solteirona morreu com 86 anos. Guardava tudo o que era dado, mandado ou achado. Quando lhe perguntavam por quê, dizia que isso lhe dava prazer, e o que mais importava? Não ligava para o que aconteceria com aquilo depois que morresse. A sobrinha comprou uma caixa de sacos de lixo grossos e, sem qualquer empatia, jogou tudo fora. Era como se eu escutasse isso por alguma razão específica. Tudo o que escrevo, todas as palavras que guardo em papel e todas as pequenas mensagens inspiradoras que sinto que foram escritas e dirigidas a mim, e só a mim, que recorto e guardo não importam. Depois que eu me for, não me importa se os membros da minha família lerem alguma coisa ou jogarem tudo fora. No entanto, há algumas palavras que eu gostaria que lessem: aquelas que detalham os meus pensamentos e sentimentos sobre cada um deles, quanto os amei, o que havia neles que para mim era tão especial; essas cinco pessoas que farão a faxina.

Imaginar o céu, a maravilhosa próxima atração, 1987

Levei um ano e meio para fazer o meu documentário *Heaven* (Céu). A recepção foi unânime. Suponho que a rejeição mais dolorosa tenha sido a de Vincent Canby, do *New York Times*. "*Heaven*, filme de Diane Keaton, é o equivalente cinematográfico de um livro vendido com desconto por 19,95 antes do Natal, com o aviso de que depois custará 50. Quem é atraído por esse tipo de chamariz pode se sentir atraído por *Heaven*. O filme nos deixa divididos entre a vontade de chutá-lo e a de protegê-lo do desperdício de tanto dinheiro."

    O céu era uma promessa pela qual eu ansiava quando menina. Sabia que tinha medo de morrer, mas, se tivesse de morrer, queria ir para o céu. A revelação aconteceu trinta anos depois, quando fui ao centro de visitantes do Tabernáculo Mórmon em Salt Lake City com a minha amiga Kristi Zea. Ao entrar no salão em forma de cúpula, vimos o que só posso descrever como "próxima atração", apresentando pessoas sorridentes de túnica branca flutuando no céu. Até Kristi concordou que era uma estranha justaposição de imagens que só inspiraria um surrealista. Talvez eu não fosse surrealista, mas fiquei inspirada. Liguei para meu coprodutor Joe Kelly. Eu tinha uma ideia.

Conseguimos permissão para assistir a cópias em 16 milímetros de filmes da MGM que tratavam do céu e obscuros curtas evangélicos em Super 8. Quanto mais eu via, mais minha vontade aumentava, culminando com várias visitas ao apartamento do historiador de cinema William Everson, em Nova York, que nos mostrou *A paixão de Joana d'Arc*, de Dreyer, *A bela e a fera*, de Cocteau, *Liliom*, de Fritz Lang, ambos os *Dr. Mabuse* e outros. Além de reunirmos sequências extraordinárias, juntamos pessoas que deram ao céu a beleza da sua imaginação. Lá estavam Alfred Robles, Grace Johansen, Don King e o reverendo Robert Hymers, autor do livro *UFOs and Bible Prophecy* (Os OVNIs e a profecia bíblica), reeditado como *Encounters of the Fourth Kind* (Encontros do quarto grau), para citar alguns.

Quando Joe e eu começamos a filmar entrevistas, fiz perguntas inspiradoras como "Existe sexo no céu?", "Existe amor no céu?" e "Você tem medo de morrer?". Mamãe, papai e vovó Hall foram alguns dos primeiros entrevistados. Papai estava convencido: "Se existe algo após a morte e se levei uma vida boa, não consigo conceber por que Dorothy e eu não ficaríamos juntos." Mamãe concordou e disse: "É um tema em que não gosto de pensar ou acreditar." "É", completou papai, "é algo em que a gente não pensa. Conheço gente que pensa, mas eu não". Vovó Hall resumiu tudo: "Isso de céu não existe. Já viu alguém que você amava e queria ver depois que a pessoa faleceu? Não! Ninguém jamais voltou para dizer: oi, aqui estou e me sinto tão feliz em vê-la! Quem lhe disser que morreu e foi para o céu é um grande mentiroso."

Depois que Paul Barnes, o editor, ajudou a montar o filme, começamos o processo de pré-estreia. Parece que a plateia mais adequada para assistir a um filme como *Heaven* se dividia em dois grupos: mulheres e tipos "experimentais". Acontece que os experimentais eram os "excêntricos", os "esquisitões" e o "povo do centro da cidade". Isso era preocupante. Havia mulheres experimentais do centro da cidade em quantidade suficiente para o nosso filme ter algum sucesso? Sem dúvida tínhamos uma boa quantidade delas no filme, como a mulher que disse: "Vi Jesus em espírito. Ele entrou no meu quarto. Veio do alto da janela e não era nada além de um espírito. O peito era feito de céu, os ombros eram feitos de nuvem. E ele se movia igualzinho às ondas na água. De repente escutei uma harpa universal com um som de ooohhh... como um vento soprando oooohhh... como o vento quando sopra assim ooooohhhhh. Foi aí que ele se virou bruscamente no meu quarto. Depois, flutuou pelo quarto e eu disse: 'no banheiro', então ele foi direto para o banheiro, e aí eu disse: 'na sala'; ele foi direto para a sala e se sentou no sofá. Eu disse: 'na cozinha'. Mas ele teria de passar pela sala de jantar para chegar à cozinha, então se virou e me encarou, e nesse momento estava com uma roupa diferente e com um capuzinho sobre a cabeça. E essa é a verdade." Acontece que tínhamos mais experimentais no filme do que na plateia.

Por mais que os críticos tenham detestado *Heaven*, tenho que dizer que adorei cada sequência e cada entrevista. Tentar ter certeza de que tinha acertado na escolha do filme no qual aparecer era muito menos divertido. Mas *Heaven*, *Reservations*, *Still Life* e até *Religious Commissions* foram exatamente assim: totalmente divertidos. Reconheço que esses projetos não veriam a luz do dia se não fosse a minha condição de estrela de cinema. Mas as minhas investidas fora do eixo de celebridade foram gostosas, quase como o lar. Não de verdade, mas quase.

Encontrada

Heaven me trouxe outra coisa: Al Pacino mais uma vez. Demos de cara um com o outro perto da ilha de edição do estúdio onde ele editava *The Local Stigmatic* (O estigmático local), o seu filme de 16 milímetros, enquanto eu terminava o meu. Ele estava irresistível como sempre e uma amizade começou a surgir. Éramos mais velhos. Ele não era o Poderoso Chefão. Eu não era Kay Corleone. Éramos duas pessoas trabalhando em filmes independentes. Havia em Al um aspecto desalinhado que era muito atraente, quase familiar. Ele me chamou para ir à sua casa num domingo, depois em outro e mais outro. Era sempre a mesma coisa. Depois de jogar softball com Al, o elenco de sempre — Sully Boyer; Mark, meio-irmão de Al; Adam Strasberg; John Halsey; e Michael Hedges — ia à casa dele à beira do Hudson. O lugar era bastante movimentado. Os três cachorros de Al corriam por toda parte. Atores aleatórios como William Converse Roberts e Christine Estabrook — de short rosa-shoking e miniblusa combinando — surgiam por alguns minutos, enquanto Charlie Laughton, mentor de Al, e sua esposa, Penny, discutiam o papel moribundo do teatro. Al entrava na conversa com ideias de fazer uma oficina sobre *Salomé* ou *Macbeth*. Essas conversas duravam horas e horas. Al se consumia com duas coisas: beisebol e teatro.

Ele era um artista. Fazia com que eu pensasse na diferença entre ser artista e ser artístico. Eu sabia o meu lugar: era artística. Pela primeira vez, isso não tinha importância. Eu só queria que ele me amasse. Tenho quase certeza de que, na cabeça de Al, eu era uma amiga com quem ele podia falar. Por mais que adorasse ouvir, eu queria mais, muito mais. Infinitamente mais. Queria que ele me quisesse tanto quanto eu o queria.

No meio desse amor, *Presente de grego* surgiu para apagar a minha excentricidade e o meu convencimento afetado. O roteiro sobre uma mulher obrigada a adotar um bebê era engraçadíssimo. Charles Shyer e Nancy Meyers, a equipe de roteiristas-diretores-produtores, eram engraçados e encantadores. Nancy e a figurinista, minha futura querida amiga Susie Becker, me remodelaram. Foi maravilhoso voltar a me sentir atraente, bonita e engraçada. Virei J. C. Wiatt — petulante, audaciosa e pronta para tudo. Que sorte imensa. Ou, como J. C. Wiatt diria: "Estou de volta. Estou de volta." E não foi *Heaven* que fez isso.

O futuro não é como antes

Quando cheguei ao Centro Médico Adventista Glendale, vovó Hall estava sentada ao lado do leito do hospital, pronta para voltar para casa. O cabelo branco estava preso atrás com três grampos enferrujados. O terninho de seda sintética, chamejante com flores alaranjadas, vermelhas e amarelas, era compensado pelo padrão geométrico da blusa, também flamejante.

— O namorado novo de Dorrie é judeu. Sabia disso, Diane? E o noivo daquela enfermeira Holly é italiano. E aquela nova auxiliar de enfermagem é libanesa. Acho que é irmã de Danny Thomas.

— Como está se sentindo, vó?

— Parece que a maior parte do problema está na minha cabeça. É aquela glândula lá... A circulação é ruim no meu cérebro, sabe? Tiraram radiografias da minha cabeça. Acham que estou mal. Não se preocupe, Diane. Tive uma vida longa, longa demais. Não estou fazendo muitos planos para o futuro, sabe, porque não quero viver tanto assim. É tempo demais para esperar pelo quê... 15 ou 20 dólares?

Eu era íntima de Mary Hall até onde ela permitia. E vice-versa. Tinha 94 anos quando morreu. Na década de 1950, não me apeguei à vovó Hall. A casa dela era uma caverna feia. Ela não tentava pintar um quadro bonito do mundo. Seus presentes de Natal eram horríveis: suprimento mensal de peras entregues à nossa porta por um ano. Como se eu gostasse de peras. Só quando cresci é que comecei a respeitá-la.

É verdade que não era evoluída, mas também não era hipócrita. Era totalmente sincera. Era uma cética praticante além de católica praticante. Que contradição, ainda mais quando lembro que ela não acreditava em Jesus nem no céu. Enxergava através do fingimento e o aceitava dando de ombros, dizendo: "É uma questão que se arrasta por muito tempo, não é, Diane? Como sempre digo, dá na mesma." Morreu católica devota. Ei, vó, estou com você: por que não proteger todas as bases só para se prevenir, na probabilidade remota de estar errada?

Dorothy com 63 anos

Sou uma mulher de altura mediana: antes 1,70 metro, agora 1,67 metro. Anoto os meus registros neste diário de capa de couro intitulado 1980. Não tenho contas a pagar nem obrigações financeiras a cumprir. O número da minha conta bancária atual é 45572 1470. Tenho quatro rebentos (filhos). A data de nascimento deles é 5/1/1946, 21/3/1948, 27/3/1951 e 1/4/1953. Os nomes são Diane, Randy, Robin e Dorrie. Sou casada com Jack Newton Hall, cidadão dos Estados Unidos. Ele tem olhos azuis. O cabelo está grisalho. Ele mede 1,80 metro. Moramos num lote que mede 9 por 12 metros. O espaço mal deu para construir a casa, mas conseguimos e adoramos. Temos seguro contra incêndio e inundação. Nem eu nem o meu marido temos seguro de vida. Cada um de nós tem um carro. O meu é um Jaguar prateado placa IFTU749. Jack tem uma minivan Toyota placa JNH na frente com letras prateadas sobre fundo preto. Assinei o meu testamento. Ele revoga todos os outros testamentos ou aditamentos já feitos por mim em qualquer data.

Nasci em Winfield City, estado do Kansas, no condado de Crowley, em 31 de outubro de 1921, ano em que o presidente Harding tomou posse e a manteiga Land O'Lakes chegou ao estado de Nova York. Meu pai, Samuel Roy Keaton, homem de altura mediana, era soldador de chapas. Minha mãe, Beulah, era uma dona de casa de olhos cinzentos. Tiveram três filhas: Orpha, Martha e eu.

Aos 63 anos, tenho cabelo comprido e grisalho. Lavo-o com xampu Sassoon. O meu condicionador é Silkience. Seco-o com um secador de mão Revlon. Enrolo-o com rolinhos quentes Clairol. Tomo banho com água QUENTE. Escovo os dentes com uma escova Oro Flex mergulhada em água oxigenada. Os meus dentes são sólidos como a minha mente. Tento tomar oito copos d'água por dia. Durmo de camisola debaixo de dois cobertores brancos com o meu marido ao meu lado. Pela manhã, ligo o rádio e imediatamente visto um dos quatro roupões. Tem aquele de 50 dólares que comprei na Macy's de Nova York com Diane. Tem o curto que Dorrie me deu, com seis colchetes de pressão na frente. Tem o roupão salmão com desenhos de flores orientais nele todo. Mas o meu favorito é o usadíssimo roupão roxo da Saks da Quinta Avenida. Faz mesmo parte de mim. Os meus sentimentos estão embrulhados dentro dele.

Agora o meu rosto e o meu pescoço estão bastante enrugados. Tenho muitos cuidados pessoais hoje em dia. Aplico rejuvenescedor de células à noite e creme para levantar a pele pela manhã, seguido por antirrugas. Uma mudança depois de 15 dias me foi prometida. Noventa dias depois, não vejo mudança alguma. Gosto de manter o rosto limpo e colorido com ruge vermelho nas faces, delineador marrom e várias tonalidades de batom. Raramente esqueço de aplicar no corpo uma farta dose de água de colônia.

Temos rádios por toda parte, até um novo no meu estúdio fotográfico com duas entradas para fita cassete. Tem um rádio azul na janela do meu banheiro. Jack e eu temos um rádio de cada lado da cama. Nosso modelo mais novo fica na bancada branca da nossa cozinha branca. Sempre ouço programas de rádio.

Tomo Feldene para a artrite das mãos e do maxilar. Toda manhã bebo um copinho de Geritol, que tem todas as vitaminas de que preciso. Uso óculos para ler; tenho um par em cada cômodo onde trabalho.

Mudei mais do que posso imaginar. Parece que a falta de vigor físico veio para ficar. Durmo mais do que quando era mais nova. Os sonhos são evasivos quando tento recordá-los. Contento-me em ficar em casa o dia todo, esperando Jack e a nossa conversa da noite com drinques e jantar. Não preciso de ninguém por perto. Não recebemos muitas visitas. Perdi a voz para cantar; até a voz para falar ficou baixa e rouca. Não sei mais tocar piano. Não escuto música. Fico no estúdio e jogo paciência por horas. Passo muito tempo sozinha. Pego o carro e saio, mas estou sempre em casa às 13 horas.

Depois de vestir algo confortável, levo a sério o monitoramento da enseada. Observo os carros que vêm e vão. Vejo quem sai e aonde as pessoas estão indo. Observo Champ, o maravilhoso cão golden retriever de Jim Beauchamp. A esposa dele, Martha, ignora Champ. Para mim, ela deixa de ver a própria essência dessa criatura brilhante.

Há ocasiões em que sinto que sou uma verdadeira artista. No momento, trabalho numa folha grande de cartolina branca que estou transformando numa colagem. Está indo bem, mas não digo a ninguém. Tenho umas cinco obras terminadas, emolduradas e prontas para partir. Duas foram aceitas numa exposição no Santa Ana College. Trabalho no chão do estúdio, onde passo muito tempo cortando coisas de que gosto do Times. *Mas sempre faço o serviço doméstico primeiro. É um hábito que não consigo largar. Faço a cama, ajeito o banheiro, lavo e guardo a louça, ajusto as persianas da janela, planejo o jantar, faço a lista de afazeres do dia, me visto e então, só então, vou trabalhar na minha oficina. Às vezes consigo manter a rotina, às vezes não. Não importa, porque faço isso só para mim.*

Não tenho netos. Não sei se, na minha idade avançada, quero copiazinhas correndo por aí. Não me sinto capaz de tamanha responsabilidade.

Os meus amigos são os meus gatos, Perkins e Cyrus. Eles dependem de mim para a diversão, além de comida e teto. Ficar muito em casa sem companhia a não ser a deles é um convite para certas conversas interessantes. Olhei Perkins nos olhos hoje de manhã, quando ela estava sentada na pia do meu banheiro, os dois olhos verde-limão focados nos meus, e lhe perguntei exata-

mente quais eram os seus objetivos na vida. Estava curiosa. Ela passa quase o dia todo fugindo de coisas como passos, vozes, outros gatos, gente, chuva, vento e barulho de rádio. Gostaria de saber se Perkins tira da vida algo que valha a pena. Cyrus me obedece quando mando que desça da bancada, mas sempre volta. Ele costuma conferir a geladeira sempre que a porta se abre. Enfim fica claro para mim que ele só faz aquilo que quer fazer. Bastante humano.

Leio o Los Angeles Times todo dia, a revista Newsweek toda semana e o máximo de ficção que consigo. Tenho uma máquina de escrever IBM elétrica que uso com prazer. Faço um diário. Gosto de livros, gatos, pessoas gentis, boa comida, uísque e às vezes gim, escrever, ficar sozinha. AMO: meu marido, meus quatro filhos, minhas irmãs, meu dia na livraria, o pôr do sol, a baía diante da nossa casa, meu Jaguar, Mary Hall (agora) e a mim (às vezes). Faço visitas semanais a um psiquiatra que tenta me ajudar a me ver sob uma luz melhor. Tenho duas ou três amigas íntimas com quem posso conversar abertamente: Gretchen, Margaret e Jo. Passo meses sem vê-las. Não falo muito ao telefone. Não faço convites a ninguém porque temo a rejeição. Fui rejeitada algumas vezes. Gosto de trabalhar no estúdio e fazer vários projetos artísticos, sem mostrar para ninguém, é claro. Acho que sou uma pessoa fragmentada. Não faço nada muito bem. No momento, não tenho motivação.

Em resposta, Diane aos 63 anos

Tenho 63 anos, antes 1,67 metro, agora 1,65 metro. Os sentimentos e pensamentos que devastaram Dorothy poderiam refletir e realmente refletem muito do que também sinto. Idade avançada? Com certeza. Alguma qualidade? Ainda consigo decorar falas. Temo a rejeição? Sou atriz. Fragmentada? Mais do que a maioria. A diferença é: aos 63 anos, Dorothy já criara os quatro filhos. Aos 63, faço o que Dorothy fez quando tinha 24.

Ontem, peguei Dexter e Matthew Chen, seu novo namorado há três dias, na webcam. Quando cobrei, foi simples: "Sou viciada em webcam, mãe." Viciada em webcam? Ela quer dizer que também é viciada em Facebook? Se não fosse, como conseguiria arranjar 350 amigos em menos de três semanas? Há tantos aspectos surpreendentes em Dexter, como a coragem que teve com o dr. Sherwood, o ortodontista, depois que ele enfim admitiu que o tecido que cresce por cima do parafuso que fecha o buraco entre os dentes que faltam teria de ser removido, exatamente como ela me dissera meses atrás. Quando corremos para o cirurgião-dentista, ela não soltou um ai enquanto ele arrancava o dente. Que pessoa forte; quanta resistência diante da dor e do medo; como é diferente de mim, a sua mãe ansiosa.

Depois tem o "Mundo de Duke". Ontem fui buscá-lo na escola. Ele mal fechou a porta do carro e começou a falar de como é injusto que o seu amigo Jasper, de 7 anos, tenha um iPhone enquanto ele, Duke, de 8, não tem. Magnânimo, ofereceu-se para comprá-lo com o seu dinheiro. Saber que ele não tem dinheiro algum me fez admirar a sua cara de pau. Quando lhe disse que queria pensar melhor, ele retrucou:

— Quanto tempo?
— Algum tempo.
— Quanto?
— Duke, depois lhe digo.
— Até amanhã?
— Duke, chega!
— Até amanhã??

Liguei o rádio na 102.7, rezando para Ryan Seacrest distraí-lo enquanto eu olhava as lojas recém-abandonadas em Westwood Village e lembrava a ligação que tinha recebido de Evelyn, uma mãe que conheci na época em que Dexter estava no maternal, que queria saber se eu sabia de alguém que estivesse precisando de serviços jurídicos. O marido dela tinha perdido o emprego. Estava pensando em quem eu poderia conhecer quando Ryan Seacrest foi além dos meus sonhos mais loucos e tocou a música predileta de Duke, "Apple Bottom Jeans". Alegrei-me em silêncio durante três minutos inteirinhos.

Quando paramos na quadra de basquete da ACM, Duke me lembrou de que é grande demais para a cadeirinha, que queria seu chá com leite achocolatado mentolado morno, não quente, então que eu não esquecesse os cubos de gelo, e queria saber se não tinha nenhum chiclete Dubble Bubble sem açúcar sobrando. Quando estacionei, dei uma última olhada no meu menino; meu Deus, como ele é lindo! Então, assim que lembrei que Carol Kane ia dormir lá em casa, o celular tocou. Era a minha sócia, Stephanie Heaton. "A L'Oreal talvez queira patrocinar a sessão de *Minha mãe quer que eu case* no canal Lifetime no Dia das Mães." Também me lembrou o discurso que eu ainda não tinha decorado para a palestra da série Vidas Únicas, que estava chegando. Comecei a ficar preocupada.

Com 63 anos, tenho uma filha que insiste que não vai participar da prova de 400 metros livres na competição de natação da cidade de Los Angeles. Não vai. Não consegue. Consegue. Duke chora porque a sua MÃE TÃO MÁ nunca o deixa fazer o que quer. Com 63 anos, tenho o ritual dos comprimidos matinais: o Migravent de Dexter, para dor de cabeça; as minhas milagrosas vitaminas Metanx; os cinco comprimidos diferentes para a doença de Cushing e as outras moléstias do nosso velho cão Red; o "biótico" de Duke, que é como ele chama as vitaminas; e os comprimidos contra ingestão de bosta da nossa gorda cadela Emmy, que seis meses depois ainda não fizeram efeito. Aos 63 anos, ainda tenho muito prazer, como limpar a cera dos ouvidos de Emmy e ainda poder acariciar a cabeça de Duke em público. A luta interminável para fazer Dexter me dar um beijo pelo menos uma vez por semana vale a pena. A montanha de abraços e beijos torna a situação muito melhor. A emoção de ainda conseguir levar Duke nas costas também. A maravilha de observar o intrincado regime noturno de beleza de Dexter é a melhor maneira de dizer adeus ao dia. Bons tempos.

Aos 63 anos, não consigo vestir roupas confortáveis como mamãe e observar o mundo do outro lado da janela. Não posso correr para casa a fim de fugir da tensão do contato humano, como se a solidão trouxesse paz. Sei que a solidão não é amiga de ninguém, e recuar não é opção. Mas me consolo com o fato de que mamãe e eu estaremos sempre unidas pela necessidade de comunicação. Apesar da dor do anonimato, Dorothy realizou um dos seus sonhos mais poderosos: ela escrevia. E enquanto escrevia não criticava seus esforços. Não se preocupava com rejeição. Estava empenhada. Dava provas da experiência de ser Dorothy Deanne Keaton Hall.

Papai vivia me dizendo para pensar. Pense antes. Pense. Pense, Diane. Mas foram a luta de mamãe, os seus conflitos e o seu amor que possibilitaram a pouca capacidade de *pensar* que tenho. Ela apoiou escolhas que criaram experiências que expandiram a minha vida. Quando menina, mamãe, como eu, tinha sonhos vagos e grandiosos, mas, ao contrário de mim, ninguém a ajudou a expandi-los; ninguém poderia. Era a pobreza da Grande Depressão, não os fabulosos anos 1950. Era Dorothy e Beulah. Depois, virou Dorothy e Diane.

10
NÃO É ÀS VEZES, É SEMPRE

Jack Hall's Right Shoe

Em Roma, no meio da filmagem de *O poderoso chefão III*, dei um ultimato a Al: case-se comigo ou, pelo menos, se comprometa com a possibilidade. Rompemos, voltamos e passamos mais um ano implementando o nosso padrão previsível de rompimentos. Pobre de Al, que nunca quis. Pobre de mim, que nunca parei de insistir. Pensar nos meus motivos me faz querer saber por que as recompensas da realidade sempre perdiam para o poder da fantasia.

Quando recordo os meus romances fracassados, volto invariavelmente à lembrança de Jack e Dorothy dançando num morro em Ensenada. Mamãe mantinha a boca fechada sobre o tema do casamento. Talvez tivesse medo de revelar o lado sombrio. Nunca falamos sobre homens nem o que esperar deles, nem como lidar com desapontamentos. Como mamãe poderia dar esse tipo de conselho se a noção que tinha dos homens, agora sei, era no mínimo turvada por contradições? Como poderia mencionar perguntas para as quais não tinha resposta?

Não sei o que mamãe e eu pensamos que estávamos protegendo. O romance, talvez, mas não o amor; não o amor verdadeiro, comum e cotidiano, com seus altos e baixos, suas concessões, suas exigências, seus defeitos. Não faço ideia do que ela pensava de Warren e Al. Ou de mim com eles. Ela adorava Woody. Ele tinha interesse real pelas suas realizações criativas, principalmente a fotografia. Quanto a papai, quando lhe perguntei o que pensava dos homens, ele disse: "As mulheres adoram canalhas." Foi tudo em que conseguiu pensar.

O poderoso chefão III tinha um ar embaçado de meia-idade. Todos estavam mais velhos, mas não mais felizes. Francis Ford Coppola preferiu dirigir no seu trailer Silver Bullet, o "bala de prata". Tudo se animou no dia em que Winona Ryder chegou — com o noivo, Johnny Depp — para ser a filha de Kay e Michael. Jogada imediatamente no trailer de maquiagem enquanto filmávamos, a cabeça minúscula de Winona parecia perdida na peruca preta que o cabeleireiro tentava ajustar. Foi quase como reviver a peruca loura que Dick Smith enfiara na minha cabecinha quando eu tinha 23 anos. Naquela noite, Francis foi avisado de que Winona sofrera um colapso, o que lhe deu a oportunidade de pôr a filha Sofia no papel de Mary Corleone. Francis nos contou que escrevera o papel para Sofia desde o princípio. Quando a notícia chegou a Frank Mancuso, presidente da Paramount, e a Sid Gannis, o seu braço direito, nos disseram que eles "dariam um jeito"...

No dia seguinte, Gannis voou para Palermo. No jantar, ele confidenciou a Al a sua preocupação com o Problema Sofia. A Paramount não a queria. Ele, Sid Gannis, teria uma conversa séria com Ellie, a mulher de Francis. Ellie? E Francis? Não é preciso dizer que Gannis foi embora alguns dias depois e Sofia representou a minha filha, Mary Corleone.

No caminho de volta ao hotel, o telefone de Al tocou. Robin estava na linha. Era papai. Tinha um tumor crescendo no cérebro. Agia de forma confusa. Não conseguia se lembrar do nome de Randy. Esquecera a carteira e nem se preocupara. Papai não era assim. Quando eu liguei alguns dias depois, mamãe me disse que uma biópsia tinha revelado um glioma de nível 4 do tamanho de uma laranja alojado em seu lobo frontal. Ela o colocou na linha e eu perguntei como ele estava. Papai respondeu: "Vão pôr uma tira na minha cabeça até encontrarem o tumor. Está inchado. Tenho um tumor na mente, quer dizer, um tumor no cérebro. Um desses. Disseram que vou ficar sentado numa sala. Vou participar de um programa. Disseram que vou fazer radioterapia. Não sei, Di-annie, não sei. Quando fiz 68 anos, tudo virou um inferno."

Num gesto magnânimo, Francis insistiu que eu pegasse o próximo avião para Los Angeles. Quando o 747 pousou, fui para o Centro Médico da UCLA, onde encontrei papai parecendo o mesmo, a não ser pela atadura que cobria o alto da sua cabeça raspada e pelo tubo plástico cheio de fluido preso ao seu braço como uma coleira de cachorro. Aquilo me fez pensar nos alimentadores de pássaros que a gente compra no Builders Emporium. Ele vestia as calças enquanto o televisor pendurado no teto passava o seu programa predileto, *Major Dad*. Perguntei-lhe como se sentia. "Ah, já vivi tempo suficiente. Sessenta e oito anos basta, Di-annie."

Deram a papai uma opção além da radioterapia: ele também poderia participar de um programa experimental conduzido pelo famoso médico da UCLA, que nos disse que ele era um candidato maduro, com a idade certa. O câncer era de crescimento rápido e muito invasivo, mas em outros aspectos papai tinha boa saúde. Robin chamava o novo tratamento de "estimulação imunovertida do sistema imunológico" ou coisa parecida. Papai decidiu tentar o golpe duplo. Carregada de comprimidos, mamãe o levou para casa a fim de buscar algumas coisas antes de se hospedarem no Royal Palace, um motel em Westwood, e ele começar a radioterapia.

O dr. Copeland, médico e velho amigo de papai, tinha uma opinião diferente. "Isso não é bom. Quanto mais avançada a idade, mais agressivo o tumor. O lobo frontal controla a capacidade de concentração. A probabilidade? Seja qual for a terapia que escolher, Jack vai piorar. Vai perder o apetite. Dormir mais. Ficará menos ativo, mais confuso e mais desorientado. Finalmente, entrará em coma. O coração vai parar ou ele terá pneumonia e morrerá. É um tumor maligno."

Na frente do Royal Palace, peguei a mão de papai e andei com ele até o Arby's para comer um sanduíche de rosbife. Ajudei-o a tirar o paletó. Fazia muito calor. Minha mão passou por uma etiqueta dentro do colarinho, escrita à mão com tinta preta. "Paletó de Jack Hall. Devolva em Cove St., 2.625, Corona del Mar, Califórnia." Papai era persistente na identificação de itens pessoais. Roupão de Jack Hall, calção de Jack Hall, calça de pijama de Jack Hall.

Depois de comermos em cadeiras de plástico aparafusadas no chão, voltamos passeando até o Palace, uma construção de meados da década de 1960 com um grande letreiro de neon para receber os viajantes no seu régio aconchego. Parecia bastante inofensivo, mas lá dentro as verdadeiras cores logo se revelavam. Homens carecas e mulheres esquálidas sentavam-se na claridade do saguão iluminado por lâmpadas fluorescentes. A derrota impregnava a atmosfera. Todos pareciam hóspedes que já tinham passado da hora. A pequena suíte de mamãe e papai não fez com que eu me sentisse melhor. Vi um par de mocassins de papai junto à cama. Pé esquerdo do sapato de Jack Hall. Pé direito do sapato de Jack Hall.

A grande máquina

No dia seguinte, papai e eu perambulamos pelo imenso complexo da UCLA até chegarmos à sala de radioterapia. Era escura, talvez para atenuar a aparência dos aflitos. "Bom, acho que é hora de o camarada que faz a câmera funcionar na masmorra tirar a grande foto. Se ficar me dando choque na cabeça, vou ficar parecido com Yul Brynner." Sentada, ergui os olhos e vi Rocco Lampone, o capanga de *O poderoso chefão*. O que fazia ali? Tom Rosqui, mais conhecido como Rocco Lampone, apareceu para dizer olá. Queria saber do *Poderoso chefão III*. Estava chateado por ter morrido no segundo filme. Quando o alto-falante chamou o nome de Jack Hall, Tom de repente apertou a minha mão. Também estava fazendo radioterapia. Enquanto eu levava papai para a sala da grande máquina, Tom deu um tchauzinho. Morreu no ano seguinte. A radioterapia não o ajudou, ao menos não por muito tempo; mais tempo do que papai, mas não o suficiente.

A máquina de raio X, de um bege doentio, tinha pelo menos vinte anos. Parecia um imenso apetrecho da década de 1950 — um tipo de torradeira, grelha e máquina a vapor misturadas numa coisa só. O atendente marcou a cabeça de papai com X verdes, indicando as áreas a serem irradiadas. A máquina, exausta depois de tanto tempo combatendo o câncer, parecia inofensiva. Depois de prenderem papai na maca com correias, observei a sombra da sua cabeça se mover por um mural fotográfico de sequoias gigantes que ia do chão ao teto.

No caminho de volta para o Royal Palace, papai e eu descemos a Le Conte Avenue a pé, depois do estacionamento da antiga loja de departamentos Bullock's. Ele não estava com pressa. De mãos dadas comigo no calor do meio-dia, parou e ficou olhando para o chão por um bom tempo. Curvou-se, pegou um anel de plástico e me deu.

Papai passara a contemplar a forma de coisas como lápis quebrados, amassados de mesas e até as gotas d'água na pia da cozinha. As fronteiras do que era considerado digno da sua curiosidade tinham se expandido como o universo. Enquanto eu punha no dedo mindinho o brinde das pipocas Cracker Jack, papai se afastou para fazer amizade com o habitante temporário de um plátano gigantesco, um pintarroxo de peito vermelho.

Naquela noite, fomos jantar em Plum West. Mamãe usava um vestido preto com uma cueca samba-canção xadrez de papai enrolada no pescoço como um cachecol. Ele era o seu homem. Ela tinha a roupa de baixo dele para provar. Papai comeu todo o seu porco xadrez e tomou o seu Johnnie Walker Red com gelo. Estávamos felizes. Era como se sempre tivéssemos sido felizes. É claro que não era verdade, mas o que dura mais, a verdade ou a lembrança de uma impressão de felicidade? Abri o meu biscoitinho da sorte. "Valorize o que tem agora, para não sentir falta quando acabar."

Depois de 15 dias de radioterapia, papai disse: "Eu me sinto como se estivesse com morte cerebral. É interessante, Di-annie. Na maior parte do tempo, não sei onde estou. Sinto-me bastante bem, a não ser quando enfiam o dedo no meu rabo todo dia." Duas semanas depois, a cabeça de papai estava enrugadinha. Ele não se queixava, mas dizia coisas assim: "Acordei no meio da noite. Queria escovar o cabelo para tirá-lo da cabeça antes de rachar. Comecei a procurar a escova, mas não achei. Imaginei que tivesse posto Dorothy no estojo. Mas quando ela abriu a geladeira, havia um pombo lá dentro procurando os óculos escuros."

Mamãe começava a desistir. "Sabe, acho que eu deveria levá-lo a Santa Monica, para que ele possa pôr os pés na areia e ver as ondas. Ele precisa disso. Estou preocupada, Diane. Estão fritando o seu pai vivo. E o que aqueles comprimidos estão fazendo com ele? Ele não diz nada, só toma. Está piorando depressa. Pede milk-shakes no Arby's, mas não consigo obrigá-lo a tomar. Ele não come. O dr. Black está alarmado. Mas como ele pode ficar alarmado se sabe que Jack é uma experiência destinada ao fracasso? Acho que o 'alarme' do dr. Black está centrado na sua experiência, não em Jack."

Ver o meu pai analisar a escova de dentes no banheiro da suíte no Palace ou esperar pacientemente com Rocco Lampone e os outros pacientes com câncer era insuportável. Ele dizia coisas assim: "A vida é transitória. Só estamos passando por ela", e "É como o circo, Diane: se a gente vai até lá, é bom ver todas as atrações". Depois de mais 15 dias, a cabeça de papai estava vermelha, tão vermelha quanto o peito do pintarroxo, mais brilhante do que as asas do melro e mais ainda que o mais brilhante de todos os escarlates.

Em 13 de abril, papai foi prematuramente reprovado no "programa" e levado para casa numa ambulância a fim de ficar mais confortável. "É a qualidade de vida, não a quantidade", disse o dr. Black. Um ar de descrença predominava. Ele podia melhorar. Não é? Ao mesmo tempo, papai parecia mais ferido. Seu fracasso em relação às exigências do programa era óbvio.

Era a tarde da Ascensão de Cristo quando papai espalhou seis blocos de papel ofício diante de seis cadeiras em torno da mesa de jantar, e essa foi a última vez que toda a família Hall se reuniu. Ele distribuiu seis lápis e mostrou o que parecia ser um caderno grosso de capa dura, fechado com dezenas de elásticos. Olhamos a sua crônica de realizações financeiras, inclusive a avaliação dos bens, a estimativa dos impostos sobre propriedades, os imóveis — em resumo, o valor líquido de Jack Newton Ignatius Hall. Ele nos informou que os impostos chegariam a quase 55%. Concordamos em uníssono. "Quero falar com vocês, crianças, sobre o fundo fiduciário e como devem se preparar para o futuro." Ele pegou um dos lápis amarelos e o ergueu à luz do sol. Passou os dedos por cada aresta. Era quase como se o lápis conhecesse segredos. Devagar (para que pressa?), papai pousou o lápis, rolou-o pela mesa, depois o rolou de novo, e de novo, e de novo. "Alguma pergunta? Randy?" Randy fez que não. "Randy, alguma pergunta?" O rosto de Randy se petrificou no sorriso que ele sempre mostrava quando papai o enfrentava. E foi isso. Randy se levantou e saiu. A nossa reunião se encerrou praticamente sem mais palavras.

Almoçamos no pátio enquanto papai encarava o oceano sem o seu Johnnie Walker Red. Robin disse a mamãe que se preparasse para possíveis convulsões. Para prevenir, fez a sua lista de providências a serem tomadas: "Vire-o de lado para que não se engasgue com a língua. Não se preocupe, você consegue. Ponha o joelho debaixo da cabeça dele para que ele não a bata em nada duro." O olhar distante de papai estava mais distante do que nunca. "Tanto nada, não é, papai? Tanto nada e depois o grande nada."

Na próxima vez que falei com Randy, perguntei:

— O que aconteceu? Por que você foi embora tão de repente?

Eis o que ele disse:

— Liguei para papai na semana passada. Depois de tudo o que aconteceu, queria que ele soubesse que eu o amava. Sabe o que ele disse? "O que aconteceu?" Ele simplesmente não conseguiu alcançar. Entende o que eu quero dizer, Diane? Ele não conseguiu alcançar.

Papai nunca abandonou os grandes planos para Randy. Eram clássicos. John Randolph assumiria o negócio da família Hall. Em vez disso, ele ficou no seu apartamento de solteiro na Tangerine Street, escrevendo poemas sobre a viagem das aves subterrâneas. Como a vovó Hall, papai não conseguia entender. "As aves voam, não vivem debaixo da terra." Mas Randy continuou a passar a vida escrevendo sobre aves que não conseguiam decolar. De acordo com papai, tudo o que Randy fazia era rudimentar. Por exemplo, quando a temperatura da casa geminada que papai lhe comprou passava dos 30 graus, Randy não tinha o bom-senso de abrir a maldita janela. Isso enlouquecia papai. Eu gostaria que ele tivesse entendido que não adiantava dizer a Randy o que fazer.

Juntos outra vez

Três semanas depois, de volta a Palermo, a tensão no set era explosiva. Francis estava onde o tinha deixado, ainda sentado no Silver Bullet, ainda reescrevendo o final. Depois de dezenas de rompimentos, Al e eu rompemos de novo. Mestres da fuga, não dissemos nem "olá".

Num sábado frio, Francis convocou um ensaio na mesma sala onde Wagner compôs *Parsifal*. Os suspeitos de sempre se reuniram: Andy Garcia, George Hamilton, Talia Shire, Sofia (que logo sairia na capa de *Vogue*), Richie Bright, Al e John Savage. Eli Wallach veio até mim. "Você é uma sobrevivente. Que bom. Você é uma sobrevivente esperta." Sobrevivente? Os refletores foram pendurados de cabeça para baixo no Teatro Massimo. Gordon Willis fumegava. Enquanto esperávamos a 12ª revisão do final de *O poderoso chefão III*, pensei nas outras versões. Houve uma em que Talia matava Eli Wallach, Al ficava cego e Andy rompia com Sofia um instante antes de ela ser assassinada. Ao encontrar a filha morta na escada do teatro, o cego Al dava um tiro na cabeça. Houve outra em que Al era considerado morto, mas voltava à vida. Houve aquela em que ele levava um tiro, mas sobrevivia, só para ser morto no domingo de Páscoa a caminho da igreja. Houve a versão em que Al levava um tiro no Teatro Massimo, mas Sofia sobrevivia. Nenhum de nós sabia o que esperar. Aquele seria o texto final de verdade ou apenas mais um numa série contínua de tentativas para dar um fim à saga do nosso excêntrico e totalmente brilhante líder Francis Ford Coppola?

Da filmagem da verdadeira cena final de *O poderoso chefão III* só me lembro disso: foi fácil chorar. Chorei, chorei e chorei um pouco mais. Não foi difícil. Só precisava pensar em papai. Quando não pensava nele, pensava em Al. Tínhamos voltado, mais ou menos.

Não me importava se daria certo ou não. Ficava feliz de ouvi-lo ler *Macbeth* à meia-noite só para escutar o som da sua voz. Ele era maluco. Um grande maluco. Era sempre "Di". "Di, faça um café." "Di, venha se sentar aqui perto para conversarmos." Em certa noite, a minha favorita, ele me contou sobre ter passado a infância na rua. Ele adorava o outono e como as sombras ampliavam as alquebradas casas de arenito marrom. Disse-me que o mundo sempre seria aquela rua do Bronx. Todas as coisas belas eram comparadas àqueles dias, com a luz brilhando dourada sobre os amigos dele e a rua. Sempre a rua. Eu ouvia.

Ele detestava despedidas. Preferia sumir tão misteriosamente quanto aparecia. Às vezes, eu acordava no meio da noite e o encontrava fazendo chá ou comendo pipoca e M&Ms. Ele gostava de coisas simples. Eu gostava da simplicidade dele. Eu o amava, mas o meu amor não faria de mim uma pessoa melhor. Detesto dizer isso, mas eu *não* era simples. Eu era *demais*.

A minha versão da história da vida de papai

Assim que terminei de filmar *O poderoso chefão III* e voltei para casa, papai pediu a mamãe que procurasse uma arma para matar os vizinhos. "Estou com mau hálito?", perguntava enquanto mijava de joelhos no quarto, tateando a borda da tábua do assoalho. Estava magérrimo. Mal conseguia segurar uma xícara. Não parava mais para olhar os pardais; parara de andar. O dr. Copeland tinha razão. Era "maligno".

No começo de agosto, ele praticamente parou de falar, também. Às vezes eu ficava no canto do seu leito no hospital, olhava pela janela panorâmica e lhe contava a minha versão da história da vida dele, como a vez que nos levou até San Bernardino, a um lugar chamado McDonald's, onde vendiam hambúrgueres por 15 centavos e suco de laranja por 5. Será que ele se lembrava da placa vermelha gigantesca que dizia *HAMBÚRGUERES Self-Service. Vendemos MAIS de 1 milhão*? Será que se lembrava do hambúrguer e da placa? Será? Ele sorriu, mas não fez que sim.

Certa tarde, falei com papai sobre todas as vezes que passamos debaixo do elevado da Avenue 55 para pegar a Pasadena Freeway até entrarmos à esquerda na Pacific Coast Highway. Ela nos levava até Palos Verdes. Lá, ele e o amigo Bob Blandin verificavam as armadilhas de lagostas antes de mergulhar dos penhascos no oceano. Palos Verdes era famosa pela capela Wayfarers projetada por Lloyd Wright, toda de vidro. Mamãe dizia que todos queriam se casar com vista para o mar. Perguntei a papai se ele se lembrava de que todos os casamentos tinham sido cancelados depois que uma casa deslizara morro abaixo em certo domingo. Será que ele se lembrava de que continuamos indo a Palos Verdes, com deslizamento e tudo, e que ficávamos esperando por ele no banco de trás da nossa primeira e única caminhonete com laterais de madeira enquanto comíamos os hambúrgueres caseiros de mamãe, melhores que os do McDonald's, embrulhados em papel-alumínio, com queijo, maionese e picles com endro? Será que ele se lembrava de ter subido os penhascos todo fim de semana cantando "Quem roubou o ding-dong, quem roubou o sino? Eu sei quem roubou, foi Dorrie Bell"? Será que ele se lembrava de que sempre se inclinava para beijar a pequena Robin de Peito Vermelho, depois eu, a sua Di-annie Oh Hall-ie? Papai moveu a cabeça para trás e para a frente, tentando pensar. Eram muitas perguntas para um homem moribundo responder.

Contei-lhe sobre a vez em que o espiei pela fresta da porta do quarto enquanto ele enfiava moedas nos recipientes com divisórias de vários tamanhos que recebia do Bank of America. Depois de enchê-los, abria a gaveta e punha os recipientes novos em cima de um monte de outros. Ver o contorno do seu perfil enquanto ele refletia sobre o resultado cumulativo das suas realizações me fez sorrir. Ali estava ele, o filho de Mary Alice Hall, dedicado a realizar alegremente uma parte do seu sonho, a aquisição de dinheiro. Disse a papai que queria que ele tivesse certeza e se orgulhasse de todos os outros sonhos que também realizara, grandes sonhos, sonhos que nunca achou que poderia realizar. Disse-lhe que esperava passar a lembrança das suas realizações ao filho que eu teria um dia, embora eu soubesse que isso era meio improvável. Papai não respondeu. Depois disso, não lhe contei mais histórias.

O homem gordo de terno preto saiu da sala do legista. Calçou luvas de borracha para examinar o corpo. Foi rápido. Enrolou uma etiqueta de arame no dedão do meu pai. Nunca mais pé direito do sapato de Jack Hall, pé esquerdo do sapato de Jack Hall. Robin, Dorrie e eu saímos e nos sentamos na tampa da banheira. Olhei pela janela panorâmica de papai enquanto dois homens da Neptune Society o prendiam numa maca. Coberto com um pano azul, papai foi levado da sala, passou pela cozinha, chegou à garagem e, pela porta da garagem, à calçada. Segui a pequena procissão a distância. Depois que fecharam a porta envidraçada da van, só consegui avistar o lençol azul esticado sobre o corpo do meu pai. Pelo menos ele foi envolvido pela cor do oceano ao pôr do sol.

O que resta

Dois meses depois que papai morreu, Al admitiu, na segurança do consultório do terapeuta, o que eu já devia saber: nunca teve nenhuma intenção de se casar comigo. Queria era romper. E foi o que conseguiu. Rompeu. Vi-o andar rumo à luz do sol da Califórnia sem sequer um olhar para trás. Mais tarde naquele mesmo dia, ele voou para a segurança de Nova York, a ponte George Washington, o motorista Luke e o cão Lucky, que esperavam em Snedens Landing.

Isto foi o que restou de Al Pacino:

1. Oito recados cor-de-rosa de 1987 do hotel Shangri-La dizendo "Al ligou".

2. Uma página arrancada de um livro com a partitura de "All I Have to Do Is Dream", com a dedicatória "Para Di" no alto da página e "Com amor, Al" no pé.

3. Um cartão de aniversário escrito "Com amor, Al".

4. Uma carta manuscrita de dezembro de 1989: "Querida Di, estou me sentindo mais desconfortavelmente solitário do que nunca. Não sei por que estou assim. Talvez por estar num país estrangeiro e não saber falar a língua; pode-se dizer que essa é uma das razões. Mas principalmente por estar longe de você e do que temos juntos. Escrevo esta carta num café ao ar livre em Roma e chove a cântaros. Olho para uma linda praça com uma igreja e falo sozinho. Estou com as mãos postas como em oração. Mas no meio das minhas mãos há um gravadorzinho. E parece que estou falando com os meus dedos. É isso que parece. Ah, se eu pudesse ditar esta carta sem mover os lábios... Só tentando lhe dizer que estou com saudades, 'quirida'. De um jeito meio tortuoso, parece. Voltarei para você. Amor, Al."

5. Um bilhete num pedaço de papel rasgado: "Diane, Andy, Don e eu fomos a um restaurante em Mondello. Ligo para você com o nome do lugar. Aguarde e confie. Não brigue. Com amor, Al, seu amigo."

6. 29 de janeiro de 1992, à mão: "Querida Di, Soube que Anna Strasberg conversou com você por telefone e pode ter mencionado algo sobre eu mandar lembranças ou alguma amenidade assim. Nunca fiz isso. Nunca usaria uma abordagem tão tímida para tentar me comunicar com você. É insuportável pensar que você pode ter ficado com essa impressão. Não preciso de intermediários se quiser fazer contato com você. Peço desculpas por obrigá-la a ler este bilhete. A. Al Pacino."

7. 19 de agosto de 1995, em papel de carta Chal, datilografada: "Querida Di, Obrigado pelo lindíssimo bilhete sobre Lucky. Suas palavras e seus pensamentos calorosos e a profunda compreensão da minha relação com ele me fizeram sentir que não estou sozinho. Obrigado. Enquanto isso, soube de sua mãe e a notícia foi preocupante para mim. Mando-lhe os meus pensamentos e esperanças de recuperação. Sei que é muito difícil. Falando sério, é uma vida dura, e é assim que as coisas são. É claro que agora me sinto incapaz de fazer qualquer coisa por você a não ser lhe informar que tenho alguma compreensão a respeito do que está passando. Mais uma vez, obrigado pelo seu bilhete. Ele me ajudou. Os meus pensamentos estão com você, e penso em você com frequência. Com amor, Al."

Um retrato

No final de novembro, os restos mortais de papai continuavam na estante da casa deles em Tubac, no Arizona. Dorrie e mamãe estavam à espera. Eu iria de Dallas de avião para encontrá-las. Naquela manhã mais cedo, Dorrie acordara com um barulho. Abriu a porta de correr de vidro e achou uma pomba jazendo numa poça de sangue.

Cheguei a tempo de ajudar a terminar a cruz de papai. Nós três subimos a pé a ladeirinha que descia em direção ao vale da serra de Santa Rita. Martelamos no chão a cruz de madeira feita à mão. Pregamos uma foto de papai acima do nome, da data de nascimento e da data da morte. Deixamos algumas notas de cem dólares debaixo das pedras. Imaginamos que, na viagem, ele talvez precisasse de dinheiro. Pusemos a pomba ao lado de papai para ele ter uma companheira de viagem. Não sabíamos o seu destino, mas nos sentimos melhor sabendo que não ficaria sozinho.

O ano em que perdi o meu pai foi 1990. Esse foi também o ano em que perdi Al. De certo modo, a morte de papai foi uma preparação para o adeus de Al. Durante os curtos cinco meses em que papai conviveu com o câncer de cérebro, aprendi que o amor, todo amor, é um trabalho, um grande trabalho, o melhor trabalho. Aprendi que é muito mais do que uma fantasia de romance. Acontece que perder Al era previsível, mas perder papai não era. Perder papai me mudaria de um jeito que eu jamais imaginaria.

No dia em que tirei a fotografia do olhar fixo de papai em face da morte, ele praticamente voava sozinho, subindo sobre a Califórnia, verificando a configuração da terra pouco antes de fazer o último voo. Há quem diga que as fotografias mentem. Os olhos do meu pai em prolongado sofrimento são a verdade para mim. Sei muito bem que pode parecer esquisito eu me concentrar num retrato de papai moribundo e não dele jovem ou dinâmico. Mas não consigo passar por isso sem refletir sobre o modo como ele partiu. Despido de razão, com alucinações de cães dando cambalhotas para trás no seu quarto, papai estava numa viagem louca, mas a fez sem frescuras. O seu rosto em seu 68º ano me dá esperanças de me envolver na vida do mesmo modo que ele se envolveu na morte. Objetivamente, sem rodeios nem acessórios.

"Sei que não posso levar este mundo comigo. Metade do tempo sequer sei onde estou, mas vou lhe dizer, Diane, estou me sentindo melhor. A gente nunca percebe quanto aprecia as pequenas coisas. A sua mãe, por exemplo. Amo a sua mãe, embora nunca saiba o que ela vai fazer." Esse não era Norman Vincent Peale. Não era Dale Carnegie. Esse era o meu pai.

11
CONSEQUÊNCIAS

Duas cartas

Querido papai,
 Estamos no primeiro dia de 1991. Acho que você ficaria contente de ver as suas meninas hoje. Às dez, o sol brilhava sobre uma densa camada de neblina. Robin foi à loja arrastando Riley e o pequeno Jack, que já anda. Dorrie, mamãe e eu fomos ver uma casa à venda na Ocean Drive. Dá para acreditar que estavam querendo 2,5 milhões de dólares por um caixote de 185 metros quadrados com uma pequena vista? Você teria se orgulhado de mamãe. Ela quase não conseguia falar.
 De volta à Cove Street, Dorrie pôs Willie Nelson para tocar. Abri uma garrafa de vinho e todas nos sentamos para comer um dos deliciosos ensopados de atum de mamãe. As crianças comeram seus doces favoritos de sobremesa: tartarugas de chocolate See's.
 Estava quente demais para a estação, e Robin, Dorrie e eu nadamos até Big Corona, onde pegamos ondas com gente que não tem casa na praia. Obrigada pelo nosso caixotinho com vista, papai. Quando nos encontramos com mamãe e as crianças,

fizemos castelos de areia. Riley me ensinou a construí-los direito. Ela vai acabar na administração. É o seu tipo de garota. O pequeno Jack se curvou sobre uma coleção de baldes na linha d'água, examinando sirizinhos.

Acho que você acharia o máximo as suas três filhas olhando todos os rapazes sarados. Dorrie fez piadas sobre o meu tipo. Quero reiterar: não tenho um tipo, papai. Sei que você acha que todas as mulheres adoram canalhas, mas está errado. É complicado. Eu e Al rompemos uns dois meses depois que você morreu. Foi triste, mas educativo. Não sei se acharei um jeito melhor de amar um homem, o jeito "correto". Gostaria que você e eu tivéssemos sido mais íntimos. Gostaria de ter sido a filhinha do papai. A sua filhinha. Acho que imaginei um jeito de amá-lo com um pouco menos de esforço.

De qualquer modo, foi bom esse primeiro dia de 1991. Ficamos felizes na praia. Éramos só nós, as suas cinco meninas e um menininho que recebeu o seu nome: Jack.

Com amor, Diane

Querido Jack,

Quero conversar com você sobre coisas que lamento ter aprendido tarde demais. Sei que você não gostaria que eu vivesse com remorsos. E estou tentando, mas vejo casais brigando por alguma bobagem e tenho vontade de dizer: "Não passem o tempo juntos brigando e se irritando à toa. Sejam felizes. Vocês têm um ao outro."

Ainda sinto a sua presença. Quando essa sensação vem, olho para o céu (como se fosse onde você está) e penso que, se o sinto tão intensamente, você deve me sentir também. Se for verdade, saiba que estou me achando velha. Detesto encarar o fato de que também estou perdendo a minha capacidade mental. Isso me incomoda. Ainda tenho o coração vermelho que você me deu no último dia dos namorados, cheio de chocolates See's. Ou foi no ano anterior? Meu Deus, Jack, está vendo o que quero dizer? Está tudo se perdendo.

Gostaria de lhe pedir um favor. Por favor, fique comigo, porque preciso muito de você. Abra caminho à força até mim, pode ser? Por favor. Estou sozinha. Não sei por que foi tão difícil para mim lhe dizer quanto o amava quando você estava sentado na minha frente no banquinho do bar, bebida na mão, música tocando, o jantar ficando pronto, tudo funcionando. Talvez você saiba todas as respostas agora que foi para o outro lado. Só sei que o abracei quando você estava morrendo. Queria ir para lá também. Mas quem me abraçará, Jack? Quem me abraçará agora que você se foi?

Eu te amo.

Sua Dorothy

O preço da beleza, março de 1991

É engraçado como a chuva veio de repente. Um deslizamento de terra esmagou as flores amarelas no meu quintal. Até no jantar com Dana Delany e Lydia Woodward, duas solteiras fantásticas, a avalanche não saía da minha cabeça. Dana pediu um copo de vinho. Queria saber se eu estava namorando. Mencionei um cara em Newport Beach.

— E aí, já deu? — perguntou ela.

— Não — respondi. — Não, não dei.

O que eu queria dizer era que os meus pulmões estavam cheios de um resíduo de pó do passado. Por que tive de me interessar pelo gótico com cortes ensanguentados enfeitando o pescoço tatuado na frente do restaurante Musso & Frank em vez da família de turistas alegres que tomava sorvete de baunilha ao entrar no Museu de Cera de Hollywood? Por que a solidão de Lydia era mais cativante do que as conquistas e a confiança de Dana?

Depois de Al, perdi toda a imagem de confiança de Dana. A verdade é que nunca a tive, mas a questão não era essa. A questão era que, mais uma vez, eu tinha me deixado ficar preocupada com o fracasso. O meu. Talvez eu não fosse suficientemente bonita para Al. Talvez Al, como Ronnie McNeeley lá na escola, não se sentisse atraído pelo meu rosto. O meu rosto era o meu fracasso.

Às vezes é difícil separar o conceito de beleza do conceito de charme. Eles são diferentes. A beleza é variável. Vem e vai. Por exemplo, a vovó Hall foi bonita uma única vez, e foi no ano em que morreu. Natalie Wood passou de atraente a bonita em *Clamor do sexo*. Anna Magnani era uma feiosa bela que se jogou na terra em *Roma, cidade aberta*. Todas essas mulheres eram bonitas. Eram hipnóticas, mas a sua beleza não prometia nada. Não era segura e não era eterna.

Se eu quisesse ser bonita, poderia fazer uma plástica para tirar as rugas, ajeitar os olhos e me livrar daquela bolotinha irlandesa na ponta do nariz. Os cirurgiões plásticos adorariam atender às minhas necessidades. Mas e aí? É um pouco tarde para começar a fazer experiências. Além disso, a beleza, com a sua promessa de perfeição, não é tão atraente como era. Afinal de contas, o que é perfeição? Na minha opinião, é a morte da criatividade, enquanto a mudança, por outro lado, é a pedra fundamental das ideias novas. Deus sabe como quero ideias e experiências novas.

A diferença entre charme e beleza é que esta última, como a moça da Avon que bate à porta oferecendo uma seleção de gratificações bem embaladas, é um beco sem saída. A beleza, lançando-se ao chão como Anna Magnani, é viva e passageira. Gostaria de largar a beleza sem maus ressentimentos, mas tenho capacidade para isso? Beleza não é opção. Beleza é como viver cheia de perguntas. Não há respostas. Se a beleza está nos olhos de quem vê, isso quer dizer que espelhos são perda de tempo? Não sei se tenho coragem suficiente para viver sem respostas ou parar de me olhar.

A vida continua

A HBO me ofereceu o papel de Hedda Nussbaum, uma vítima de agressão doméstica cuja filha adotada, Lisa, morreu de um golpe violento na cabeça dado por Joel Steinberg, o amante de Hedda. Recusei. Chega de vítimas para mim. Em vez disso, reformei a casa projetada por Lloyd Wright que papai me aconselhara a não comprar. Fiz com Dorrie uma viagem de carro até o canyon de Chelly. Dirigi um videoclipe chamado "Heaven Is a Place on Earth", com Belinda Carlisle. Fiz aulas de roteiro na Universidade do

Sul da Califórnia com David Howard, que falou da preparação e do depois. "A gente nunca é velha demais para aprender, hein?", perguntou uma colega no intervalo. "É, nunca", concordei. Conheci uma produtora chamada Judy Polone que me deixou dirigir um filme de TV chamado *Wildflower*. Contratamos o câmera Janusz Kaminski, que depois filmou *A lista de Schindler* com Steven Spielberg. Chamei Patricia Arquette e Reese Witherspoon para estrelar. Eram belas e talentosas. O futuro era delas. Randy se mudou para Laguna. Al teve um filho. Warren se casou com Annette Bening. Dorrie comprou uma casa. Robin teve dois filhos, um marido e três cães resgatados. Eu continuei me mudando.

No brechó do estádio do Rose Bowl, Carolyn Cole, diretora do arquivo fotográfico do *Herald Examiner* de Los Angeles na Biblioteca Central da cidade, me procurou e quis saber se eu me interessaria em dar uma olhada em algo muito especial. Sozinha no porão do marco do renascimento egípcio do arquiteto Bertram Goodhue, peguei o arquivo da letra A e comecei uma viagem por 2 milhões de fotografias de cães encontrados, crianças desaparecidas, suspeitos de assalto, caras que agrediam suas esposas, travestis — basicamente, um tanque cheio de pobres e oprimidos que tiveram a mesma notoriedade breve mas espetacular no *Herald Examiner*. Encontrei uma foto 20x24 centímetros da mamãe Anderson, presa na Clifton's Cafeteria por passar cheques sem fundo quando estava grávida do 17º filho. Atrás dela, uma fotografia de papai Anderson na cadeia, acusado de raptar uma das filhas. O ex-soldado cego Edward Altman aparecia junto com Trump, seu cão-guia, e Gladis Archer tinha sido fotografada de calças compridas depois de libertada da cadeia por usar um uniforme de fuzileiro naval numa festa com bebidas alcoólicas. Assinantes como a vovó Hall e George Olsen devoravam o insaciável buraco negro do infortúnio dos outros.

Ainda na letra A, sob a rubrica "Ambassador Hotel", encontrei uma foto da triunfante Dorothy Hall sendo coroada Mrs. Los Angeles por Art Linkletter. Mas, em "Abandonados", não havia nenhuma fotografia de Beulah Keaton lavando vasos sanitários na Franklin High School, no seu novo emprego de faxineira. E a sua história de azar? A história da mulher que acordou e viu o marido, depois de 25 anos de casados, partir para Utah no único carro da família com uma mulher com quem ia se casar, tornando-se, portanto, bígamo. Não havia foto do rosto do pequeno Jackie Hall com o rosto pressionado no vidro da janela a observar a mãe Mary Alice jogar vinte e um à uma da madrugada dentro de um dos famosos navios-cassinos da ilha Catalina. Na verdade, não havia reportagem nem fotografia dos Hall nem dos Keaton. Isso teria de esperar por Dorothy e sua filha Diane. Para mim, a tênue linha que separava merecer ou não notícias ia ficando mais fina ainda. Um livro começou a tomar forma. Um tipo de tabloide. Chamei-o de *Local News* — notícias locais.

Quando Woody me pediu que substituísse Mia Farrow em *Um misterioso assassinato em Manhattan*, aceitei. Foi uma loucura. Lá fora, a imprensa cercava o trailer de Woody. Não se passava um dia sem microfones na cara dele. "O que tem a dizer sobre a batalha com Mia Farrow pela custódia dos filhos?" Lá dentro, era como na época de *Noivo neurótico, noiva nervosa*, só que com mais liberdade, se é que isso era possível. Carlo Di Palma filmou com a câmera na mão. Cenas inteiras foram feitas numa tomada só. Entrávamos na maquiagem às sete da manhã e terminávamos às duas e meia da tarde. Não dava para acreditar como era fácil. Quanto a Woody, ele nunca mencionava problemas pessoais enquanto trabalhava.

Meus tios heróis

Donna Roth e Susan Arnold procuravam um diretor. *Meus tios heróis* se baseava nas memórias de Franz Lidz sobre a luta de um menino chamado Steven depois que a mãe, Selma, descobre que está com câncer no ovário. Quando Selma começa a piorar, o pai de Steven o manda para morar com dois tios, um colecionista, o outro paranoico. Os dois o ensinam a valorizar a sua singularidade. O tio Arthur, especificamente, mostra a Steven como apreciar a beleza de objetos mundanos como barbante e bolas de borracha. Mas é Selma que lhe dá a capacidade de amar. Steven cria o seu monumento a Selma depois que ela morre enchendo uma caixa com coisas da mãe — um batom, um frasco de perfume, um isqueiro.

Para mim, encontrar a redenção por meio da documentação era muito comovente. Era quase como se Franz Lidz nos dissesse que itens, posses e até lixo acumulado poderiam compensar as caprichosas idas e vindas do amor. No teste com Donna e Susan, contei-lhes os meus pensamentos, principalmente aqueles ligados à documentação da história de uma família. Eu vinha imitando mamãe havia anos, fazendo o meu próprio diário. O tema era pessoal. Susan e Donna eram produtoras do tipo confiante o suficiente para me deixar tentar.

Foi o meu primeiro filme como diretora. Precisei de ajuda em todos os departamentos. Como consultor visual, contratei Greg Yaitanes, formado em cinema pela Universidade do Sul da Califórnia. A abordagem dele era criativa e extremamente engenhosa com a ação. Fizemos o filme juntos antes que eu o filmasse. Pode parecer loucura, mas Greg usou a câmera de vídeo enquanto eu representava Selma moribunda, o jovem Steven e até o maluco tio Danny. Dizer o texto deles me fez sentir mais ligada à história. Quando começamos a fotografia principal, fiquei grata por ter o meu videozinho do filme para ajudar na configuração das câmeras. Phedon Papamichael, nosso operador de câmera, entrou na minha loucura. Na verdade, todos os chefes de departamento se dispuseram a entrar na minha "visão". A trilha sonora composta por Tom Newman foi tão extraordinária que foi indicada ao Oscar. O diretor de arte Garreth Stover era cheio de ideias. Bill Robinson, que viria a ser meu parceiro, foi inestimável. Todos os atores me deixaram comovida. Andie MacDowell, a adorável Andie; o falecido Maury Chaykin, grande ator e amigo; Michael Richards, razão pela qual a Disney aprovou o filme; John Turturro; e o excêntrico Nathan Watt foram inigualáveis, idiossincrásicos, singulares e maravilhosos. Adorei todos eles. Gostaria de ter feito um filme melhor. Depois de dirigir dois longas-metragens, tenho total consciência de como é impossível fazer um bom filme.

Quando *Meus tios heróis* foi selecionado para a mostra "Um certo olhar", no Festival de Cinema de Cannes, a Disney me mandou para lá. Susan Arnold me disse que não me preocupasse: o avião era seguro, faríamos um ótimo voo e beberíamos vinho tinto. Em vez disso, tomei um Xanax. Depois que cheguei, Cannes foi um cenário espetacular. As entrevistas que dei para Kevin Thomas, do *Los Angeles Times*, para a E! Entertainment, para a HBO, para o *Star* de Toronto, para a revista *Time* e para a CNN foram positivas. Joe Roth, presidente da Disney, queria saber qual seria o meu próximo filme. Na festa, a mulher de Richard Corliss falou sobre a questão das mãos, com que delicadeza as mãos se destacavam cena após cena. Querendo terminar a festa no clímax, me enfiei na limusine oficial de Cannes e sumi dentro da noite. Na minha suíte do hotel Carlton, uma sensação conhecida voltou. Com o vestido Mizrahi no armário, a festa acabara. Eu estava sozinha de novo. Dessa vez, em Cannes. Não era diferente das outras noites, só que não tinha a minha cadela Josie para acariciar, o que, por mais brega que possa parecer, era algo por que eu ansiava. Bastou a ideia de acariciar seu pelo desgrenhado, agarrar seu focinho e lhe dar montes de beijos para que eu me sentisse bem. Senti saudades do ritual, de cada noite, de saber que ela estaria lá. Como era possível que Josie, a mestiça de pastor que mordera o carteiro e atacara Freddy, o cachorro do vizinho; Josie, também chamada de Tubarão, uma cachorra que eu não desejaria a ninguém, fosse a única coisa de que eu sentia saudades enquanto fitava o teto de uma linda suíte de hotel a quase 10 mil quilômetros de distância da minha "mordedora"?

Diário de Diane, 29 de maio de 1995

Quando restam oito das 12 horas do voo, o aviso "Apertem os cintos" se acende pela quinta vez. Começo a agarrar os braços da poltrona. Não é que não tenham me avisado. Seria impossível não ver as nuvens de tempestade no aeroporto. No balcão, uma mulher de chapéu de palha se queixava ao marido da escala em Las Vegas. E que tal decolar numa tempestade, madame? Tentei me distrair com o perfil de Reynolds Price na revista *Time*; o seu novo livro, *The Promise of Rest* (A promessa de descanso), "encerrou uma poderosa saga de isolamento". Isolamento. Tinham de me lembrar que eu estava voando sozinha? Onde estava Warren para segurar a minha mão? Pensei em papai. Ele também achava intoleráveis as viagens aéreas. Será que se sentia isolado no céu? Quando o voo atrasou, li "Motel Coração Partido", uma reportagem que destacava a vida largada de andarilhos, bêbados e famílias itinerantes encontrados em motéis na fronteira do Arizona, enquanto os relâmpagos iluminavam o céu. Havia Paul Coyle, que, depois que a mulher o deixou, tatuou o nome dos 16 filhos num coração nas costas. Outra tatuagem dizia AMO MINHA FAMÍLIA. CASADO 12 OUT 1958, CITY TEMPLE, ILL. PAUL E JANET COYLE. Devia imaginar que, se morresse, a família o encontraria. Uma coisa que eu sabia é que nenhuma família me acharia se, valha-me Deus, o Boeing 747 para Los Angeles em que eu estava caísse no oceano Atlântico.

Detesto o aviso "Apertem os cintos". Detesto. Sacolejando a 10 mil metros de altitude enquanto a cortina da janela não para de se abrir e fechar involuntariamente é simplesmente apavorante. Além disso, os dois Xanax e a taça de vinho não funcionaram. Como um carro que passa da quarta para a terceira marcha, o som do motor, pelo menos para mim, indica que o avião está tentando se ajustar a uma altitude mais baixa. Será boa ideia? Mais alto não é mais tranquilo? A aeromoça tenta me convencer de que está tudo bem, mas as quedas de 300 metros estão me matando. Imagino o jato imenso virando de cabeça para baixo. Consigo ver o meu rosto esmagado contra a janela. Quando a mesma aeromoça começa com a velha analogia do carro na estrada esburacada, imagino se ela é maluca. Não pode estar falando sério. Isto não é uma estrada esburacada. Isto é o ar. Isto é estar no meio do nada sem ter onde se segurar. Sinto muito, mas encare a realidade. Voar não é normal. E quer saber? Não me importa onde estamos, podemos por favor pedir ao piloto para ir com mais calma ou coisa parecida? Qualquer coisa. Pouse em algum lugar, não sei, Inglaterra, que tal Barbados? Qualquer massa de terra que haja por perto. Não me importo. Qualquer coisa. Não aguento mais.

A luz de "Apertem os cintos se apaga". Com isso, meu coração para de pular. Começo as eternas promessas de mudança. Passarei mais tempo com mamãe. Pararei com os projetos intermináveis e com as soluções imbecis para uma vida significativa.

Isso me faz lembrar o dia em que levei papai para casa depois que ele foi reprovado no "programa" do Centro Médico da UCLA. Lembro-me de todas aquelas palavras de conciliação dos médicos e da equipe durante os dois meses da estada de papai, e principalmente "É a qualidade de vida, não a quantidade". Papai não parecia um homem que ainda tinha muita

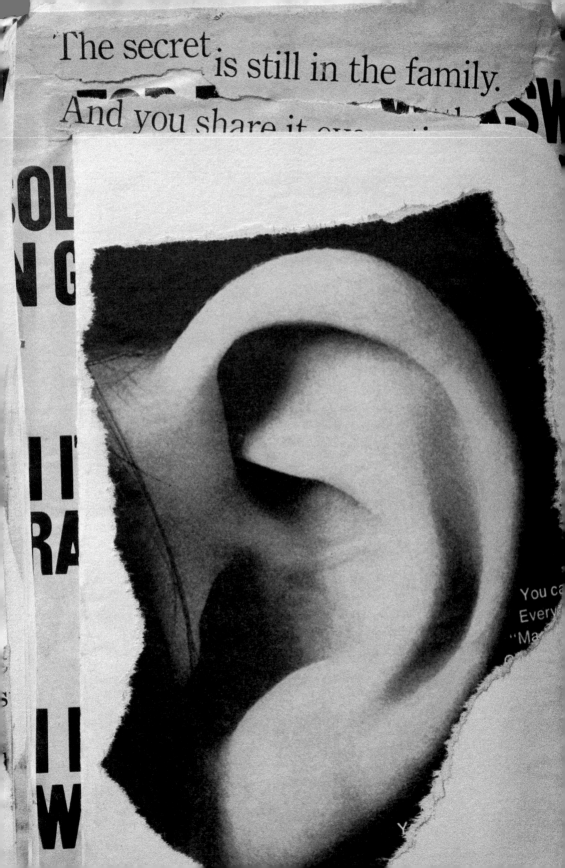

Honor thy self.

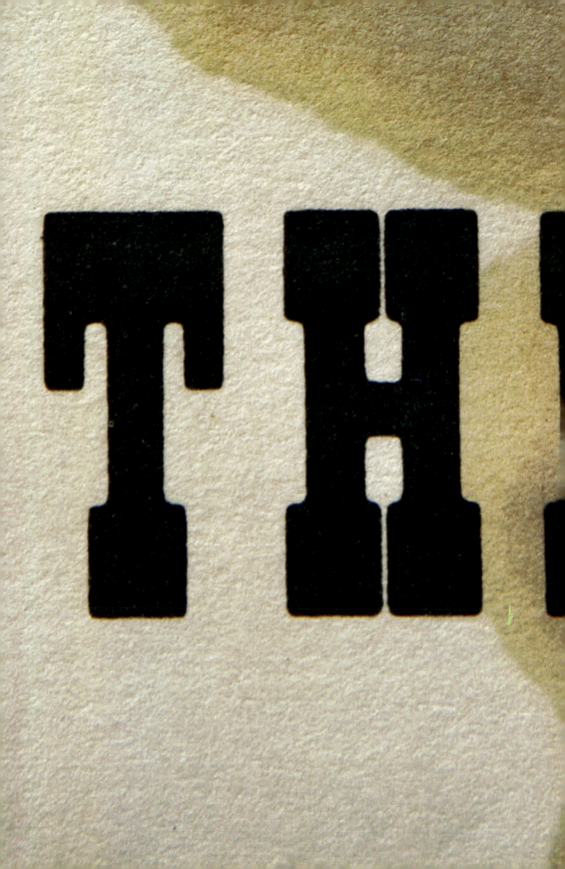

I want to
get what I want.

6 7 8

Who Says You Haven't Got A Chance?

..... MAYBE I WON'T.

or not to be

I CAN'T GET ANY FEELINGS ABOUT WRITING IN THIS .....

qualidade. Ficamos calados ao seguir para o sul pela 405. O trânsito era lento. Eu não sabia o que dizer. Dois quarteirões antes da Cove Street, dois quarteirões antes de Dorothy, papai cuspiu: "Diane, quero que você saiba uma coisa. Sempre detestei o meu trabalho. Gostaria de ter viajado mais, ficado mais perto de vocês, crianças, corrido mais riscos." Foi o uso da palavra *risco* que me fez pensar nos riscos que eu não tinha corrido, principalmente aqueles ligados à intimidade. Também me fez pensar na época em que Kathryn Grody me contou que, aos 50 anos, Estelle Parsons adotara um menininho. Na época eu estava com 30 e poucos e não consegui entender. Ela era velha demais para submeter um menino adotado a tanta insegurança. Que falta de visão. A minha reação, como tantas, foi por reflexo. Lembrei-me da minha promessa, aos 16 anos, de não ter relações sexuais antes de me casar. Caramba, teria sido uma baita perda, ainda mais porque nunca me casei. E quando eu disse a mamãe que, por princípio, eu era contra a psiquiatria? Que princípio? O que seria de mim sem a análise? Eu era intolerante com tudo o que depois me beneficiou.

    Assim que vejo Los Angeles lá embaixo, sei que tenho de reinventar o futuro. Sei que tenho de tomar uma decisão que levará ou não à experiência de um tipo diferente de amor, um amor com menos expectativas no lado receptor. Sei que, caso adote um bebê, terei de me adaptar a condições que exigem atenção e responsabilidade, além de talento administrativo. Mas, acima de tudo, terei de conquistar o direito de ser mãe, ainda mais levando em conta que sou uma mulher branca e solteira quase chegando aos 50 anos.

12
OLÁ

O embrulho

Dexter chegou para mim numa cesta de palha com duas alças. A primeira coisa que fizemos foi ir ao pediatra. Quando a pus na nova cadeirinha do carro, ela parecia cautelosa, afinal de contas, voara o país todo para conhecer a mulher que teria de aprender a chamar de mãe. Tudo nela era novo: as mãos e os pés minúsculos, o grande rosto redondo. Quando o médico a considerou "alerta", isso queria dizer que ela passara pela primeira prova. Era alerta, atenta, preparada, vigilante. Foi nesse momento que eu soube que, enquanto vivesse, eu teria que assumir o resto das provas pelas quais Dexter teria de passar. Foi nesse momento que pus a mão no rosto dela, olhei nos olhos dela por um tempo infinito e sorri. Soube que conseguiria. Soube que a poeira do passado se fora. Sim, Warren tinha razão, o meu desenvolvimento tinha sido tardio, mas me tornara mulher apesar dos meus protestos, e agora mãe também. Dexter era o meu amor incondicional "na saúde e na doença, até que a morte nos separe". Era a minha nova família, aquela garota da Carolina do Norte alerta, robusta, resistente.

Nascida em 14 de dezembro de 1995, uma quinta-feira, Dexter voou para Houston, no Texas, quatro dias depois de nascer. Chegou a Los Angeles na sexta-feira seguinte. No sábado, o tio Rickey, marido de Robin, levou Dexter e a mim até Tubac, no Arizona, para passar o Natal com a família. Dexter estava bem-disposta nas trocas frequentes de fralda em vários postos de gasolina com outros colegas americanos a caminho da animação do Natal. Parecia contente com o movimento constante do carro na estrada. Quando chegamos ao rancho de mamãe, tia Robin, tia Dorrie, vovó Dorothy, primo Riley, primo Jack e o meu amigo Jonathan Gale se reuniram em volta de Dexter na sala. Todos concordamos que o sorriso dela era malandro, como se "Então prove!" configurasse o seu caráter. Com dez dias, ela era excepcionalmente "descolada" e pronta para tudo.

Como se não bastasse, 15 dias depois Dexter e eu voamos para Nova York a fim de que eu terminasse a filmagem de *O clube das desquitadas*, comédia sobre três velhas amigas largadas pelos maridos. Ivana Trump foi quem melhor resumiu a mensagem do filme: "Senhoras, é preciso ser forte e independente, e não se esqueçam: não fiquem com raiva; fiquem com tudo."

Dexter e eu tínhamos um ritual. Toda noite, depois do trabalho, eu a punha no bebê-conforto e me maravilhava com os seus gestos em câmera lenta, como se estivesse embaixo d'água. Às vezes ela me seguia com os olhos. Às vezes eu tentava imitar as suas expressões, mas como eu podia fazer isso? Tinha vivido demais para voltar ao começo. Segurava-a contra o peito. Era difícil acreditar que ela pesava menos do que uma bola de boliche média. Eu tocava em seu rosto e lhe dava beijos. Punha a mamadeira na sua boca. Ela engolia o leite. Milagres simples. Comecei a apreciar o conforto da mobília, não só o projeto. Mais milagres simples.

De manhã, no apartamento alugado na Prince Street, eu a alimentava e trocava as fraldas. Conversava com ela, também. Havia muito a dizer. Às vezes — nem sempre —, ela dava um sorriso. Então vinha a tarefa mais importante do dia: escolher seus trajes, dos quais pelo menos 70% eram presentes. Primeiro escolhia um dos 22 chapéus, dos quais 13 haviam sido dados por Kate Capshaw. Então parava um instante e repassava a lista de pessoas que tinham sido tão generosas. Havia Woody Allen, que lhe dera um vestidinho florido, que devolvi. (Pequeno demais.) Meryl Streep dera quatro caixas de vestidos, chapéus (mais chapéus), mantas, suéteres, meias, blusas, paninhos para o banho; disse que era um "kit de iniciante". Bette

Midler dera um livro sobre saúde e um chapéu de cenoura engraçadíssimo com uma ervilha em cima. Então o meu chefe, o sr. Scott Rudin, deu um elegante casaco francês de uma loja chamada Bonpoint, na Madison Avenue. Steve Martin deu uma bolsa para fraldas muito necessária e muito prática. Martin Short e Nancy, sua adorável noiva, mandaram flores e balões que voaram até o teto e lá ficaram por duas semanas. Mal conseguia acreditar na nossa sorte: a oportunidade única de um guarda-roupa completo vindo de uma multidão de celebridades fabulosas. Senti-me como mamãe deve ter se sentido ao ser coroada Mrs. Highland Park.

Primeiras-damas

Sempre em trânsito, Dexter e eu saíamos para jantar três vezes por semana. Ela ia às filmagens todo dia. Chegamos até a virar turistas num passeio da Circle Line e vimos a Estátua da Liberdade durante uma tempestade de neve. Bill Robinson, que foi estagiário de Ted Kennedy, organizou uma visita à Casa Branca. Viajantes veteranas, pegamos o primeiro trem para Washington.

Começamos a visita pela Sala Oval. Era muito amarela e azul — azul oficial. Tiramos fotos na sala de imprensa, ao lado de um telefone surpreendentemente antiquado que ficava em uma parede repleta de minúsculos aparelhos de TV em preto e branco que monitoravam o paradeiro da família do presidente. O sistema telefônico era obsoleto. Na Sala Leste, onde os presidentes John Kennedy e Abraham Lincoln foram velados, Dexter cochilou no seu canguru BabyBjörn. Quando passamos para a Sala Vermelha, aprendi que Eleanor Roosevelt a transformara de ambiente social feminino em sala de imprensa para mulheres jornalistas excluídas das coletivas presidenciais. A condição? As entrevistas coletivas da sra. Roosevelt se limitavam a temas centrados nas "realizações femininas".

Todos os gabinetes tinham um aparelho chamado de "torradeira". A função era informar digitalmente aos funcionários o paradeiro exato do presidente, da primeira-dama, de Chelsea e de Socks, o gato da família. Disseram-nos que Hillary e Chelsea estavam realmente na Casa Branca.

Chelsea assistia a um filme e Hillary se encontrava no andar de cima, resfriada. É claro que ela gostaria de nos conhecer, mas estava se sentindo mal. Francamente, se eu fosse ela, adoraria cada momento de privacidade e o guardaria como um tesouro. A vida dela era só invasão. Imagine estar sempre à vista, sempre sendo cuidada, avaliada e criticada. Quanto mais eu via, mais impossível era imaginar a Casa Branca como um lar. Mas aí acho que a ideia de lar é algo que temos de criar para nós.

Havia muitos aspectos espetaculares na Casa Branca, mas o papel de primeira-dama não era um deles. Embora a primeira-dama carregue o fardo de apresentar ao público a família "americana" exemplar, além de apoiar as suas obras de caridade prediletas, visitar escolas, dar festas para dignitários em visita e aconselhar particularmente o marido sobre o estado da União, tudo isso sob o escrutínio do país inteiro, seu cargo não é considerado emprego e ela não recebe por ele.

Ficamos diante dos retratos oficiais das primeiras-damas e escutamos o guia nos dizer que cada mulher teve o direito de escolher o artista que quis. Direito? Quem mais escolheria? Soube que Eleanor Roosevelt se achava tão simples que insistiu que o retrato de Douglas Chandor se concentrasse na sua característica física mais bonita, suas mãos. A parte superior do quadro era um retrato típico até se fundir num tipo de segundo quadro, dedicado a uma série de inserções monocromáticas das mãos da sra. Roosevelt tricotando e segurando os óculos — em resumo, envolvida na realização de tarefas domésticas. Essa era a mesma mulher que, em 1948, fora cotada como vice do candidato Harry Truman. Até Eleanor Roosevelt teve de se conformar às exigências de uma primeira-dama na quarta década do século XX. O retrato recém-pendurado de Barbara Bush era totalmente previsível, até que notei dentro dele a imagem emoldurada da cadela Millie — não dos filhos e netos, mas da cadela Millie — na mesa ao seu lado. O de Jackie Kennedy era cativante de um jeito distante e discreto. Bem anos 1960. Nancy Reagan escolheu o mesmo pintor, Aaron Shikler, na esperança de refletir o legado de Jackie. A diferença era que Nancy, sempre oposta a tons monocromáticos, escolhera um vestido vermelho-vivo. Nancy queria ser Jackie em cores primárias.

Tudo isso para dizer o quê? Que uma lista de elite de mulheres altamente qualificadas e não pagas se tornaram primeiras-damas dos Estados Unidos. O que posso dizer? Tomara que Dexter viva o bastante para ver todas as mulheres trabalhadoras, inclusive a primeira-dama, ganhando salários justos em relação ao trabalho que realizam. Talvez veja até o retrato de um primeiro-marido pendurado nessa parede.

De volta em casa

Depois de ver a vida doméstica da Casa Branca, o lar não me saía da cabeça. Mal podia esperar para voltar a Los Angeles. Estava preocupada com mamãe, cuja perda da capacidade de se lembrar vinha ficando mais visível. Enquanto eu estava em Nova York, ela escreveu uma carta que se tornou o diagnóstico oficial da doença.

> *Querida Diane,*
>
> *O dr. Cummings me disse que estou com início de ALZHEIMER, mas não vou acreditar nisso sem mais exames. Na verdade, não sei como vou encarar isso se for verdade. Não quero desistir... Admito que sou incapaz de recordar nomes e, às vezes, fatos, mas nem sempre. Tenho de parar de escrever sobre os meus lapsos de memória e treinar o recordar. Tenho de continuar tentando, mas "não é fácil", como diria Mary Hall. O pior é que todos falam comigo com cuidado. Mostram deferência e sabem que sem dúvida esquecerei alguma coisa ou cometerei um erro de avaliação. Vejo-me incapaz de recordar palavras como genes e cromossomos e não sei como escrevê-las. (É genes.) Como dizer aos meus amigos que estou com Alzheimer? Não digo.*
>
> *Com amor,*
> *Mãe*

Em 1993, mamãe escrevera que tinha a doença de Alzheimer e que era "assustador". Mas essa carta enviada para mim dois anos depois confirmou o inevitável. Ela finalmente entendeu o que não se lembrara de admitir. Veja só, mamãe esqueceu de se lembrar que era uma das 5 milhões de vítimas da doença do "esquecimento". Liguei para Robin. Mamãe acabara de lhe telefonar dizendo que queria cancelar o seguro de vida e esvaziar a casa que papai comprara ao lado da nossa na Cove Street, sabendo que ela acabaria precisando de ajuda. Também disse que queria ter certeza de que se suicidaria antes de ficar mal. Foi inflexível e acrescentou que cuidaria de tudo. Quando liguei para Dorrie, ela caiu em lágrimas.

No momento perfeito, Bette Midler, Goldie Hawn e eu embrulhamos *O clube das desquitadas* dançando pelas ruas de Nova York e cantando "You Don't Own Me" (Você não é meu dono). No dia seguinte, Dexter e eu voamos de volta para a Califórnia para começar juntas a nossa vida real. A casa de Ramon Novarro projetada por Lloyd Wright não era adequada para viver em família. O meu quarto era o único cômodo no andar de cima. O de Dexter era um espaço do tamanho de um armário junto à sala de estar/cozinha do segundo andar, e o escritório ficava no térreo, junto à garagem. Comecei a procurar uma autêntica *hacienda* espanhola da Califórnia.

Enquanto isso, Dex e eu passávamos os fins de semana na Cove Street. Mamãe a adorava. Comprou até uma arca miúda e a encheu de coisas como quebra-cabeças, cartilhas, baldinhos e pazinhas. Dorothy estava se aguentando. Em várias ocasiões, fez com que eu me sentasse diante do único *scrapbook* de Beulah Keaton. Na tentativa de manter as lembranças vivas, ela se recordava muito bem de Beulah. Era sempre a mesma coisa. Ela abria primeiro a última página. Lá estava Dorrie em preto e branco com uns 2 anos, o rosto redondo, no colo da maravilhosa Dorothy, diante do bangalô da vovó na Monterey Road. Robin estava em pé junto delas, com seus óculos novos, enquanto o xerife Randy enfiava um revólver de brinquedo no meu peito. Mamãe sempre apontava para a trepadeira nos fundos do velho quintal da vovó Keaton. Eu perguntava se ela ajudara a plantar as flores. Ela fazia que sim enquanto virava as páginas até uma época anterior. Eu me tornava uma observadora mais entusiástica de dois fenômenos: o lento início da vida e o final ainda mais lento sob a tirania da doença de Alzheimer.

Dexter tinha 11 meses quando mamãe lhe segurou a mão à beira-mar. Pulando o tempo todo, empolgadíssima, Dex apontava para as gaivotas dizendo "Brr", como quem está com frio, "Brr". Mamãe, ainda mais empolgada, disse: "*Bird* (pássaro), Diane. Ela disse *bird*." *Bird* foi a primeira palavra de Dexter, ou assim mamãe decidiu. Dexter estava tão feliz quanto estivera inconsolável poucas horas antes, com o rosto contraído em lágrimas. Reconheci que nem todo o amor do mundo poderia amaciar a realidade da dor. Naquele momento, Dexter parecia saber mais do que os seus 11 meses. Pensei em meninas — meninas pequenas, meninas adolescentes, até meninas velhas como eu — que, em algum momento, descobrem, como todas as meninas, a sua tristeza.

Levou muito tempo, mas finalmente comprei uma antiga casa espanhola na Roxbury Drive, em Beverly Hills, uma construção projetada por Wallace Neff que agora precisava ser reformada. Meu amigo Stephen Shadley começou as obras. No processo, desenvolvi um interesse duradouro por tudo o que fosse espanhol e tudo o que fosse construído em Los Angeles. A enorme variedade, a história e a magia dos lares clássicos do sul da Califórnia me fizeram querer participar de uma organização que os preservava. Entrei para a L. A. Conservancy e me tornei preservacionista. Nosso novo lar levou um ano e meio para ser reformado e Dex se tornou uma menininha que morava numa genuína casa neocolonial hispânica salva da demolição.

O clube das desquitadas

O clube das desquitadas foi um sucesso inesperado. Bette, Goldie e eu demos muitas entrevistas. Nunca me esquecerei da teleconferência formada por mim e por Goldie na casa dela em Pacific Palisades e por Bette no seu loft em Nova York. Sempre a contradição em pessoa, Goldie tomava uma horrível bebida verde e saudável enquanto fumava. O entrevistador perguntou:

— Quais são as vantagens de ter 50 anos em vez de ter 20?

Goldie respondeu:

— Ser uma ótima mãe; aprender a crescer e a amar a si mesma; lidar com o desconforto da fama; amar um homem sem prendê-lo demais; deixar que os outros sejam quem são; ajudar a filha a conviver com o fato de que a mãe é famosa e amada por muita gente; vingar-se, mas do jeito certo; aprender a ter consciência espiritual; aprender a criar autoestima. Essas são algumas razões para eu ser melhor aos 50 anos do que aos 20.

O que eu e Bette poderíamos acrescentar? Goldie dissera tudo.

"Diane, aqui é a sua mãe. Detesto incomodar, mas não consegui encontrar outro jeito. Merna, que mora aqui na rua, ligou para saber exatamente quando você vai aparecer de novo na TV. Se você for mesmo, me avise o dia e a hora. Ela quer muito assistir você, mas não pode sair da cama. Talvez ela tenha entendido errado. Não sei. Só me avise. Tchauzinho, Diane."

Mamãe tinha começado a ligar e deixar mensagens na secretária eletrônica o tempo todo. Ela nunca fora de telefonar. As ligações tinham um aspecto infantil, como se ela se preocupasse com coisas sem relevância. Não decidi de forma consciente assumir o seu papel de documentarista da família. Mas comecei a guardar as mensagens.

Quase dois anos depois do diagnóstico, ela ainda era voluntária no brechó do câncer, onde pôs o meu figurino de *O Clube das desquitadas* com destaque na vitrine. Visitou Robin na Geórgia. Construiu uma casa de madeira para Dorrie em Tubac. Continuou tendo contato com as amigas. É verdade que nossas conversas giravam em torno das minhas preocupações, como a fixação oral de Dexter. Por que ela não parava de chupar a vaquinha suja de pelúcia em vez da chupeta limpa (sobre a qual, aliás, eu também tinha dúvidas)? Mamãe concordou que isso era uma questão complicada, enquanto ressaltava o problema mais grave de Dexter: comer areia. Seria algo no leite? Talvez fosse hora de trocar Nutramigen por soja.

Segui o exemplo de mamãe em muitas coisas. Comecei a escrever cartas para Dexter sobre o seu desenvolvimento, incluindo a preocupação com a fixação oral (o sujo falando do mal-lavado). Mas também havia temas que, espero, atravessavam a barreira dos cinquenta anos de diferença de idade entre mim e ela e eram explicações e desculpas relativas a quem sou. Foi o meu jeito de preservar o legado de mamãe e a sensação de mantê-lo na nossa nova família.

Querida Dexter, 1998

Dei-lhe o nome de Dexter Deanne Keaton por várias razões. Queria um nome com *D* por causa da sua avó Dorothy, da sua tia Dorrie e da sua mãe, eu, Diane. Dexter é uma redução de *dexterous*, que significa destro, bom com as mãos. Também significa hábil, competente, arguto e sagaz. Dei-lhe o segundo nome de Deanne porque o segundo nome da sua avó Dorothy também é Deanne. Também a batizei de Dexter porque gosto do som. Tem força. Gosto dos apelidos engraçados, como Dexie, Dex, Dext e até DeeDee. A escolha de Dexter também tem a ver com Buster Keaton, um grande palhaço do cinema mudo, e com Dexter Gordon, um influente saxofonista tenor de jazz. Talvez você seja engraçada. Talvez adore música. Espero que goste do nome. Se não gostar, pode mudar depois. Mudei o meu sobrenome para Keaton porque é o nome de solteira da sua avó. Acho que as pessoas se transformam em quem querem ser. De certa maneira, nós criamos quem somos.

Aqui vai um tema para discussão. Tem sempre alguém que me pergunta: "É a sua netinha?" Dexter, sinto muito por ser uma mãe com idade de avó. Sei que será um fardo. Mas talvez você consiga transformar isso em uma vantagem. Tenho certeza de que haverá pedras no caminho, mas tentarei acompanhar o seu ponto de vista e prometo escutar. Talvez desse jeito encontremos um terreno em comum. As tias Robin e Dorrie são bem mais novas, e se alguma coisa me acontecer, elas cuidarão de você. Lamento que você não tenha pai, sequer uma figura paterna, mas quem sabe as coisas podem mudar, e elas mudam mesmo. Desculpe. Quando eu ficar velha demais para cuidar de mim mesma, lhe asseguro que não serei um fardo. Você terá a sua independência, exatamente como mamãe me deu a minha. Em troca, vamos fazer um acordo: prometa que será o tipo de mulher que sente empatia pelo sofrimento dos outros. Não lhe peço que demonstre sempre as suas emoções. Estou pedindo que tente se pôr no lugar dos outros e entender como deve ser. Você recebeu um privilégio. E deverá estar à altura dessa responsabilidade, tendo ainda mais consciência do que é não ter tanta sorte. Mantenha-se humana, meu docinho, mantenha-se humana.

Dexter, você é uma menina de 3 anos de cabelos e olhos castanhos. Carol Kane diz: "Aah, não, não, não, ela não tem olhos e cabelos castanhos, Dexter tem olhos cor de avelã e cabelo louro-morango." Kathryn Grody chegou a ponto de dizer que você é completamente loura. Bill Robinson, cego para cores, afirma que é ruiva. "Ela tem cabelo ruivo e olhos verdes." Olhos verdes? Só posso lhe dizer que eles estão redondamente enganados. Querem que você seja a fantasia deles de princesinha adorável. Estão criando uma futura você que se encaixe nos planos deles. Até mamãe traiu a própria sensibilidade ao declarar: "Dexter é um anjo louro." Ela tem teorias de todos os tipos sobre como você é especial. Mais do que especial. Acho que esse tipo de estímulo não leva a um ego saudável. Ficar dizendo o tempo inteiro quão extraordinária você é me parece um pouco de exagero. Eu já devia saber. Além disso, o que há de errado em cabelos e olhos castanhos? Adoro as suas órbitas cor de chocolate, de alegria impenetrável. Tudo o que você precisa fazer é franzi-los num sorriso e o mundo se ajeita. Castanho é lindo. A terra é castanha. Um labrador chocolate é castanho. Os ursos são castanhos, e os seus olhos são o melhor castanho que existe. Não quero ser do grupo dos que transformam você em um mito. Além de criar expectativas ridículas, não é a realidade. Ah, e antes que eu me esqueça, mais uma promessa. Prometa que não vai ser como eu fui, sempre tentando atender às expectativas dos outros. Não faça isso, Dex. É um caminho perigoso. Castanho é castanho. Aceite isso.

Amo você,
Mamãe

Quase 5

Na correria da vida você fez 3, depois 4 e agora tem quase 5. Todas as minhas observações continuaram as mesmas, mas você se tornou cada vez mais você mesma. Não a minha projeção de quem eu queria que você fosse, ou do que eu achava bonitinho ou irritante. Você me contou como a vida será melhor quando tiver 5 anos. Quando tiver 5 anos, você poderá andar na montanha-russa; quando tiver 5 anos, terá altura suficiente para tocar o teto; quando tiver 5 anos, ficará maior do que a cama, aí poderá dormir comigo toda noite.

Enquanto isso, mamãe põe pipoca no micro-ondas por 35 minutos. Hoje, entrou na sala com uma laranja e perguntou onde ficava a cozinha. Ontem, vestiu a calcinha por fora das calças. Faz tempo que ela não prepara mais os famosos ensopados de atum. Mas está bem, diz ela, enquanto perambula pela casa. E na maior parte do tempo ainda se agarra a um mínimo de independência. A mesma independência pela qual você luta ao se aproximar dos 5 anos. É um jogo de andar para trás quando ficamos velhas, Dexter, ainda mais para gente como a sua avó, vítima de uma doença que inverte a ordem da vida. Como diz o seu tio Randy, "a memória dela está saindo pela porta dos fundos". Seja como for, diga olá aos 5 anos, Dexter.

Querida Dexter, 2000

Junto com o novo milênio, tem um assunto importante de que quero tratar. Às vezes conversamos sobre o acréscimo de um irmão ou irmã. Você revelou um modesto interesse por uma irmãzinha — parabéns —, mas não por um menino. Eu tinha 2 anos quando Randy nasceu. Ele foi tranquilo. Depois veio Robin. Eu não a suportava. É claro que isso mudou com o tempo e agora a amo de paixão. E Dorrie ainda é a minha irmãzinha caçula adorável. Dexter, não sei como seria a minha vida sem eles. Agora que perdi o meu pai, são ainda mais valiosos; um recado para você não se esquecer. Com "valiosos" quero dizer essenciais, ou, se não for isso, então parte de uma qualidade de vida que não pode ser substituída.

Preste bastante atenção: um dos grandes benefícios de ter irmãos é dividir a história. Você passará a apreciar o ponto de vista deles. Por exemplo, veja as reclamações que você já faz sobre mim, a sua mãe enfadonha. Ter um irmão a ajudará a lidar com os altos e baixos da minha deliberadamente opressiva maternidade. Você terá alguém para ouvi-la. Ele ou ela ajudará você a lidar com os erros e as injustiças que eu cometerei contra vocês. Está bem? Sinceramente, Dexter, não acho que seja boa ideia você ser filha única. Reconheço que é absurdo eu assumir um bebê com 55 anos, com todas as mamadeiras de leite em pó, fraldas e noites sem dormir. Mas, por mais desconfortável e frustrante que seja, ou por mais sobrecarregada que fique a nossa vida já tão ativa, estou pensando em tomar uma decisão executiva. Imagine você com 30 anos e eu com 80. Entende o que quero dizer? Sei que você não vai querer ficar sozinha. Você desejará ter tido uma irmã ou um irmão. Não adianta querer evitar. Acho que está na hora de dizer olá a mais uma vida. Mais uma, Dex, mais uma.

13
A ZONA CINZENTA

1º de janeiro de 2001

Eu estava batendo à porta cinzenta da casa cinzenta recém-pintada de mamãe, com seus acabamentos cinzentos e seu portão cinzento tapando a vista do oceano, quando ela pôs a cabeça para fora da janela da cozinha. Dex e eu entramos no que só se pode descrever como "erosão". Ao abrir a gaveta da cozinha para fazer uns sanduíches de queijo quente, achei talheres engordurados — resultado da placa que constrói barreiras no cérebro de mamãe. Como sempre, me fiz a mesma maldita pergunta: será que os nós e emaranhados que crescem nas bordas do córtex cerebral seriam o efeito cumulativo de uma vida inteira de insegurança? A depressão e as dúvidas sobre si mesma poderiam ser precursoras do mal de Alzheimer? Como sempre, a resposta era a mesma: não há resposta.

No andar de cima, no escritório, encontro o que deve ter sido a última tentativa dela de escrever um diário. O que dizer além de "aonde foram as palavras"? Ela ainda cortou figuras, mas o tema mudou de colagens detalhadas de fotos de família para gatinhos bonitinhos brincando com novelos de lã. Ela ainda prendia itens com tachinhas no quadro de avisos da cozinha, como o obituário de Frank Sinatra ao lado da capa de uma antiga revista *New Yorker* com a legenda: "É possível ir para trás e para a frente ao mesmo tempo?"

No crepúsculo, a maré estava baixa no horizonte. Havia uma solitária garça azul em pé nas rochas enquanto o sol começava a ser pôr cedo demais. Dex achou uma estrela-do-mar lilás na água rasa. Correu para o quebra-mar de cimento de 1,5 metro da vovó para mostrar o achado. Mamãe, ainda empolgada com a maravilha de cada item encontrado, se inclinou. Dexter a puxou. Mamãe caiu como um monte de massa sólida, batendo no chão com barulho. Foi mamãe que mergulhou. Não Dex. Mamãe com o seu cabelo branco. Mamãe com o seu olhar perplexo. Foi nesse dia que aprendi a parar de confiar nos julgamentos dela. Todos eles. Foi o começo de uma longa série de escolhas inexplicáveis que tiveram de ser supervisionadas por um enfermeiro.

Recado, 2001

"Oi, Diane, aqui é a sua mãe. Só queria lhe dizer que recebi a minha... Recebi a minha linda..." — grande suspiro — "ah, meu Deus, veja só a minha memória. Recebi as coisas que me mandou. Neste instante, sob pressão, não consigo lembrar... há, sei que parece, há... A minha guirlanda, é isso, a guirlanda é linda... Tudo bem, é isso. Então estou pronta e... há... espero ver você logo, e obrigada mais uma vez. É muito bonita. Muitíssimo obrigada, Diane. Então tá. Tchauzinho."

Duas balas de hortelã em vez de uma

Fui a Nova York em 16 de fevereiro de 2001 e me hospedei no Plaza. Minha suíte ficava no segundo andar. O teto era alto. O corredor, largo. Meus amigos Kathryn Grody e Frederic Tuten chegaram às seis. A batidinha na porta aconteceu às sete. Duas mulheres animadas entraram com uma cesta (outra cesta) segurando você, que estava enrolado numa manta azul e vestido com um gorro azul, um casaco de crochê azul, um macacão estampado azul, luvinhas e sapatinhos azuis. Entendi, você é um menino. A cesta foi recebida com gratidão, e o peguei no colo. Você tem dedos muito compridos, pés compridos com dedos compridos, pernas e braços finos e botõezinhos pretos no lugar de olhos. Ah, meu Deus, você tem um furinho no queixo; prometa-me que não vai virar estrela de cinema. Aqui está você, pequeno grande homem. Irmão de Dexter, balinha de hortelã número dois... Meu filho.

Para Duke

Querido Duke,

Você tem 5 meses. Tem sido bastante difícil, considerando as batalhas constantes com essa sua barriga. Eis o que sempre acontece: depois de engolir absurdos 150ml de leite, você arrota. Dali a 15 minutos, 100 dos 150ml vão direto para o sofá, o chão da cozinha, a sua manta, os nossos casacos, as camas, o que for. Josie, a cachorra, vai atrás, sabendo que terá a sua cota diária de soja.

No meio dessa rotina, você se alterna entre desconfortável, mal-humorado, inquieto, doce e sedutor. O médico diz que você é forte apesar do seu estado, que foi descrito como o clássico bebê com cólicas num dia, o típico bebê com refluxo no outro. Você é intenso. Suas mãos são investigadoras sensoriais, principalmente quando percorrem o meu rosto. Não sei o que você acha que vai encontrar. Tudo em você é grande, exceto o tamanho. Eu e você temos muitas características em comum. A diferença é que você é rápido, já nasceu com essa vantagem. Dexter não se queixa de toda a atenção que você está recebendo. Ela gosta de lhe dar mamadeira, às vezes. Gosta de lhe dar beijos, às vezes. Está sendo bastante tranquila com a nossa nova "intromissão". Busca consolo na emoção do corpo voando pelo espaço na montanha-russa do parque Six Flags, em Hurricane Harbor.

Você é um bebê muito diferente do que Dex foi. Já é óbvio que você transmitirá as suas necessidades. Às vezes me preocupo

— bem, falando francamente, Duke, eu me preocupo o tempo todo. Deixe-me explicar: ontem ligaram da escola de Dexter para me informar sobre um incidente. Parece que uma das colegas dela lhe disse que Dexter nascera no lago, fora comprada no zoológico e não tinha uma mãe de verdade. A resposta de Dexter foi incompreensível. A minha resposta à resposta dela foi exatamente — bom, mais ou menos — o que os especialistas mandam dizer. "Dex, ser adotada é como estar numa família toda nova." O que isso quer dizer? O que eu não disse foi o seguinte: que todo mundo é meio adotado, já que todos acabamos abandonados de um jeito ou de outro. O que constitui uma família? É difícil dizer. Olhe só para mim. Nasci numa família de boa aparência depois da Segunda Guerra Mundial, com papai e mamãe e três irmãos. Parecíamos normais, mas não éramos. Quem é? A ideia de família pode ser extensiva, como uma família aumentada. Duke, você tem duas mães. Uma delas teve os meios necessários para saber que não conseguiria criá-lo, dadas as circunstâncias. A outra, eu, escolheu cuidar de você, e sempre cuidará. Algum dia você pode decidir formar a sua própria família. Pode se casar e ter os seus filhos. Pode até considerar amigos íntimos como parte da família. Estas são algumas opções, e há muitas outras. Pense Grande.

Ser adotado é começar a vida com uma perda. Isso não é necessariamente ruim. A perda nos ensina a lidar com despedidas. Assim como aconteceu com Dexter, um dia alguém lhe dirá que você foi adotado como se você fosse inferior às pessoas comuns, seja lá o que isso quer dizer. Não é verdade. De fato, começar sabendo algo que elas ainda terão de aprender tem um lado bom. Você sempre terá ferramentas para se abrir mais às muitas variedades de amor. O amor não se restringe a um conjunto de regras. Acho o seguinte: quanto mais cedo você adotar a palavra *adotado*, mais cedo encontrará uma defesa para ajudá-lo a crescer e se transformar no homem amoroso que sei que pode ser.

Cortado

Levei mamãe para casa, na Cove Street, para o nosso pequeno ritual. O oceano aguardava atrás da janela panorâmica de papai. Peguei dois copos de vinho e nos sentamos diante do álbum de recordações da vovó Keaton, como sempre. Mamãe estava orgulhosa de si mesma. Passara com louvor pelo teste periódico de memória.

O dr. Cummings lhe mostrara um conjunto de desenhos com grades complexas e linhas cruzadas, projetados para confundir. A tarefa de mamãe era desenhar exatamente o que ele desenhara. Ela conseguiu fazer isso cometendo poucos erros. Primeiro teste terminado, mais dois a fazer. A seção seguinte, sempre a mais difícil, exigia que Dorothy identificasse o máximo possível de animais em sessenta segundos. Ela conseguiu gato, cachorro, elefante, leão, tigre, urso, rena, porco e ouriço. Muito bom mesmo. Quando Cummings lhe pediu que listasse em sessenta segundos o máximo possível de palavras começadas com *F*, Dorothy Deanne alcançou uma nota mais alta do que esperava.

Continue passando nessas provas, mamãe. Também as detesto. Elas continuam a se acumular, não só para você, mas para Duke, Dex e eu — bem, para todo mundo. É difícil. Ouça só esta: semana passada eu tapei os ouvidos em um dos cubículos do banheiro do Landmark Cinema quando escutei alguém dizer: "Você viu a Diane Keaton?" Não consegui evitar. Não queria ouvir o que a pessoa poderia dizer. Algumas coisas nunca mudam. Mas esqueça isso. O que detesto mesmo são os cortes cada vez maiores nas nossas conversas. Nenhum de nós está passando nessa prova. Sei que Duke é um incômodo que você se esforça para tolerar. Ele sempre lhe causou mais confusão e sempre foi mais barulhento do que Dexter. Não sei explicar por que ele ocupa tanto espaço. Sei que você precisa da minha atenção exclusiva. Só queria que pudéssemos voltar atrás alguns anos. Adoraria ver você aceitá-lo. Por exemplo, gostaria de ter conversado com você sobre como escolhi o nome Duke.

Primeiro pensei em Parker, depois Wade e Rover. Adorei Clovis e Boeing, mas Dorrie achou que a referência a qualquer tipo de aeronave nos traria azar. Tenho certeza de que você aprovaria Cormac e Wimmer. Mas aposto que nomes inspirados em cidades, como Trancas e Butte, forçariam a barra, não é? Pensei em Chester, Cleveland, Edison e Ellis, depois reconsiderei. Formais demais. Gostei de Hunter, o caçador, mas as conotações eram assustadoras. Royce e Shane me deixaram em dúvida, mas adorei Carter e Kendal. Durante alguns dias me convenci de que o nome dele tinha de ser Walter por causa da minha longa paixão por Walter Matthau. Gostaria que tivéssemos discutido a questão de Cash, Cameron e até Dewey. Mas Dewey era parecido demais com Dexie, que tinha ideias próprias, como o Vagabundo e o Mickey Mouse, mas em primeiro lugar como o Elmo. Teríamos nos divertido, mamãe, mas de que adianta chocalhar o seu cérebro se isso pode interferir no seu copo de vinho e na paisagem, nos barcos flutuantes que passam em homenagem à calma antes de outra tempestade e no orgulho que sei que você sente por passar no teste de memória do dr. Cummings. Parabéns.

Recado, 2001

"Diane, é muito difícil encontrar você. Espero que receba este recado. Só queria lhe dar parabéns por ser indicada para o Pasadena, não, não, não, para o... enfim, você foi indicada para um prêmio, ou vai receber um. Está lhe acontecendo alguma coisa muito importante e boa. Só quero lhe dar os parabéns e torcer por você. Seja como for, estou aqui em casa. Então talvez você possa me dar uma ligadinha. Até logo, Diane. Poderia me dar uma ligada, Diane?

Tipos diferentes de alegria

Liguei para mamãe e lhe disse que não ia receber nenhum prêmio, mas que adorei os parabéns. Ontem, ajudei a lhe dar um banho de esponja. Os seus seios eram como pêndulos balançando de um lado para o outro. Será que ela queria coisas tão grandes tão perto do coração? Toda vez que observo a juventude impecável de Duke ou Dexter, lembro-me do meu envelhecimento e de como é horrível testemunhar aquilo a que o corpo humano se resume. Quem sou se não me reconheço? Ter mais idade, ou seja, ficar mais velha, exige reinvenção. De certa forma, envelhecer poderia ser como ir com Dexter à montanha-russa de Hurricane Harbor — o melhor passeio da vida, se eu me entregasse a ele. Só digo que envelhecer me fez apreciar coisas de que nunca pensei que gostaria, como segurar a mão de mamãe e tentar alisar as dobras de sua pele.

Não há nada para alisar em Duke, cujo berço fica no meio do closet ao lado do meu quarto na casa alugada em Elm Drive. Toda manhã ele abre os olhos para um público de blusas e saias penduradas. Nas prateleiras do alto há dúzias de chapéus. Quando vira para a direita, ele vê pela janela a velha casa dos irmãos Menendez. Isso conta uma história triste: não mate os seus pais. Quando vira para a esquerda, ele me vê no banheiro. Isso conta uma história alegre: a sua mãe o ama. Toda manhã lhe dou um beijo. Toda manhã ele sorri e eu sorrio de volta. Simples, certo? Errado. Com Duke o tempo passa voando e logo esse momento maravilhoso chega ao fim. Agarro-o com força e o jogo na cama. "Para o seu bem, é melhor não fazer isso, Duke Radley Keaton." Ele adora a ameaça velada, quase tanto quanto adora enlouquecer de tanto gritar e rir.

Entre alguns desentendimentos sérios, como quando se recusa a trocar de fralda, ou quando começa a chorar porque o tiraram do colo ou porque Dexter roubou o seu biscoito, ou quando cai de cabeça na calçada, ou quando não consegue pegar minhocas debaixo das lajotas de concreto do jardim e eu, a ogra, o obrigo a se sentar na cadeirinha do carro, ou eu, a sem coração, não presto atenção quando é preciso... entre esses momentos de confusão há instantes que parecem uma alegria eterna.

Com Dexter as ocasiões de felicidade eram diferentes, como certa vez em uma competição de natação; eu esfregava as costas dela com filtro solar antes que ela entrasse na piscina coberta de Santa Clarita e do nada ela sugeriu que eu tomasse Lipitor. Olhei a tela da televisão pendurada na parede e vi uma mulher de 50 e poucos anos surfando uma onda de 10 metros no Havaí e o corte para a palavra "Lipitor" em preto.

— Tome isso, mamãe, você vai ficar mais forte.

— Obrigada, Dex. Posso lhe perguntar uma coisa? Quando eu tiver 80 anos, você ainda vai me deixar esfregar as suas costas e beijar as suas bochechinhas fofas e abraçar você para sempre, mesmo que você tenha um marido legal e dois filhos? Vai?

Houve uma pausa longa.

— Mãe, me desculpe, mas quando você se for, eu vou ficar com todo o seu dinheiro?

Vi-a mergulhar na água com dezenas de outras pequenas sardinhas de maiô e touca. Nadaram para dentro e para fora das sombras lançadas pela claraboia. Dexter alcançou a luz do sol assim que seus braços se esticaram na água da raia dela. Bateria 2, raia 5. Naquele instante, ela se uniu às outras filhas queridas nadando contra a corrente. Tantas meninas nadando rumo ao seu destino. Para mim, era uma menina só: Dexter.

Recado, 2002

"Diane, aqui é a sua mãe. Estava conferindo o talão de cheques e percebi que cometi outro erro no cheque que mandei. Vou desistir. Vou simplesmente desistir de tudo. Fiz um cheque de 200 milhões ou coisa parecida. Não sei... 200 mil? Você pode conferir o que tem e me ligar para dizer o que devo fazer agora? Não sei por que não consigo enfiar isso na cabeça, mas de qualquer modo me ligue, por favor, o mais depressa possível, porque estou cheia disso. Vou fechar os livros e nunca mais vou passar outro cheque. Tudo bem, Diane... tchauzinho.

Vou sentir saudades suas

Achei cocô de gato numa taça de vinho de plástico ao lado de um envelope manchado de urina contendo uma conta havia muito esquecida endereçada a Jack Hall. Esses são os dias de resíduos esquecidos e da pilha crescente de bobagens. Onde está Irma, a nova faxineira? Anne Mayer, a segunda filha de mamãe, como dizemos, me conta que Dorothy não deixa Irma entrar. O carpete cor-de-rosa que vai de parede a parede está imundo. Não quero Duke rolando seminu em cocô de gato. Sabia que conseguiria atrair mamãe para fora de casa com a promessa de uma visita ao seu amado Randy.

Tudo estava impecável quando voltamos. Mamãe entrou na cozinha arrastando os pés, balançando a cabeça enquanto se segurava nas paredes para se apoiar. "Onde estou?" Ela deu um suspiro e se sentou na beira do sofá. "Não sei onde estou. O lugar não é este. Eu moro aqui? Quer dizer, já estive aqui, mas não moro aqui, não é, Diane? Esse gato não é meu, embora se pareça com um gato que eu poderia ter. É aqui que moramos? Não consigo entender. Como agora, se você fosse embora e me deixasse aqui, eu ficaria com saudades, porque você não estaria aqui para me ajudar. Espere um instante. Acho que entendi. Estou na sala, mas ainda estou confusa. Escute só: vou sentir saudades suas. O que quero é estar em algum lugar confortável com você. Fico meio com medo de ficar aqui sozinha. Isso me incomoda. Preciso de companhia. Estou com medo porque não estou muito familiarizada comigo. Então, estou aqui para ficar? É isso? E depois? Não consigo ver como fazer isso dar certo. Mas tentarei fazer o melhor. Leva tempo fazer tudo voltar a funcionar. Não é? Mais uma coisa... pode me dizer onde estão meus filhos, Dorrie, Robin e Randy?"

Dois presentes e um beijo, 2003

Nancy Meyers e eu estávamos almoçando. Ela se tornara bastante procurada depois da estreia de *Operação cupido*, com Lindsay Lohan, e do sucesso de 374 milhões de dólares de bilheteria *Do que as mulheres gostam*, com Mel Gibson. Enquanto isso, ganhei mais dinheiro comprando e vendendo casas do que atuando numa série de bombas como *Herança de amor*, *Simples como amar*, *Linhas cruzadas*, que também dirigi, e *Ricos, bonitos e infiéis*, todos fracassos de crítica e público. Eu era praticamente um lixo como atriz e, com certeza, como diretora iniciante.

Enquanto comíamos a entrada, Nancy me contou que estava escrevendo uma comédia romântica sobre Erica Barry, uma roteirista divorciada que se apaixona por Harry Sanborn, um famoso conquistador e dono de uma gravadora. Enquanto Nancy me contava os detalhes, eu pensava em mudanças de carreira. Conseguiria negociar imóveis profissionalmente? Precisaria de um investidor. Não queria continuar reformando as casas onde eu, Dex e Duke morávamos só para vendê-las um ano depois. Isso seria bom para as crianças? Quando Nancy disse explicitamente que queria que eu representasse Erica Barry e que ia oferecer o papel de Harry a Jack Nicholson, caí fora. "Espere um instante. Jack Nicholson? Sinto muito, mas Jack Nicholson não vai ser meu namorado numa comédia romântica. Não é o tipo de coisa de que ele gosta. Nancy, você é brilhante e fico muito lisonjeada por você me querer, mas não tem como ele aceitar o seu convite, que é apenas outro jeito de dizer que você jamais conseguirá o financiamento. Então não vou me dar o trabalho de lhe dar esperanças. Nem tente." Saí dali com a certeza de que o projeto do filme sem título jamais veria a luz do dia. E, sinceramente, desejei que ela nunca tivesse me contado. Não queria me agarrar a delírios. Um ano e meio depois, Jack e eu começamos a gravar *Alguém tem que ceder* no estúdio da Sony.

Quando saí do Hôtel Plaza Athénée, em Paris, para a última noite da filmagem principal de *Alguém tem que ceder*, fui recebida por uma falange de paparazzi aguardando Cameron Diaz, que estava no hotel, ou Jack, mas se viu diante de uma solitária Diane Keaton — ou, quem sabe, Diane Lane, como dizia o meu convite para o desfile da coleção de outono de Valentino. Tinha sido uma filmagem longa, seis meses para ser exata. Depois da última tomada, Jack me abraçou para se despedir e disse alguma coisa sobre um pedacinho. Abracei-o também e cada um de nós seguiu o seu caminho. Dois anos depois, um cheque com um monte de zeros chegou pelo correio pela minha participação nos lucros de *Alguém tem que ceder*. Eu não tinha negociado nenhuma participação nos lucros. Só podia ser algum engano. Liguei para o meu agente, que me disse que era coisa de Jack Nicholson. Jack? Foi então que lembrei que ele tinha dito algo sobre um pedacinho quando nos abraçamos para nos despedir. Ai, meu Deus. Ele queria dizer que ia me dar um pedacinho da sua percentagem.

Havia muitas contradições e incoerências em Jack. Muitas surpresas. Certo dia, estávamos filmando no cenário da casa de praia de Erica. O roteiro descrevia a cena assim: "Erica e Harry, molhados de chuva, fecham correndo todas as portas e janelas. Um relâmpago corta o céu e as luzes da casa se apagam. Risca-se um fósforo e acende-se uma vela. Depois outra e outra. Erica se vira e dá com Harry simplesmente olhando para ela. Antes que qualquer um dos dois tenha tempo de pensar, eles se beijam." Para mim, Diane, não para Erica, o beijo era um lembrete imperativo de algo perdido e encontrado de repente.

— Desculpe — diz Erica.

— Pelo quê? — pergunta Harry.

— Acabei de beijar você — responde Erica.

— Não, querida, eu é que beijei você — retruca Harry.

Então, no roteiro, Erica beija Harry. No mesmo instante, eu, Diane, esqueci a fala seguinte.

— Droga, sinto muito. O que é que eu digo?

O supervisor de roteiro sussurrou:

— "Este eu sei que fui eu."

Em outras palavras, eu, Diane, ou melhor, eu, Erica Barry, tomei a iniciativa e beijei Harry primeiro. Tentamos a tomada mais uma vez. Assim que eu beijei Jack — ou melhor, Harry —, esqueci a fala de novo.

— Sinto muito. Não sei o que está acontecendo. Qual é a fala mesmo?

De sua cadeira de diretora em Video Village, Nancy berrou:

— Diane, é "Esse eu sei que fui eu".

— Certo. Certo, certo, é claro. Desculpe, Nancy. Vamos tentar de novo.

Isso durou mais dez minutos. Sinceramente, não sei o que estava fazendo. A única coisa que eu não esquecia era de beijar Jack. Beijá-lo dentro da segurança de uma história que não era minha, embora parecesse, era exultante. Esqueci que estava num filme. A história de Nancy se fundia com a minha própria — a história de Diane sobre um beijo em Jack, também conhecido como Harry. E o melhor era que Harry, também conhecido como Jack, tinha que adorar aquilo tanto quanto eu, Diane, também conhecida como Erica. Não sei o que Jack, não Harry, sentiu. Só sei que tudo o que saía da sua boca me dava repetidamente a comoção de um "primeiro amor". Não era o roteiro. Era Jack. E Jack não se explica.

Então eis o que *Alguém tem que ceder* me deu: a dádiva divina de Nancy, o beijo de Jack e o pedacinho da sua participação nos lucros. *Alguém tem que ceder* sempre será o meu filme favorito, não só por ter sido tão inesperado aos 57 anos, como também por ter me dado a sensação maravilhosa de estar na presença de duas pessoas extraordinárias que me deram dois presentes e um beijo.

Um recado diferente, 2005

A nova enfermeira deixou um recado antes de pedir demissão: "A sua mãe parece ter muitas alucinações. Quando tomou o lorazepam, gritou e começou a ficar confusa. Os braços também se sacudiram. Quando queria alguma coisa, berrava. Segurava a barra de apoio e não largava. Não parava de gritar 'Não' várias vezes e dizia que a parede estava se mexendo. Via gente na sala. Acho que essa medicação não está funcionando."

Talvez essa tenha sido a razão pela qual ontem mamãe estava cambaleando meio maluca. Não se importava que as cinzas de papai fossem ou não espalhadas sobre Tubac, ia vender a casa e derrubar também o pinheiro que tinham plantado no terraço.

— Mamãe, sente-se. Vamos conversar. Coma.

Mas não, ela estava em pé para pegar uma coisa que esquecera e disse:

— Qual é o nome daquela coisa com que a gente cozinha? Qual é? Quem é esse menino? Cale a boca, menino.

Duke começou a chorar. Disse a ele que não se preocupasse, que eu o levaria para passear em Big Corona. Dexter cochichou:

— Mamãe, pergunte à vovó se posso tomar uma Coca.

Mamãe deu meia-volta.

— O que ela está fazendo? Por que está lhe contando segredinhos na minha frente?

— Ela quer uma Coca, mãe.

— Ora, então por que não me pediu? Fale alto, mocinha, você está na minha casa.

— Ela sabe, mãe. Acho que ela está meio tímida.

— Ora, se ela não quer falar comigo, não deveria vir. Dá para ver que ela nem gosta de mim. Gosta, menininha? Gosta? Qual é o seu problema, então?

Dexter ficou paralisada. Duke me cutucou.

— Mamãe, vamos embora.

Fomos embora.

Era difícil ver mamãe lutar com uma agitação constante que não conseguia compreender. O lento desgaste a empurrou diretamente para os estágios intermediários do mal de Alzheimer, talvez até o início do estágio tardio. Não sei e não quero saber. Quando Duke, Dexter e eu nos despedimos depois do nosso passeio em Big Corona, mamãe tinha esquecido que tínhamos ido embora e até de que tínhamos ido lá, aliás. Estava sentada na sala, fitando o nada. Quando a beijei, ela quis saber a que grupo eu pertencia.

Bochechas gorduchas, 2006

A que grupo você pertence, Duke? Eu sei: ao grupo chamado iniciação. Você pertence ao começo. Dou-lhe um beijo de bom-dia. Você esfrega a minha bochecha e diz:

— É o que a sua bochecha quer.

— É mesmo? Que tal um beijo na mamãe?

— Não. Você ganha o que ganhou e não ganha mais, sua ladra de bochechas.

— Isso não são modos de falar com a sua mãe, mocinho. E qual é o problema das bochechas? Agora vamos, vamos indo para tomar o café da manhã.

Faço uma cara bem feia. Você ri enquanto corre para a cozinha. Abre o freezer, pega dois picolés do Bob Esponja e grita:

— Guarde para o cinema, mamãe.

— Pode colocar de volta, Duke Radley, e quer saber? Café da manhã é hora de comida saudável, não de picolés ou minipanquecas congeladas de hortelã. Que tal um mingau de aveia?

— Mãe, sabe o que está errado no seu nome? Die. Die. Die.* Mãe, quando você morrer e eu morrer, ainda vamos conseguir pensar?

— Tomara que sim, Duke. Não suba na bancada da pia, por favor.

Dexter, que não é uma pessoa matutina, aparece de cara feia enquanto segue para a caixa de flocos de milho. Você diz que comerá o mingau de aveia, mas só se puder juntar uma porção de bolachinhas de canela e dois cubos de açúcar.

— Tudo bem, tudo bem — digo e ligo a TV na CNN enquanto despejo leite de soja numa tigelinha que ponho no micro-ondas. Observo você apertar LIMPAR, depois 2, depois 1, depois LIGAR, depois PARAR e então repetir todo o processo.

— Vinte e um segundos, certo, mãe?

— Vinte e um, não 42, Duke.

Finalmente você se senta, come um pouquinho e me diz como a sua barriga está gorda.

— Mãe?

— O que é?

— Por que isso tem de acabar com as suas bochechas?

A porta da cozinha se abre. Lindsay Dwelley entra, já exausta. Você cochicha:

— Queria que Lindsay se separasse de Lindsay.

Dexter estica o pé. Você tropeça.

— Dexter, eu vi isso. Cartão vermelho.

— Duke é um idiota — grita Dexter e sai correndo.

— Mãe, Dexter também assusta você ou é só comigo?

— Duke, chega de bancar o espertinho.

— Mas mãe, você é tão complicada... Você tem de se desligar disso.

— Duke! Que droga, meu Deus. Já chega! Cartão vermelho para você também, engraçadinho.

— Mãe, não vou dizer "Que droga, meu Deus" se você não disser. Não vou dizer "idiota estúpido" se você não disser. Não vou dizer "fooooo..."

---

* *Die* significa "morrer" em inglês. (N. da T.)

— você para sozinho — se você não disser. Entendeu, Mamãe Bochecha? Não é justo?

— Duke, não vou dizer de novo. JÁ PARA CIMA.

Você vai, não sem antes pegar o máximo de bonequinhos que cabem nas suas mãos.

— Desculpe, mãe, mas francamente... o que um homem tem de fazer para arranjar alguém que ajude com a bagagem?

— JÁ PARA CIMA.

— Desculpe, mãe. Desculpe. Quando você morrer, vou ficar muito triste, mas pelo menos vou poder tocar a sua bochecha sem pedir.

Frank Mancuso Jr. e monte Rushmore

Quando Suzi Dionicio, a nova enfermeira, começou a pingar comida no lado direito da boca de mamãe três vezes por dia todos os dias? O café da manhã leva uma hora e meia. O almoço e o jantar, duas. Suzy é paciente, sabe que para mamãe é difícil se lembrar de engolir. Depois de esmagar os remédios em um chá grosso para mamãe tomar, Suzy liga a nova TV de tela plana na PBS a fim de que mamãe olhe para as cores primárias de *Vila Sésamo*. Depois de puxar todos os 60 quilos do corpo de 1,68 metro de Dorothy Deanne para o elevador para paciente da marca Hoyer, ela observa a sua mamacita se erguer como uma fênix. É como se um bebê gigante de rabo de cavalo branco e comprido deslizasse pelo quarto numa cegonha comandada por computador. O talento de navegação de Suzy faz com que Dorothy se estatele na cadeira de rodas, onde a cabeça pousa no peito com barulho. Como mamãe verá todas as cores se a sua visão se limita ao piso de azulejos com desconto pelo qual ela e papai brigaram?

Entre a alegria das crianças e a dor no coração pelo declínio de mamãe, veio o dia em que não consegui me lembrar do nome do monte Rushmore. Algumas semanas antes, o nome de Frank Mancuso Jr. também sumiu. Por outro lado, quem se importa? Frank Mancuso é digno de lembrança? Quando penso em tudo o que é preciso resolver, por que me flagelar por esquecer alguém que nem conheço nem significa nada para mim?

Quando é que "Onde foi que deixei as chaves?" virou diagnóstico? Vou me juntar a mamãe na névoa do esquecimento? O perfil genético da nossa família vai roubar a minha memória também? Já tenho isso? Parei de dizer aos outros que a minha mãe tem Alzheimer. Isso transforma um encontro que seria simples no começo do que parece – isso mesmo – um teste. Será que vou passar?

O efeito da insegurança acumulada cria uma forma de depressão que leva ao mal de Alzheimer? Sei que vivo perguntando isso, mas cria? Essa é a única pergunta que consigo fazer. Sei que estou me agarrando a qualquer coisa, mas francamente!!! Eu sei, eu sei, aprenda a conviver com as perguntas. Mas, falando sério, o perfil psicológico da pessoa tem importância? E, se tiver, essa consciência mudaria a situação de mamãe? Deus sabe que tomar vitamina E, ginkgo, Aricept e dois copos de vinho por dia não adiantou nadica de nada. Assim como nem talento avançado com a linguagem, nem nível de instrução, nem mesmo a genialidade protegeram Ralph Waldo Emerson, Iris Murdoch, E. B. White e Somerset Maugham do "início insidioso". Pense nisto: falar é o presente. Escrever existe em pensamento. Eles escreviam. Dar voz às ideias confere vitalidade às palavras. É claro que falar não é tratamento para o mal de Alzheimer, mas é um componente importantíssimo da batalha contra a depressão e a ansiedade, ambas as quais perseguiram mamãe. Sempre tive dificuldade para juntar palavras. De certo modo, fiquei famosa por ser uma mulher pouco articulada. A disparidade entre mim e mamãe é que eu coloquei os sentimentos para fora. Decorei as palavras dos outros e fiz com que parecessem minhas. Escrever é abstrato. Tenho certeza de que estou errada, mas pensar na minha mãe, uma pessoa que amava as palavras, tirava 10, entrou na faculdade quarentona e saiu com um diploma, como mais uma vítima do mal de Alzheimer sem uma razão nítida é algo que não consigo aceitar.

Detesto o fato de que os anos da meia-idade de mamãe sob o presságio do Alzheimer terminaram. O que ela recebeu em troca? O famoso olhar vazio; a outra face do esquecimento. Quero de volta os anos de agitação, qualquer coisa fora do escudo calmante de apatia e silêncio. Foda-se. De que adiantam as minhas perguntas e possíveis respostas a algo que não se pode explicar? É um empreendimento fadado ao fracasso. Tudo isso. Só quero o cérebro de mamãe de volta.

Veja só: hoje à tarde, quando Duke e eu aguardávamos na fila do Jamba Juice, o meu celular tocou. Era Stephanie, capitã do Time Keaton. Queria saber se eu me lembrava da audioconferência com Michael Gendler. Estava prestes a dizer que sim, mas o nome de Frank Mancuso Jr. pipocou quando Duke deixou cair no chão toda a vitamina aloha de baunilha e abacaxi. O monte Rushmore e Frank Mancuso Jr. voltaram correndo. Foram salvos da obscuridade da zona cinzenta, mas só depois que os libertei.

14
AGORA E SEMPRE

Família

Eu estava ao celular no carro, repassando com Stephanie a lista interminável de afazeres. "Dá para acreditar que o alarme disparou de novo às quatro da madrugada? Foi a terceira vez em 15 dias. O que está acontecendo? Só me resta agradecer a Deus porque as crianças continuaram dormindo. Seja como for, peça ao cara do alarme para vir hoje consertar essa meleca, está bem? Ah, e tenho de remarcar o jantar com Sarah Paulsen. Além disso, retorne a ligação de John Fierson. Tem o telefone dele? Bosta. Espere um instante, tem uma chamada em espera. Saco, tenho um zilhão de coisas para conferir com você. Não desligue. Bem, deixe para lá. Ligo para você já, já."

Era Anne Mayer. Dizia algo sobre mamãe estar com bronquite. Estava sendo aspirada. "Enfim, ela está internada no Hoag Hospital. Mas o dr. Berman acha que ela volta para casa amanhã." Ao manobrar o carro e seguir para o Hoag, esqueci a lista de afazeres.

Quando encontrei mamãe, ela estava no soro. Um tipo de máquina fora colocada sobre o nariz e a boca para ajudar a soltar o catarro. As radiografias revelaram indícios de um derrame recente não percebido. Não havia sinal de pneumonia, mas mamãe não conseguia engolir. Sem tomar providências extraordinárias, não havia mais nada que o hospital pudesse fazer. Mamãe teria alta. Isso significava cuidados paliativos, e cuidados paliativos significavam morfina.

Fui para casa, fiz a mala e segui para a Cove Street, onde achei tudo transformado de novo. A palavra *entulho* me veio à mente. Entulho e lixo — não do tipo que a gente coleta, mas do tipo que se joga fora. Vidros velhos de remédio. Pratos quebrados. Um monte de caixas de lenços de papel na mesinha de cabeceira. Relatórios de enfermeiras. Excesso de balões feios e arranjos florais horríveis. Aquilo não era uma festa. O amado lar de mamãe estava entulhado dos efeitos da doença. Se estivesse consciente, ela não permitiria que Suzy D. jogasse um lençol por cima da janela panorâmica nem os antigos vídeos dos meus filmes estariam pegando poeira nos armários que Dorothy projetara com tanto cuidado. Mas foi a imagem das mãos manchadas de mamãe segurando um coelhinho fofinho de pelúcia junto ao peito que quase acabou comigo. "Não é lindo, Diane? Se a gente puxa a cordinha, ele toca 'Mockingbird'."

Robin pegara um avião para vir de Atlanta com Riley. Randy perambulava com uma cerveja Rolling Rock enquanto sorria para sua amiga Claudia. Anne Mayer, Susie D. e Irma também estavam presentes. Com o canto do olho, vi Charlotte, a enfermeira da instituição, tentar pingar morfina na língua de mamãe. Morfina e Ativan de duas em duas horas. Susie tentou ajudar a abrir a boca travada de Dorothy. "Abra a boca, mamacita. Amamos a nossa mamacita, não é, Dorrie?" Dorrie fez que sim.

Stephanie ligou. A lista de afazeres estava à espera. Mamãe não tinha acesso à internet. Tudo bem. No escritório dela, cercada de pilhas de carrosséis cheios de slides da década de 1960 com Randy, Robin, Dorrie e eu pegando onda em San Onofre, disse a Stephanie que ia tirar uma folga.

Papai teria amado o Google, o Twitter, o Facebook e o BlackBerry. Ficaria deslumbrado com a era do imediato, da história instantânea, do acesso a qualquer lugar em todos os continentes. Mas o dilema é o mesmo que sempre foi: o que fazer? Como nos concentrar num aspecto da informação que ajudará a forjar o caminho de uma vida significativa? Dorothy sabia que era uma questão de separar e escolher. Ela nunca conseguiu imaginar um jeito de achar um público para a parte que faltava, a parte que a fazia sentir que era suficiente. Ela perdeu alguma coisa pelo caminho. A força de mamãe como escritora nasceu da montagem. Ela entendia a natureza transitória e o impacto da informação. Entra por um ouvido, sai pelo outro. No fundo, era uma modernista sem a técnica de reunir as suas ideias numa mensagem coesa. Do cérebro de mamãe para o mundo. Do alcance mais distante dos impulsos da sua mente para o seu público calado. As mensagens que entravam. As que saíam resumindo uma vida.

De uma coisa ela sabia: tudo se resume à família. Certo dia a gente acaba passando a vida com um punhado de gente. Aconteceu comigo. Tenho uma família — duas, na verdade. Bom, três, se pensar bem. Tenho os meus irmãos, tenho os meus filhos, mas também tenho uma família extensa. As pessoas que ficaram. As pessoas que se tornaram mais que amigas. As pessoas que abrem a porta quando eu bato. É a isso que tudo se resume. As pessoas que têm de abrir a porta, nem sempre porque querem, mas porque abrem.

Um balão

Quatro dias se passaram desde que a nossa turma decidiu ficar pelo tempo que restasse. Algumas vezes dormimos no sofá da sala ou no depósito com os antigos arquivos de mamãe. Outras vezes dividimos a cama de casal dos nossos pais. Algumas vezes Suzy D. passa a noite, outras vezes Anne e Irma também. As enfermeiras dos cuidados paliativos vêm e vão, com frasquinhos de morfina na bolsa. Ontem as crianças vieram visitar. Robin e eu os observávamos brincando à beira d'água quando ouvimos Anne aos berros. Robin agarrou a minha mão. Passamos correndo por Don Callender, herdeiro das tortas Marie Callender, enfiado numa cadeira de rodas. Ele fez um gesto que dificilmente se poderia chamar de aceno. Correndo, pensei em todas aquelas tortas congeladas vendidas a todos aqueles milhões de consumidores americanos. Agora o dinheiro não poderia ajudá-lo. Ele tentou falar. O que dizia? Robin me agarrou. "Diane, vamos. Depressa."

Lá dentro, Dorrie, Susie, Irma, Anne e Riley estavam reunidas em torno da cama de hospital. A respiração de mamãe era irregular. Charlotte, a enfermeira, verificava o relógio a cada inalação de mamãe. Ela inspirava, prendia a respiração por 35 segundos, exalava e inspirava de novo, segurava por 30 segundos, depois exalava e inspirava mais uma vez, segurando por 50 segundos. Como eu tinha sofrido de asma, sabia como era difícil se esforçar por tão pouco ar. As pontas dos dedos de mamãe estavam começando a ficar azuis. Não havia oxigênio suficiente para chegar às extremidades. Inspira, segura 30. Exala. Inspira, segura 40. Exala. Inspira, segura 49. Procuramos um padrão. Esperamos. Quando ela inspirou e segurou 65 segundos, Dorrie começou a chorar. Robin apertou o rosto contra a bochecha de mamãe. Duke, com uma toalha nos ombros, veio correndo. "Mamãe, não chore. Não chore, mamãe." Abracei-o com força e beijei o seu corpo de 7 anos e meio. Era esse o fim? Duke desamarrou um balão de hélio dos pés da cama e empurrou o que ele dizia, MELHORE, até junto do rosto de mamãe. "Melhore, vovó. Viu? Diz 'Melhore'." Mamãe, como se ouvisse o seu apelo, não morreu. Mas me fez pensar nos outros que já tinham morrido.

Algumas mortes

Primeiro, Mike

Mike Carr, meu primo, morreu em 1962. Tinha 14 anos. Mamãe, papai, Randy, Robin, Dorrie e eu nos empilhamos na nossa caminhonete Buick e entramos na igreja de meados do século, em forma de A, ainda em pé no perímetro de Garden Grove, na Califórnia. Sentamos num banco perto da tia Martha. Ela não chorava, mas o seu rosto parecia diferente. Era como se tivesse levado um golpe duro demais para assimilar. Martha Carr nunca mais seria a mesma, nunca mais, nunca mais. Chegaria a se casar de novo, mas algo que nunca poderia ser consertado se rompera. A mensagem do pastor era cheia de citações da Bíblia escolhidas para funerais. Não houve menção às alegações de que Mike se matara acidentalmente com um rifle durante uma viagem de ácido em Seattle.

Depois, Eddie

Eddie, o marido da tia Sadie, foi o próximo. A vovó Hall detestava Eddie. Depois de trinta anos, finalmente convenceu Sadie a colocá-lo para fora do duplex. De acordo com Mary, "homem não serve pra nada". Eddie e George eram fracos; por que outra razão se agarrariam a mulheres com recursos, como ela? Quando Eddie morreu na sua cabana no lago June, não havia maus sentimentos entre ele e Sadie; ele deixou para ela e para o filho, o primo Charlie, todos os desenhos de paisagens coloridos por ele.

Depois, George

Uma coisa sobre George, o inquilino da vovó: ele nunca deixou de dar às crianças os melhores cartões de aniversário. Eles sempre mostravam vários tipos de árvore que tinha nos galhos moedinhas no valor total de um dólar. Nós os chamávamos de cartões de pé de dinheiro.

George era pintor de paredes. Também pertencia ao sindicato dos pintores. Todo Natal, o sindicato fazia uma festança com uma árvore de Natal gigante e toneladas de presentes para todas as crianças. Um locutor apresentava a minha parte favorita, o show de talentos. Ele usava um grande microfone prateado com cabo comprido e perguntava se alguém queria subir no palco e cantar. Nunca tive coragem, mas queria. Queria mesmo. Costumava desejar que papai entrasse para o sindicato. Queria que ele dançasse e fizesse vozes engraçadas como George. George também fazia truques com cartas.

Vovó não falou muito quando George emagreceu. Na manhã em que ele morreu, vovó não chorou. "Ele nunca me deu um centavo. Nem um centavo." Isso foi tudo o que ela disse. Pensei nos cartões de pé de dinheiro. Desejei não ter gasto todas aquelas moedinhas. Eu as teria dado a vovó, para que ela não ficasse tão zangada com George. Afinal, ele tinha morrido. Eu tinha certeza de que George queria que ela tivesse todas as moedinhas que quisesse. E, mesmo que não quisesse, ele sempre tentava pagar o aluguel em dia. Foi difícil, para mim, entender a reação da vovó. Por que ela não estava triste? Isso não era legal. Era frio e solitário, isso sim, como o seu duplex na Range View Avenue.

Depois, Sadie

"Noventa e três anos não são pouca coisa, mas que importância tem isso agora que Sadie se foi?" Vovó Hall fez uma pausa. "Não resta muito, de certa forma. Vou lhe dizer uma coisa: não adianta se preocupar com a morte. Muita gente não tem a cabeça boa nesse assunto. Ouça o que eu digo: não pense demais, Diane, porque você pode ficar maluca. Não consigo tirar da cabeça o marca-passo de Sadie. Ele não fazia a parte dele. Ela tinha um botãozinho para aquela maldita coisa. Vivia mexendo naquele botão, sabe? Girando o tempo todo. Depois começou a agir de um jeito estúpido durante uma semana, mais ou menos. Não dei muita atenção a isso. Fui à loja e quando voltei ela estava morta. Estava com um vestido rosa. Acho que ela pôs aquele vestido porque sabia que a hora tinha chegado. Destesto dizer isto, mas a verdade é que a história da morte de Sadie foi previsível demais."

Até a dra. Landau também

A dra. Landau foi diagnosticada com mal de Alzheimer. Ela me contou que ia se aposentar, mas que ainda queria me atender no seu apartamento na esquina da 96 Street com a Madison. Na última consulta, ela me contava a história de como ela e o marido, Marvin, tinham fugido da Polônia às vésperas da invasão de Hitler quando, de repente, começou a falar uma língua que não consegui identificar. Fingi entender o que ela dizia balançando a cabeça e sorrindo de um jeito que pensei ser calmante. Mesmo com Alzheimer, a dra. Landau não suportava idiotas. Ela me encarou como se eu estivesse zombando deliberadamente dela. Não estava errada, mas que diabo ela estava dizendo? Por mais que tentasse acalmá-la, ela ficou mais irritada, tanto que começou a me apontar o dedo e gritar como se eu a tivesse traído. Uma enfermeira apareceu e a levou embora. A dra. Landau, assim como Mary Hall, não olhou para trás. Não nos despedimos e nunca mais a vi.

Nos bons tempos, a dra. Landau explicava que justiça era algo que não existia. Eu não concordava. A vida tinha de ter as suas razões. Não podia ser um amontoado de contradições sem lei. Enquanto a observava sair da sala arrastando os pés, apoiada no braço da enfermeira em meio à mobília laranja e preta que passara anos colecionando, não conseguia acreditar que a mulher que passara toda sua vida adulta ajudando os outros a combater os demônios que criavam o caos em sua mente havia sido derrubada pelo mal de Alzheimer. Levaria vinte anos para mamãe se unir a ela na confusão e na angústia do encolhimento do cérebro. Felicia Lydia Landau estava certa: a vida não é justa.

Um telefonema, dois recados, 8/9/2008

No sétimo dia do nosso acampamento na Cove Street, fui buscar o almoço no Baja Fresh enquanto Suzy limpava o cabelo de mamãe com xampu a seco e lhe refazia a trança. Os sinais não podiam ser mais claros: pressão baixa, pulso fraco, uma superfície cerosa se espalhando pelo rosto, má circulação, desidratação. A cada hora, no momento exato, como se houvesse alguma ordem sensata no processo, o gorgolejo de Dorothy ficava mais ruidoso.

    Quando voltei, havia um recado das crianças. "Oi, mãe, é a Dexter. Hoje a praia estava maravilhosa. Peguei uma onda de quase 2 metros com um *drop* de um metro e meio. Ai, meu Deus. Todo mundo ficou tipo 'Cara, isso foi irado. Foi tããããão demais... As ondas estavam óóóótimas para pegar jacaré. Uh-huu! Sou uma fera na água. Acho que nunca vou deixar de ser um bicho d'água. Amanhã deve ser igual. Tomara, tomara que tenha ondas grandes. Agora o Duke vai falar." "Mãe, venha para casa. Cadê você? Quero dormir com você hoje. Podemos dormir *todos* juntos? Quero ficar no meio. Mamãe, quero dizer uma coisa: estou comendo mingau de aveia. E, mamãe, quando você chegar em casa, quero brincar com você um pouco. E, mamãe, tem outra coisa que eu queria dizer: Dexter é má. Tchau."

    Comemos tacos em torno da mesa de jantar. Todas nós parecíamos piores com o desgaste. Robin foi levar Riley ao aeroporto. Dorrie saiu para buscar suprimentos. As enfermeiras tiraram uma folga. Éramos mamãe e eu juntas e sozinhas pela última vez. Olhei o rosto dela, não os tornozelos gelados nem os pés amarelos. A natureza fora tão terrivelmente incoerente... Que ironia o rosto bonito de mamãe tornar praticamente impossível reconhecer a alma frágil escondida atrás de tal estatura. Inclinei-me para mais perto. Sentindo-me segura no contorno do aspecto pálido de mamãe, me perguntei o que ela vira antes que os olhos se fechassem. A paisagem de rostos flutuantes e antes amados fora uma invasão, todas aquelas cabeças se balançando perplexas? Mãe, o que você ouve na terra sem palavras? A louça sendo lavada? O oceano batendo no quebra-mar? O coro de vozes que sussurram "mamacita", "bom dia, mãe", "querida, querida Dorothy" e "sra. Hall" significa alguma coisa?

Unidas e sozinhas, espero que você consiga identificar as nossas vozes. Ou somos outro refrão que você não consegue entender? Se o som é a última coisa a ir, espero que o nosso coro a alivie. É a nossa canção de ninar do sofrimento. Consegue nos ouvir murmurando? Há reverberações? É a nossa canção de amar você do outro lado do lençol branco.

Acho que é seguro supor que os seus olhos não se abrirão tão cedo, não é, mãe? Vejo que você ainda trava o maxilar. Ninguém mexeu com essa sua boca desde o dia em que você mordeu o dedo de Suzy D. "A última resistência de Dorothy", foi o que Dorrie disse. Gostaria que você não tivesse de se agarrar com tanta força. Sei que está tentando se agarrar ao pouco que resta. Eu faria o mesmo. Sinto muito que só reste uma porta para você abrir.

Tudo parece arbitrário, aleatório, distorcido e fora de prumo. Lembra a vovó Hall desfiando aquela ladainha sobre "saúde é riqueza"? Só agora sei o que ela queria dizer. Duke e Dexter estão protegidos por um exército de profissionais de saúde. Tem o dr. Sherwood, ortodontista de Dexter, e Christie Kidd para os cuidados com a pele. Tem o dr. Peter Waldstein, pediatra de Duke, e o dr. Randy Schnitman para as muitas infecções do ouvido. Quanto a mim, a lista fica cada vez mais comprida. Tem o meu dentista, o dr. James Robbins, que recentemente me fez uma placa de mordida; sim, eu ranjo os dentes. Tem a esposa dele, Rose, higienista dentária, e o dr. Keith Agre, meu especialista em doenças internas. O dr. Silverman faz o exame oftalmológico anual. Tem também o dr. Leo Rangell, de 96 anos, o meu insubstituível psicanalista. E não posso deixar de fora o dr. Bilchick, para o meu jardim vicejante de cânceres de pele.

Lembra-se da minha primeira célula escamosa aos 21 anos, seguida de uma série de carcinomas basocelulares aos 30 e poucos? Warren costumava me encher o saco o tempo todo para não me sentar ao sol. Por que não lhe dei ouvidos? Este ano, mais de quarenta anos depois, aquela célula escamosa invasiva e ranzinza revisitou o lado esquerdo do meu rosto. Fui até o Cedars-Sinai, pus uma touca de banho e me deitei na maca. Quando o médico me aplicou a anestesia, comecei a devanear por um tipo de álbum de imagens. Vi você, igualzinha a mim, deitada numa maca, só que você não estava viva. Vi papai numa maca também. Vi a agulha compridíssima fazer o cão Red dormir para sempre. Eu deveria ter lhe dado mais guloseimas? Vi o meu amigo Robert Shapizon sentado debaixo do seu quadro Andy Warhol com o cifrão gigante discutindo os efeitos emocionais do câncer de pulmão inoperável. Por que não passei mais tempo com ele? Vi Larry Sultan segurando o seu livro *Evidence* (Evidência) quando tudo começou a ficar preto. Nesse momento, juro que ouvi a voz de Larry dizendo que queria viver mais três semanas, só mais três semanas. Não parecia estar pedindo demais… Quando acordei, tinha uma cicatriz de 10 centímetros no rosto. A vida está começando a me desgastar também, mãe. Essa coisa de viver é desgastante demais. Desgastante demais e insuficiente. Meio vazio e meio cheio.

A véspera

Suzy me chamou lá em cima. Procurava uma pinça. Entrei no escritório de mamãe. É engraçado como a gente deixa de ver o óbvio. Junto com PENSAR, havia uma citação que eu nunca vira presa com durex na parede: "As lembranças são simplesmente momentos que se recusam a ser comuns." Espero que mamãe tenha mantido algumas delas escondidas em algum ponto recuperável da mente. Procurando, dei com algumas páginas aleatórias escritas por ela depois que papai morreu.

Cyrus, o gato, foi sacrificado com misericórdia e sem dor hoje de manhã. Esta é uma declaração de tristeza por perder o meu lindo gato abissínio, um gato real que entendia a sua posição na vida e que até a morte fez o seu serviço magnificamente. Já sinto falta dele.

Não sei por que o versículo de Eclesiastes, capítulo 3, me veio à mente quando eu tomava um banho quente para tentar superar o fato de Cyrus não viver mais, mas veio. Saí da banheira, peguei a velha Bíblia da minha mãe e o encontrei. "Tudo tem a sua hora, e há tempo para todo propósito debaixo do céu. Há tempo de nascer e tempo de morrer; tempo de chorar e tempo de rir; tempo de prantear e tempo de dançar. Há tempo de buscar e tempo de perder."

Encontro paz nessas palavras, provavelmente porque a morte é um mistério e às vezes um fardo torturante com que conviver. É tão difícil entender as complexidades da nossa existência humana... Por que fomos criados com sentimentos amorosos só para sermos deixados com tamanho vazio quando aqueles por quem nutrimos amor são tirados da nossa vida? Não saberei a resposta até morrer e me unir aos que foram antes de mim: Jack, mamãe, Mary, Sadie e Cyrus, o gato.

O longo curso

Depois de 11 dias, o incessante "Louvai ao Senhor, oro por nossa mamacita pela manhã, ao meio-dia e à noite, Deus abençoe Dorothy" de Suzy D. estava me deixando maluca, tão maluca que pus o dedo na boca de mamãe na esperança de que ela me mordesse só para sacudir um pouco as coisas, mas o espírito de luta dela se fora! Consegui sentir as bordas serrilhadas dos dentes dela. Ela não fora aprovada no último teste, ou talvez tivesse sido e se encontrasse pronta para largar tudo e se encontrar com Jack.

Dorrie e eu empurramos a cama de hospital até a janela panorâmica, de onde tiramos o grande lençol. Chega de escuridão. Do que, exatamente, protegíamos mamãe? Com certeza, não do sol. Com mamãe a apenas um metro da janela panorâmica de papai, Dorrie e eu ficamos olhando a nossa natureza-morta. Era o que ela se tornara — uma natureza-morta, um quadro, um objeto. De que importava qualquer gesto nosso? Com ou sem janela panorâmica, prolongar a vida de mamãe parecia crueldade, até uma forma de tortura disfarçada.

Nós lhe demos banho. Seguramos a mão dela quando era virada de um lado para o outro de hora em hora. Limpamos sua boca com uma esponja úmida. As enfermeiras de cuidados paliativos lhe ministravam morfina. O dr. Berman nos consolava do mesmo jeito que o dr. Black fizera com papai. Era a qualidade de vida. Qualidade de vida? Pelo que eu podia ver, não restava qualidade para mamãe. Ela não conseguia engolir. Não conseguia falar. Não conseguia enxergar. A única parte do seu corpo que se mexia era a mão esquerda, e a sua única função se reduzia a agarrar a grade da cama de hospital. Agora, com o rosto voltado para o calor do sol, ela também não apertava mais a grade.

18 de setembro de 2008

Sentada à beira da cama, monitorei o estado de Dorothy enquanto Suzy D. ia lá em cima. Ela se mantinha firme nas 16 respirações por minuto, e não vi chegar. Não houve sinal. Só quando o roxo das mãos começou a desbotar entendi que mamãe morrera sem um único som involuntário sequer.

Nós a vestimos com calças de lã marrom, uma camisa branca e um velho suéter preto bordado com um cacto verde. A trança estava perfeitamente reta, como o seu nariz aristocrata. Toda vestida com a roupa de jantar no deserto, com batom ressaltando os lábios não mais azuis. Robin, Dorrie e eu tomamos vinho tinto diante da janela panorâmica. Esperávamos o homem da Neptune Society para empurrá-la pela sala de estar, passando pelas duas poltroninhas que tínhamos comprado na Pottery Barn, como papai antes dela.

Fui para casa na manhã seguinte e disse a Duke e Dexter:

— O coração da vovó foi ficando lento e ela parou de respirar. Ela teve um bom fim.

— Vovó teve um bom fim?

— É, Dex.

— Ela não merecia morrer — disse Duke.

Contei-lhe novamente como o coração dela foi parando. Mas dessa vez acrescentei os milagres. Falei do dia em que as pontas dos dedos dela começaram a ficar vermelhas e como, com o passar do tempo, a cor começou a subir lentamente pelos braços e pernas, e como o corpo dela começou a parecer uma linda ameixa. Esse foi o primeiro milagre. Depois lhes contei como tudo mudou na noite da morte da vovó. Os lábios dela ficaram de um azul índigo, como o oceano ao pôr do sol. Contei-lhes que não sabia o momento exato que a vovó tinha morrido, porque me distraí com o som súbito do bater de asas. Olhei para fora e lá, no escuro, havia um bando de gaivotas pousadas no deque, como se tentassem dizer adeus à boa senhora que costumava lhes jogar migalhas de pão. Quando me virei de novo e vi os braços, depois as mãos e até os lábios azuis da vovó voltarem ao normal, soube que estava diante de um milagre. Mas o maior milagre aconteceu quando olhei em seus olhos: os mesmos belos olhos castanhos que tinham ficado fechados durante sete longos dias e sete longas noites estavam abertos. Arregalados. Perguntei a Dexter e Duke se achavam que a avó estava vendo algo que nunca vira antes. Ambos concordaram que ela devia estar olhando algo do outro lado do novo.

Não lhes contei que a morte de mamãe foi tão inexplicável quanto a vida que ela teve até o seu último suspiro incerto. Não lhes contei que a porta ficou aberta durante 12 dias. Não lhes contei que mamãe entrou e a fechou atrás de si sem sequer um murmúrio.

Pequenas despedidas

Venho abrindo e fechando portas a vida toda. Mas a porta em que está escrito DEIXAR PARA LÁ continua fechada. O objetivo de escrever a história da história de mamãe não era ressaltar a perda acima de outros aspectos. Não planejei uma elegia. Ainda assim, a corrida final de cinco meses de papai rumo ao adeus seguida pela jornada prolongada de mamãe em direção ao até logo teve efeito cumulativo.

O meu olá atrasado a uma bebezinha e um bebezinho criou tipos diferentes de final. Chamo-os de Pequenas Despedidas, como o dia em que Dexter parou de subir na minha cama às três da madrugada e o dia em que o livro *Stellaluna* foi definitivamente para a estante. Houve o dia em que Dexter pegou sete borboletas com as mãos nuas. Adeus, borboletas. Houve a última vez que ela disse "Boa noite, Dorrie, Ray (o cachorro de Dorrie),

Mojo (o outro cachorro de Dorrie) e Shatah (o cachorro feio de Dorrie). Boa noite, Steve Shadley Designs, tio Bill (Robinson), vovó, Lindsay, tio Johnny Gale, TaTa e Sandra, principalmente Sandra". Houve o dia em que eu trouxe de Nova York para casa um Duke Radley novinho em folha. Houve o dia em que Dexter disse adeus a ser filha única. Houve o dia em que Duke disse a sua primeira palavra: lua. Houve o dia em que tinha 12 meses de idade. Quero de volta o último dia em que Dexter e eu nos esgueiramos na ex-casa de Jimmy Stewart em construção em Roxbury, e o dia em que Duke e eu estávamos no quintal olhando o céu quando ele disse: "Vamos continuar nos deitando na grama para olhar o céu para sempre, não é, mamãe?" "Claro, Duke, é claro, para sempre." Não consigo me lembrar do dia em que Dexter parou de dizer "lemba". "Lemba que Josie vomitou no carro?" "Lemba o ninho de passarinho que a gente achou?" Nunca mais Dexie disse "lemba". Houve a tarde em que ela não quis mergulhar para pegar elefantes de plástico no fundo da piscina. Adeus, elefantes e crocodilos. Houve o dia em que Duke parou de assistir aos vídeos de *Kipper* e *Thomas e seus amigos* e o dia em que se esqueceu de me implorar para brincar de "Venha à minha casa". Adeus, casinha de papelão. Houve o último dia em que cantamos "Gillis Mountain" enquanto passeávamos no meu grande Defender preto. Houve o dia em que pus o volume no máximo para que pudéssemos berrar as palavras "Fiz uma viagem até Gillis Mountain num dia claro de sol". Adeus, Gillis Mountain. Adeus. Poder-se-ia pensar que o acúmulo de tantos pequenos adeuses me prepararia para os grandes, mas não.

Tudo volta ao de sempre, mãe. Gostaria que pudéssemos conversar. Gostaria que eu pudesse ouvir o que você quisesse me contar do outro lado de lugar nenhum. A sua última lição, aquela que não suporto admitir e com a qual me recuso a me identificar, está começando a se impor. Acho que sei o que você quer dizer a partir de então. É aí que você está, não é? Você está em então. Daí, aposto que quer me dizer para tirar as mãos do guidom da bicicleta e relaxar. Quer dizer: "Diana, não tape os ouvidos; escute. Não feche os olhos; olhe. Não feche a boca; abra-a bem e fale." Você quer dizer: "Querida Diane, minha primogênita, respire fundo, seja corajosa e deixe para lá. Solte as mãos do guidom, jogue-as para cima e voe."

Estou tentando, mãe, mas isso vai contra todos os meus instintos. Mas lhe prometo uma coisa: prometo soltar Duke e Dexter da coleira da minha necessidade antes que seja tarde demais. Prometo lhes dar liberdade, por mais que queira que fiquem junto de mim. Prometo deixar você ir também, você que criei para o meu bem. Só desejaria que uma vez, uma única vez, eu tivesse coragem de dizer o que senti quando desviei os olhos e acenei dando adeus. Está vendo, mãe? Sempre foi você. Foi você desde sempre.

Onde estão eles agora?

Ontem, Nick Reid fotografou o diário de 1968 de mamãe numa mesa que ele inventou no quarto de brinquedos de Duke e Dexter. A capa do fichário preto é uma colagem cheia de fotografias de mim, de Randy, de Robin e de Dorrie com roupas de gângster, à moda de Bonnie e Clyde. "Está sendo um grande ano" está colado no canto inferior esquerdo. "Manda ver", no alto à direita. Na primeira página interna estão as palavras ONDE ESTÃO ELES AGORA?

É aqui que estamos, mãe. Robin tem 60 anos. Dá para acreditar que está casada com Rickey Bevington há 27 anos? Inacreditável, não é? Eles ainda moram na fazenda de 19 hectares em Sharpsburg, na Geórgia. O bebê Jack está indo para a faculdade e Riley, de 21 anos, tem um filhinho chamado Dylan. Robin continua a ter a propensão que herdou de você de coletar cães e gatos perdidos. Tem 13.

Dorrie acorda com uma vista perfeita da montanha de San Gabriel, como você costumava fazer quando menina. Ela adora a casa na árvore no alto de um morro em Silver Lake. Como presidente da Monterey Garage Designs, continua a ser uma negociante de primeira, além de colecionadora do Oeste americano, especializada em móveis de Monterey. Adora ir à casa de Tubac, no Arizona, com os cães Cisco e Milo. Você se orgulharia dela, mãe.

Randy ainda tem aquela van Toyota enferrujada que papai lhe deu. Está parada na garagem há 15 anos. Bem típico, não é? O apartamento novo em Belmont Village está entupido de milhares de colagens, livros, revistas rasgadas, molduras estranhas, pincéis, cola e, bem, insetos por toda parte. Ele ainda guarda os poemas no forno. Finalmente consegui falar com ele pelo telefone outro dia. Sabe o que disse? Que nunca foi mais feliz. O que acha disso, mãe?

Estou bem, mas é Natal e as suas cinzas estão na traseira do meu Tahoe Hybrid. Vamos levá-las a Tubac, onde Robin, Dorrie e eu espalharemos os seus restos mortais junto aos de papai. No outono passado, achei uma velha cruz de estanho na Architectural Salvage, em Mineápolis. Pintamos o seu nome na superfície. "Dorothy Deanne Keaton Hall. Mãe amada da filha Dorrie, da filha Diane, do filho Randy, da filha Robin." Você ficará olhando a montanha de Santa Rita lá no alto deserto junto com papai e a companheira de viagem dele.

Estou na estrada com Duke, o meu próprio Jim Carrey Júnior, e Dexter, a minha Rainha Adolescente. Todo dia observo os seus rostos procurando sinais de mudança. Olho os seus narizes perfeitos, os sorrisos radiantes, os cabelos espessos. Checo os olhos separados de Dexter e o maravilhoso furinho no queixo de Duke. Eles têm de crescer? Por que sou tão sortuda? Como essas duas escolhas me tiraram de uma vida de isolamento para a completude de uma família ampliada, novos amigos e atividades comuns muito necessárias? Como é possível que eu tenha me tornado uma daquelas mães de competição de natação, levando Duke a Santa Clarita às sete da manhã e depois ficando em pé na chuva para ver Dexter completar os 400 metros nado livre às cinco da tarde? Gostaria que você estivesse lá. Gostaria que tivesse visto Duke e Dexter alongarem os corpos perfeitos e mergulharem naquela água fria. Gostaria que tivesse ido ao Havaí também. Teria sido divertido. Você poderia pedir raspadinhas de abacaxi debaixo da cachoeira. Poderia tê-los visto voar pelo tobogã, rindo o tempo todo. Poderia ter vindo conosco no passeio de barco infernal com os guias turísticos e veteranos de guerra do Iraque nos jogando para cá e para lá a quase 100 por hora em ondas de 3 metros.

Mais uma coisa, mãe. Como tudo isso se torna passado tão depressa? Acho que há um consolo. É esquisito, mas acho que você vai entender. Como escrevi as nossas memórias — as suas palavras com as minhas palavras —, às vezes sinto que não é passado. Entende o que estou dizendo? Consegue me ouvir? Estou dizendo que estou mais uma vez com você. AGORA. E SEMPRE. Agora e sempre, mamãe. Agora e sempre.

À MEMÓRIA DE

DR. LEO RANGELL. ROBERT SHAPAZIAN. MICHAEL BALOG. LARRY SULTAN. MAURY CHAYKIN. MARTHA CARR. MIKE CARR. RED. ALAN BUCHSBAUM. MAHALA HOIEN. NANCY SHORT. DAVID MCCLOUD. GEORGE. E EDDIE. ROY KEATON. FRANK ZIMMERMAN. DRA. FELICIA LANDAU. SANDY MEISNER. E SADIE. DOMINO. JOSIE. WHITEY. WALTER MATTHAU. AUDREY HEPBURN. RICHARD BURTON. GALE STORM. BILL HEATON. INEZ ROBBINS. MAUREEN STAPLETON. GRACE JOHANSEN. HARRY COHEN. JANET FRANK. JILL CLAYBURGH. FREDDIE FIELDS. MARLON BRANDO. VINCENT CANBY. ROSE COHEN. GEORGE BARBER. GREGORY PECK. ORPHA E WESLEY THEISEN. JACK SHAWN. GERALDINE PAGE. CHESTER HALL. WILLIAM EVERSON. SRA. CLARK. KERRY BASTENDORF. BILL BASTENDORF. RICHARD BROOKS. MARY ALICE HALL. TOM O'HORGAN. BEULAH KEATON. LEMUEL W. KEATON JR. ANNA KEATON. JACK N. HALL. DOROTHY DEANNE KEATON HALL.

AGRADECIMENTOS

A Randy, Robin e Dorrie, que tinham a mesma mãe, mas experiências diferentes, e a amavam cada um do seu jeito. Aos meus queridos amigos que leram as minhas palavras e as de mamãe também: Carol Kane, Kathryn Grody Patinkin e Stephen Shadley. Aos valentes transcritores que viram rabiscos e fizeram frases: Jean Heaton, Arlene Smukler e Saundra Schaffer. A Jean Stein, que me deu Bill Clegg... que, por sua vez, me deu David Ebershoff. A Joe Kelly, Bill Robinson e Carolyn Barber, que me apoiaram nos meus variados interesses no decorrer dos anos. Ao dr. Leo Rangell, que ficou comigo apesar das minhas repetições intermináveis. A Susie Becker, Daniel Wolf, Larry McMurtry, Ann Carlson, Marvin Heiferman, Richard Pinter, Jonathan Gale, Sarah Paulsen, Nancy Meyers, Mary Sue e Josh Schweitzer, Alice Ann Wilson, dr. Keith Agre, Debbie Durand e Ronen Stromberg. Aos meus queridos companheiros Josie, Red, Sweetie e, por último mas não menos importante, Emmie e Dixie, nosso rato de estimação. A Woody Allen, Warren Beatty, Al Pacino e Bill Bastendorf, que escreveram tão bem. A Michael Gendler e Brian Fortman, por cumprir o trato. A Emily Blass e o seu olho de projetista. A Nick Reid, pelas belas fotografias dos diários de mamãe. A Eric Azra, que salvou os documentos que apaguei por engano. À equipe da Random House, por realmente publicar *Agora e sempre*, inclusive Gina Centrello, Susan Kamil, Sally Marvin e Clare Swanson, assistente de David. A Anne Mayer, Susana Dionicio e Irma Flores, que cuidaram com carinho de mamãe. Aos médicos de Dorothy: dr. Jeffrey Cummings e dra. Claudia Kawas. Se quiser fazer uma doação ao Centro Mary S. Easton de Pesquisa do Mal de Alzheimer, na UCLA, por favor acesse www.eastonad.ucla.edu.

FOTOGRAFIA e ARTE
LEGENDAS e CRÉDITOS

Primeiro caderno colorido

Diários de Dorothy Hall. Foto: Nick Reid
Scrapbook de Diane Keaton. Foto: Nick Reid
Página do scrapbook de Diane Keaton, por Dorothy Hall. Foto: Nick Reid
Interior dos diários de Dorothy. Foto: Nick Reid
Pai e filhas, colagem de Dorothy Hall. Foto: Nick Reid.
Lombadas dos diários de Dorothy. Foto: Nick Reid.

Caderno preto e branco

Diane criança. Foto: Dorothy Hall
Jack Hall
Dorothy Hall e Diane bebê.
Randy Hall. Foto: Dorothy Hall
Robin (em pé) e Dorrie Hall. Foto: Dorothy Hall
Diane e Woody Allen. Foto: Dorothy Hall
Diane jovem. Foto: Frederic Ohringer
Close de Diane. Foto: SMP/Globe Photos, Inc.

Diane de terno. Foto: ©Gary Lewis/CameraPress/Retna Ltd, USA
Diane e Dorothy Hall. Foto: Jack Hall
Diane com as mãos na cabeça. Foto: Dorothy Hall
Warren Beatty. Foto: cortesia da Paramount Pictures. *O céu pode esperar.* Copyright 1979 by Paramount Pictures Corporation. Todos os direitos reservados.
Al Pacino no set. Foto: Cortesia da Paramount Pictures. *O poderoso chefão: parte III.* Copyright 1990 por Paramount Pictures Corporation. Todos os direitos reservados.
Duke e Dexter Keaton. Foto: Julia Dean
Diane com Duke e Dexter. Foto: Ruven Afanador.
Diane com pérolas. Foto: Michael Comte

Segundo caderno colorido

Orelha, colagem feita por Dorothy Hall. Foto: Nick Reid
    Tradução: O segredo ainda está na família. E você o divide...
Honor thy self, colagem feita por Dorothy Hall. Foto: Nick Reid
    Tradução: Honra-te. Faça isso principalmente para você mesmo
Mulher com mão no seio, colagem feita por Dorothy Hall. Foto: Nick Reid
THINK, encontrado afixado ao quadro de avisos de Dorothy Hall. Foto: Nick Reid
    Tradução: PENSAR
"Who says you haven't got a chance?" colagem feita por Dorothy Hall. Foto: Nick Reid
    Tradução: Quero ter o que quero. Quem disse que você não tem chance?
Pernas, colagem feita por Dorothy Hall. Foto: Nick Reid
or not to be, colagem feita por Dorothy Hall. Foto: Nick Reid
    Tradução: ou não ser. Não consigo ter nenhum sentimento em relação a escrever nisto... Talvez não terei.

POSFÁCIO

Recordando

Mamãe guardou tudo. Lá estava a minha certidão de nascimento, a receita médica para tosse de Randy, os primeiros óculos de Robin de armação grossa. Feios. Lá estavam as fotografias de Halloween, em preto e branco, 7,5 por 10cm, com moldura de sianinha. Dorrie de bruxa. Randy de pirata. Robin de princesa. E eu, a primogênita, de rainha cigana. Lá estavam os boletins, as entradas da Disneylândia e as cartas que mamãe escrevia no final de cada ano contando aos quatro filhos algo sobre quem eram. Essas cartas foram o começo do mundo de palavras de Dorothy, um universo sempre em expansão. As palavras se tornaram o seu GPS do universo emocional. Tanto que, quando mamãe terminou a pesquisa, escrevera milhões das menores unidades de fala que têm significado sozinhas: palavras.

Além de me dar a oportunidade de especular sobre a perda, *Agora e sempre* também me ofereceu o conjunto perfeito de circunstâncias para repensar o amor. Meditei sobre os 85 diários de mamãe e as 14 cartas "Querida Diane" de papai que sobreviveram. Li o primeiro diário de Dexter com 5 anos, em formato de coração. "Quando vi o veado ele me olhou foi a coisa favorita que vi na viagem no Gran Canyon." Folheei scrapbooks, álbuns de fotografias, cartões de felicitações da Hallmark, críticas à minha carreira inconsistente. Não pude deixar de reler a redação "Tudo sobre mim", de Duke, em 2009 — "Sou muinto ativo. Sou bom no Toon Town (video game). A minha família é a minha irmã e mamãe. O meu jogo favorito é basquet" — ilustrado com um autorretrato de palitos segurando uma bola de basquete alaranjada e a palavra "Eu" junto de "Ganhamos". Escutei os meus amigos descreverem experiências no campo da "afeição profunda". Mas amor, como uma palavra sem frase, era difícil de entender.

O meu editor me fazia seguir em frente com conselhos tranquilizadores. "Diane, não se preocupe em saber qual é agora o capítulo anterior ou como a coisa toda vai ficar depois. Agora não é hora de dar polimento nem de se preocupar com o que você já escreveu, é hora de escrever mais." E "Diane, esse é um material forte e angustiante sobre a vida interior da sua mãe. Mas são quase nove páginas sem nenhuma palavra sua."

Aceitei o conselho dele e li os meus diários, digamos, *não* "reveladores", onde não encontrei nada sobre o amor, sequer a esperança de amor. Depois de ler o que escrevi no último dia de 1978 — "O meu rosto se torce no ritmo do zumbido do ar-condicionado do 'Sem Título', o *camper* alugado de Woody Allen. Torce Torce. Torce. A doença dos legionários atingiu a cidade de Nova York. Supõe-se que três estejam mortos. Warren fez uma salada ontem à noite enquanto eu transmitia, novamente, as minhas dúvidas sobre homens e mulheres" — não cheguei mais perto de entender o significado da palavra nem mal entendida do mundo.

Como sabia que precisava de algo para ajudar a expandir o meu quadro de referências, algum tipo de orientação além do mundo limitado das minhas palavras, passei pela minha biblioteca, ergui os olhos e vi a citação que pintei no alto da parede: *Os olhos veem o que a mente sabe.* Foi então que ela me veio. Uma ideia. Fui ao Home Depot. Comprei um quadro de avisos. Pendurei-o no meu escritório e me dei uma tarefa. A tarefa era cortar e colar trechos sobre o amor. De segunda a sexta, transformei em missão buscar e resgatar uma citação por dia. Muitas foram tiradas da seção Arte e Lazer do *The New York Times*. Outras, como "O lar é um lugar onde, quando a gente bate à porta, eles têm de nos deixar entrar", encontrei em livros. Algumas ocuparam muito espaço. Outras se perderam na mistura. Algumas, como essas palavras de *O jogo da vida*, de Ann Tyler, reli várias vezes. "Conheci casais que ficaram casados quase a vida inteira —

quarenta, cinquenta, sessenta anos. Setenta e dois, num caso. Cuidaram da doença um do outro, completaram as falhas da memória um do outro, lidaram com os problemas de dinheiro ou o suicídio da filha ou o vício em drogas do neto. E comecei a suspeitar que não fazia diferença se tinham se casado com a pessoa certa. Finalmente, estamos com quem estamos. Você assinou com ela o livro do cartório, viveu meio século com ela, passou a conhecê-la como conhece a si mesmo ou até melhor, e ela *se tornou* a pessoa certa. Ou a única pessoa, para ser mais exata."

Dia após dia, assisti à abundância crescente de amor no meu quadro de avisos. As frases se fundiam em formas e tamanhos variáveis, presas por centenas de tachinhas. O amor se tornou uma estampa na minha parede — não, uma estampa, não, mais uma tapeçaria, uma tapeçaria espalhada de outras vozes, outras palavras, amontoadas uma em cima da outra, sempre mudando, sempre variáveis. Enquanto engrossava com um tipo de pátina texturada, o meu quadro de avisos começou a provocar lembranças. Certo dia olhei o meu painel de pensamentos e, de repente, me lembrei do velho quadro de avisos da cozinha de Woody, que ia do chão ao teto; também se espalhara e se diversificara para incluir coisas como o bilhete escrito à mão de um fã dentista que elogiava o humor curativo de Woody, a famosa fotografia tirada por Barbara Morgan de Martha Graham dançando, centenas de cartuns do *New Yorker*, correspondência da jovem Daphne Merkin e, no centro, uma fotografia desbotada do herói de Woody, Sidney Bechet, tocando o seu saxofone tenor.

Mais três lembranças

Roubado

Eu estava num barco a remo ao largo de Capri lendo o conto "Uma árvore, uma pedra, uma nuvem", de Carson McCullers. Era 1990. Anotei partes que queria recordar enquanto o barco balançava de lá para cá. Eis o que recebi de um gênio. Eis o que tentei assimilar. "Meditei sobre o amor e considerei tudo. Percebi o que há de errado conosco. Os homens se apaixonam pela primeira vez. E pelo quê eles se apaixonam? [...] Uma mulher. [...] Sem a ciência, sem nada para guiá-los, eles fazem a experiência mais sagrada e perigosa dessa Terra de Deus. Eles se apaixonam por uma mulher. [...] Começam pela ponta errada do amor. Começam pelo clímax. Consegue imaginar por que é tão sofrido? Sabe como os homens deveriam amar? [...] Uma árvore. Uma pedra. Uma nuvem. [...] Na época, a minha ciência começou. Meditei e comecei com muita cautela. Pegava algo na rua e levava comigo para casa. Comprei um peixinho dourado e me concentrei no peixinho dourado e o amei. Evoluí de uma coisa a outra. Dia após dia, fui adquirindo essa técnica. [...] Já faz seis anos que construí a minha ciência. E agora sou mestre. [...] Consigo amar qualquer coisa. Nem preciso mais pensar nela. Vejo a rua cheia de gente e uma linda luz surge dentro de mim. Observo um pássaro no céu. Ou encontro um viajante na estrada. Tudo. [...] E qualquer um. Todos desconhecidos e todos amados! [...] Lembre-se. [...] Lembre-se de que te amo."

Walter

Certa vez Walter Matthau me contou por que amava a sua mulher. Eis o que ele disse: "Bem, Di-annie, tem sido um prazer ser um breve observador da minha mulher Carol, e o que observei é que não consigo dormir sem ela. Sinto falta do calor e do fato de ela... ela só estar ali. Conhecer o seu senso de humor, conhecer o jeito como ela entra e olha as coisas. Não, não que seja uma grande esposa no sentido de... sabe... ser dona de casa. É só que me sinto tão vazio quando ela não está lá que nem sei o que estou fazendo. Ela é um pouco... ela é a minha outra metade. Quer dizer, eu me sinto como um camarada de uma perna só. Mesmo quando ela é uma chata, sabe, mesmo aí ela ainda é absolutamente necessária."

Uma fotografia

No ano passado entrei no consultório do dr. Rangell. Como sempre, sentei-me no divã embutido na parede que dá para a estante de livros, a minha plateia. Sentado na sua poltrona Eames de couro preto, o dr. Rangell segurava uma xícara de café enquanto abria no colo um guardanapo de pano. Na escrivaninha diante da minha congregação calada estava a costumeira pilha de papel e uma lâmpada de mesa acesa. A luz refletia sobre uma fotografia emoldurada. A distância, a imagem podia ser uma paisagem, talvez o oceano. Não conseguia distinguir os detalhes. Quando a mencionei, o dr. Rangell se levantou. Nunca o vira se levantar da cadeira durante uma sessão. Nunca mesmo.

Ele foi arrastando os pés até a escrivaninha, pegou a foto e voltou arrastando os pés. Fingi não notar o tempo que levou para me entregar a fotografia. Quando peguei nas mãos a moldura de madeira, vi um casal andando num penhasco que dava para o oceano. Duas pessoas minúsculas de mãos dadas. Duas pessoas minúsculas olhando discretamente para longe da câmera. Não na direção dela.

Durante vinte anos o dr. Rangell escutou centenas de milhares de monólogos de mão única proferidos por mim. Sem que nenhum de nós soubesse, aquele seria o último verão do dr. Rangell. Ainda afeita às minhas palhaçadas de sempre — isto é, evitar perguntas profundas —, eu raramente mencionava algo pertencente a ele, à sua idade ou ao espectro da morte próxima. Conhecido como "defensor incansável da abordagem lenta para tratar a angústia emocional", ele esperava com paciência que eu dissesse alguma coisa. Sabe, o dr. Rangell tinha um rigor fortalecido pela crença no espírito humano que nunca comprometia a sua integridade.

Naquele verão, nosso último, enquanto segurava a fotografia cuja cor praticamente desaparecera, tive finalmente coragem de perguntar ao dr. Rangell, de 97 anos, se ele tivera intimidade com alguém depois que a esposa falecera. Perguntei se tinha uma namorada. Havia uma mulher na sua vida? Depois de uma pausa, com a convicção de um homem que dá a sua última lição, ele respondeu:

— Diane, tenho, sim. Compartilho as minhas noites. Compartilho os meus jantares no fim do dia com uma amiga querida. Isso dá significado à minha vida.

Três lembranças. Aprendi com Carson McCullers que comecei pela ponta errada do amor. Walter Matthau me fez entender por que papai amava mamãe mesmo quando ela era a chamada de chata. Com o dr. Rangell, aprendi que compartilhar jantares pode dar significado à vida.

Quatro jantares

Jantar com Beulah Keaton, 1977

Ontem à noite, eu e a vovó Keaton jantamos na Beadles Cafeteria, na Lake, em Pasadena, um espaço parecido com uma caverna com um organista da casa criando um clima festivo para todas as 15 pessoas presentes. Comi espaguete grudento. Vovó encheu o prato com uma combinação de fígado e bacon. Enquanto ela cortava a carne em quadradinhos miúdos, notei que a cabeça dela parecia a de um elefante gentil. Enrugada. Ela não falou da operação de câncer de cólon. Pegou a conta como nos velhos tempos da padaria Van de Kamp. Era o prazer dela. Queria que eu dormisse lá. Disse-lhe que não podia. Na estrada de Pasadena, a caminho de Hollywood Hills, pensei: também tenho de morrer.

Jantar com George, 1978

Papai convenceu vovó, George, Sadie e Eddie a jantarem conosco. O encontro foi na Rangeview Avenue, 5223, no apartamento duplex de vovó. Todos estavam prontos, menos George. Papai foi ver o que o atrasava e encontrou George lutando para se vestir. Juntos, abotoaram a camisa e subiram o zíper das calças. Mais tarde, quando mamãe sugeriu que George usasse calças com elástico, ele respondeu:

— Prefiro desistir quando não puder mais me vestir. E também não vou consultar nenhum médico.

Achamos que pode ser doença de Parkinson.

Jantar com a vovó Hall, 1979

A vovó Hall diz que as costas a incomodam. O pé direito está mal. Sobre o papai, diz: "Jackie não é mais um garoto." Ela olha pelos óculos com o mesmo sorriso malandro que exibe desde que consigo me lembrar. Aos 90 anos, adotou algo novo. Tocar. Ela esfrega as mãos para cima e para baixo nos meus braços. É bom. Eu gosto. Ela pega a minha cabeça e dá uns tapinhas, como se fosse um carinho. E me dá um beijo bem nos lábios. Depois, conta cada degrau da escada quando descemos para jantar com Sadie. Nada a distrai. Georgia O'Keeffe morreu no sábado. Duvido que contasse degraus.

Jantar com Woody e mamãe, 1979

Mamãe, Woody e eu jantamos ontem à noite no Trader Vic's, em Beverly Hills. Começamos a conversar; naturalmente sobre as meninas, as meninas Hall. Woody perguntou a mamãe quem era sua favorita. Mamãe riu. Nenhuma resposta. Woody perguntou que tipo de criança eu era. Depois de três copos de vinho, mamãe disse: "Ela era perfeita, Woody. Diane era uma criança perfeita."

Guardado

Como Dorothy, guardei tudo. Guardei a redação do quinto ano de Duke sobre o livro *O filho de Netuno*, de Rick Riordan. Guardei o jogo sobre substantivos próprios e comuns com "Bom trabalho, Duke". Ainda não sei a diferença, mas Duke sabe. Guardei todos os "Querida mamãe, amo você. Você me ajuda. Amo você 100%. Feliz dia das mães." Guardei as antigas instruções, escritas à mão, para chegar à primeira aula de natação de Dexter em Burbank. Guardei todos os 73 fichários cheios de folhas arrancadas de revistas de decoração desde 1992. Guardei o convite de casamento de Maurice e Marvin este ano. Guardei os votos de casamento escritos à mão em 1979 dos queridos amigos Kathryn e Mandy e os cartões "Feliz Ano Nu" de Josh e Mary Sue. Guardei o anel de prata favorito de mamãe, aquele que lhe comprei em Santa Fé. Ainda o uso no pescoço, numa das antigas coleiras de cachorro de Emmie. Guardei as colagens de Randy e as colchas de retalhos de Robin. Guardei todo o papel de presente natalino pintado à mão por Dorrie. Guardei todos os bilhetes de apoio que me mandaram, como o do meu amigo Larry Sultan, que partiu recentemente e que, em 1981, escreveu: "Querida Diane, li no livro de Roland Barthes algo que ficou. Era algo que significava que não é a indiferença que perpassa as nossas imagens e projeções, mas o amor. O amor extremado." Guardei os velhos papéis timbrados da Hall & Foreman de papai. Bem anos 1960. Guardei tudo isso e muito mais.

Com os seus pertences nos meus arquivos e as suas palavras nas minhas páginas, quase consegui imaginar a bochecha de Dorothy contra o rosto de Jack. Quase consegui imaginar Carol e Walter estacionados ao lado da estrada porque o seu amor não podia esperar nem um segundo. Guardei o que era deles e fiz com que fosse meu, para que eu pudesse transmitir o seu amor. Mais ou menos. Pelo menos, espero que sim. Do meu jeito torto, tentei explicar o amor em *Agora e sempre*. Mas nem com a ajuda de ideias tão enriquecedoras, vindas de tantas fontes, consegui explicar o inexplicável nem começar a exprimir o inexprimível. Isso foi o que aprendi. Aprendi que não conseguiria lançar luz sobre o amor, só sentir as suas idas e vindas e ser grata.

Aqui no agora, depois de passar tanto tempo respondendo a mamãe — depois de escrever 265 páginas com milhares de palavras digitadas no meu Apple MacBook Pro —, só há uma coisa que sei com certeza e vem do meu amigo D. J. Waldie: "Você não pode dar vida ao passado, Diane. Pode conhecê-lo melhor, pode senti-lo melhor, mas não pode lhe dar vida. Esse é o pesar do memorialista."

Ele tinha razão. Eu não podia fazer o amor voltar, nem mesmo para uma visita. Mas de uma coisa eu sei. Isso eu sei. Fui salva por uma palavra que nunca entendi mas sempre senti. Fui salva pelo amor.

Duas lembranças futuras

Ontem algum idiota me cortou quando eu levava Duke para a aula de tênis no Valley.

— Isso é ridículo. Graças a algum imbecil irresponsável, não vamos chegar nunca. Esse é o PIOR pesadelo do mundo!!!!

Duke tapou as orelhas com as mãos.

— Mãe, não suporto quando você bate a mão no volante e diz "Esse é o PIOR pesadelo do mundo", porque não é. Não é o pior pesadelo do mundo.

— Relaxe, Duke, só estou com raiva. Não quero me atrasar. Você quer se atrasar?

— Mas, mãe, você sempre diz isso.

— Digo o quê?

— "Esse é o PIOR pesadelo do mundo."

— Digo?

— Diz. Você sempre diz "Esse é o PIOR pesadelo do mundo" por qualquer bobagem.

Longa pausa.

— Quer saber? Você tem razão, Duke. Você tem razão. Vou tentar não gritar, pelo menos não tão alto.

Mais tarde, Dexter quis me mostrar o novo catálogo de roupa de natação com estampas personalizadas. Eram dez horas da noite. Duke estava dormindo. Nós duas nos sentamos na cama dela enquanto ela virava as páginas e apontava as roupas Agon de papel para competição, que aparentemente "permitem excelente compressão para reduzir a vibração muscular".

— Uau, Dex. Que legal.

Depois, ela me mostrou as roupas de classificação, seguidas pelas de treinamento, que vêm com estampas de camuflagem, *pied-de-poule*, xadrez colorido e círculos desbotados.

— Caramba, Dex, esse *pied-de-poule* é legal, mas o motivo de folhas é o meu favorito.

Ela concordou e voltou para as roupas de papel para competição.

— Esse aqui é bom para longa distância. Acho que talvez consiga me classificar para a milha na Olimpíada Júnior de primavera.

— Claro, Dex. Tente sim.

— O treinador Chris diz que sou nadadora de longa distância.

— É o que ele diz, é? Veja só!

— Pois é, veja só, mãe.

A resposta a "Você quer olhar o catálogo, mãe?" será sempre QUERO. Quero sim, Dexter. Quero olhar o catálogo Agon de roupa de natação com estampas personalizadas todas as noites, a noite inteira. E, sim, Duke, preciso SIM que me lembrem das minhas reações impulsivas a quase todas as pequenas infrações. Sim, vou parar de berrar "PIOR PESADELO DO MUNDO!"

Isso foi o que aprendi. O agora logo será passado. O passdo nunca pode virar agora. Não podemos guardar o passado nem resolver o enigma do amor. Mas, para mim, vale a pena tentar.